شجاعت تغییر باورها

حسن عباسی قرائی

۱۴۰۱

سریال کتاب:P2345130128

عنوان: شجاعت تغییر باورها

نویسنده: حسن عباسی قرائی

ویراستار: سید علی هاشمی

طراح و صفحه آرا: ندا منصوری

انتشارات در ایران: موسسه انتشارات البرز پارسیان

شابک: ISBN :978-1-990760-74-7

موضوع: موفقیت، روانشناسی

مشخصات کتاب: Paperback, A5

تعداد صفحات: ۳۵۸

تاریخ نشر در کانادا: ژانویه ۲۰۲۳

Kidsocado Publishing House

خانه انتشارات کیدزوکادو

ونکوور، کانادا

تلفن: +1 (833) 633 8654

واتس آپ: +1 (236) 333 7248

ایمیل: INFO@KIDSOCADO.COM

وبسایت انتشارات: HTTPS://KIDSOCADOPUBLISHINGHOUSE.COM

وبسایت فروشگاه: HTTPS://KPHCLUB.COM

سلام هم زبان

دستیابی ایرانیان مقیم خارج از کشور به کتاب‌های بسیار متنوع و جدیدی که به تازگی در ایران نگاشته و چاپ می‌شوند، محدود است. ما قصد داریم این خدمت را به فارسی زبانان دنیا هدیه دهیم تا آنها بتوانند مانند شما با یک کلیک کتاب‌هایی در زمینه‌های مختلف را خریداری کنند و درب منزل تحویل بگیرند.

ما در گروه KPH و یا خانه انتشارات کیدزوکادو این افتخار را داریم تا برای اولین بار در جهان کتاب‌های با ارزش تألیفی با زبانهای فارسی، انگلیسی، فرانسه و چند زبان دیگر را در خارج از ایران منتشر کنیم و در دسترس جهانیان قرار دهیم، باشد که گوشه‌ای از توانایی ایرانیان را به دنیا نشان دهیم.

از اینکه توانستیم کتابهای جدید و با ارزشی که به قلم عالی نویسندگان و نخبه‌گان خوب ایرانی نگاشته شده است را در اختیار شما قرار دهیم و در هر چه بیشتر معرفی‌کردن ایران، ایرانیان و فارسی زبانان قدم برداریم، بسیار احساس رضایتمندی داریم.

این کتاب‌ها تحت اجازه مستقیم نویسنده و یا انتشارات کتاب صورت گرفته و سود حاصله بعد از کسر هزینه‌ها، به نویسنده پرداخته می‌شود.

خانه انتشارات کیدزوکادو در قبال مطالب داخل کتاب هیچگونه مسئولیتی ندارد و صرفاً به عنوان یک انتشار دهنده می‌باشد. شما خواننده عزیز می‌توانید ما را با به اشتراک گذاشتن نظرات خود در مورد کتاب در وبسایتی که آن را تهیه کرده‌اید، ما را به این کار فرهنگی دلگرم‌تر کنید. از کامنتی که در برگیرنده نظرتان نسبت به کتاب است عکس بگیرید و برای ما به این ایمیل بفرستید. از هر ۴ نفری که برایمان کامنت می‌فرستند، یک نفر یک کتاب رایگان از انتشارات هدیه می‌گیرد.

ایمیل :   info@kidsocado.com

فهرست مطالب

اینستاگرام

@abbasihassan.ir

تلگرام

t.me/abbasi_business

سایت

abbasibusiness

تلفن

۰۹۱۳۴۴۵۵۹۰۰

ایمیل

abbasi.business.1@gmail.com

مقدمه

هم‌اکنون که نوشتن این کتاب را شروع می‌کنم، با توجه به درخواست دوستان و عزیزان برای نگارش کتاب و اینکه از نزدیک تجربه‌های زیادی در زندگی داشته‌ام و سردوگرم‌های زیادی را چشیده‌ام، معتقدم برای ساختن سرزمین کهن و بزرگ‌مان در جهان هستی، نیازمند داشتن مردم و خانواده‌هایی آگاه به علم و دانش هستیم.

داشتن زندگی خوشبخت و هدفمند، همراه با ساختن، کسب مهارت و تخصص و برنامه‌ریزی منظم است. برای این منظور باید از هرچه شبه‌علم، خرافات و آموزش‌ها و کتاب‌ها و پیج‌های زرد دور باشیم. هر انسانی با شناخت مسیر هدف و رسالت زندگی خویش، می‌تواند برای خود آینده زیبا و موفقی بسازد و با ساخته‌شدن و موفقیت تک‌تک افراد هدفمند، خانواده‌ها هم موفق می‌شوند و با موفقیت خانواده‌ها، جامعه موفق به وجود می‌آید و در آخر، کشوری پیشرفته که در آن انسانیت، مهربانی و تمدنی پیشرفته وجود دارد، بنا می‌شود. این باعث می‌شود، نسل جدیدی که متولد می‌شوند، امانت‌دار

سرزمینی آباد و پیشرفته باشند و الگوی مناسبی در راه انسانیت و رضای خدا، پیشرفت و تکنولوژی در جهان هستی شوند.

این کتاب را با عشق، به خانواده‌ام، پدر و مادرم و تمامی دوستان و استادان و مردم جهان هستی تقدیم می‌کنم.

مهرماه ۱٤۰۱

با تشکر

حسن عباسی

فصل اول

دلیل اصلی چرا باید تغییر کنیم؟

من چرا باید تغییر کنم؟

سؤالی که هر فردی در زندگی و در هر جایگاهی که هست باید از خود بپرسد و به چرایی قوی زندگی خودش برسد، این است: چرا تغییر کنیم؟ واقعاً چرا من؟ چرا تو؟ چرا انسان‌ها باید تغییر کنند؟ چرا هرکسی که دارد این آموزش را دنبال می‌کند باید تغییر را جدی بگیرد؟

چرا باید به آموزش عمل کند و تغییر کند؟ من چرا باید آموزش ببینم و تغییر کنم؟ این سؤالات، سؤالاتی است که شاید یک وقت‌هایی در ذهن شما بیایند. بسیاری از مشغله‌های ذهنی برای تحقق نشئت‌گرفته از همین سؤال‌هاست.

شعر زیبای مولانا

ای زندگی تن و توانم همه تو

جانی و دلی ای دل و جانم همه تو

تو هستی من شدی از آنی همه من

من نیست شدم در تو از آنم همه تو

وقتی شروع می‌کنیم به جواب‌دادن این سؤالات، وقتی شروع می‌کنیم به درک‌کردن این سؤالات، خیلی راحت‌تر می‌توانیم تغییر را برای خودمان جا بیندازیم. حالا که پرسیدیم چرا باید تغییر کنیم؟ اصلاً وقتی ما می‌خواهیم تغییر کنیم دلیلش چیست؟ به چه دلیلی باید تغییرات را در زندگی‌مان اعمال کنیم؟ وقتی این چرایی قوی زندگی به دست آمد، نگاه آدم به زندگی یک نگاه هدفمند و شجاعانه می‌شود که نیرو و انرژی چندین برابری از قبل ایجاد می‌کند.

چرا من باید تغییر کنم؟

ساده‌ترین شکلی که ما می‌توانیم بررسی کنیم چرا باید تغییرات را در زندگی‌مان اعمال کنیم، این موضوع است که همان‌طور که جسم ما به مراقبت نیاز دارد و ما مراقبش هستیم، ذهن ما هم به این موارد بیشتر و بیشتر از جسم‌مان نیاز دارد.

اما ما فقط جسم‌مان را می‌بینیم و کاری به ذهن‌مان نداریم و این موضوع باعث می‌شود در گذر زمان شخص دچار یک‌سری تنش‌ها و چالش‌ها در زندگی‌اش شود. مشکلاتی در زندگی‌اش برایش به وجود بیاید که فکر کند این مشکلات از بدبختی و بیچارگی‌اش به وجود آمده که آن شخص را داغان کند. ذهنی که نیمه خالی لیوان را می‌بیند، مدام در رنج و غصه و افسردگی به سر می‌برد و همین ذهنیت فقیرانه مانند وزنه‌ای به پاهایش بسته می‌شود و جلو پیشرفتش را می‌گیرد.

ای دل اگرت طاقت غم نیست برو

آواره عشق چون تو کم نیست برو

ای جان تو بیا اگر نخواهی ترسید

ور می‌ترسی کار تو هم نیست برو

رباعیات مولوی

دنیا بر اساس نظم و قانون است. خورشید، زمین و جهان هستی و شبانه‌روز بر اساس نظم و قانون هستند و هر روز در دنیا شاهد علم و تکنولوژی، ثروت و رفاه بیشتر برای مردم هستیم. چه غمگین باشی و چه شاد، چه افسرده‌حال باشی و چه پرانرژی، چه مهربان باشی و چه خشمگین، دنیا کار خودش را انجام می‌دهد. پس چه بهتر نیکی، انسانیت، مهربانی و خودساختگی عالی برای بهترین‌شدن را طی کرد.

اگه ما با این پیشرفت‌ها هم‌مسیر نشویم، با این مسیری که دنیا دارد طی می‌کند، خب عقب می‌مانیم.

راز اعتیاد و وابستگی در زندگی روزانه افراد چیست؟

چرا یک‌سری افراد در زندگی‌شان معتاد می‌شوند؟ معتاد به مواد مخدر، معتاد به عادت‌های اشتباه که انجام این کارها و عادت‌های اشتباه باعث ضرر و زیان برایشان می‌شود.

خوراک ذهن چیست؟

مواد مخدر شاید به عنوان یک مُسکن کوتاه‌مدت عمل کند اما عوارضی که دارد به دردسرش نمی‌ارزد و شخص اعتیاد پیدا می‌کند. درحالی‌که قبلا در یک حال طبیعی بود، الان دیگر وابسته به مصرف همان مواد می‌شود که برگردد به حالت طبیعی خود. بعد از مدتی و همین تکرار، تکرار و تکرار برای اینکه حالت بهتر شود، مصرف بالا می‌رود. فرد آواره می‌شود. طرد می‌شود؛ هم از خانواده و هم از اجتماع و تبدیل به یک معضل می‌شود. چرا باید تغییر کنیم؟ چرا تغییر؟

چه وقت می‌شود از بند اعتیاد رها شد و اعتیاد را درمان کرد؟

اولین قدم برای ترک عادت منفی و ترک اعتیاد به مخدر، این است که هر روز ورودی مثبت به ذهن داد و با مشاور دانا و تفکر علمی و ذهنیت مثبت، عادت‌های مثبت را جایگزین عادت‌های منفی کرد.

وقتی به این چرایی محکم رسید که چرا باید تغییر کنم؟ ذهنشان آماده می‌شود برای تغییر که تغییر می‌کنند و شاخ غولی را می‌شکنند که با دارو و مسکن و... نمی‌شود آن را شکست و فقط ذهن می‌تواند آن را بشکند.

چه خوب است که ما قبل از اینکه مجبور به تغییر شویم، شرایطم را تغییر بدهیم. هرگونه وابستگی، عادت‌های منفی اعتیاد محسوب می‌شود؛ حالا آن اعتیاد می‌تواند عاطفی باشد، می‌تواند بددهنی باشد، می‌تواند جنسی باشد، می‌تواند اذیت و آزار باشد، می‌تواند مواد باشد و... . اگر بخواهیم کلمه اعتیاد را روی آن بگذاریم، همه اینها نوعی کمبود حساب می‌شود و چون ما تغییر نکردیم، دنبال پرکردن این خلأ و عوامل بیرونی هستیم.

جیمز آلن در کتاب «تو همانی که می‌اندیشی» می‌گوید: ذهن انسان به باغچه شباهت زیادی دارد. در باغچه هم گل می‌روید و هم علف هرز. اگر عمداً، آگاهانه و قاطعانه در باغچه خود گل نکارید، طبعاً علف هرز خواهد رویید.

علف هرز به مراقبت نیازی ندارد، به مواد غذایی احتیاجی ندارد، به کود نیازی ندارد و خودبه‌خود رشد و نمو می‌کند.

اگر آگاهانه و به طور عمدی و قاطعانه ذهن خود را با افکار مثبت پر نکنیم، ترس و وحشت و نگرانی ذهن ما را فرا می‌گیرد. علت اینکه عده زیادی از مردم در زندگی خوشبخت نیستند، این است که اذهان آنها را علف‌های هرز فرا گرفته است.

آثار عدم تغییر در زندگی شما

آثارش در زندگی‌مان به وجود می‌آید. اگر تغییر نمی‌کنید، اثرات سوء آن را یا دارید می‌بینید یا خواهید دید. اما به تو می‌گوییم چه آثاری دارد. اگر شما در راستای بهبود رابطه خود با خودتان، همسرتان و اطرافیان‌تان حرکت نکنید، دچار این موضوع می‌شوید که روابطتان به مشکل برمی‌خورد.

اگه شما در راستای بهبود درآمد خود حرکت نکنید، دچار مسئله مالی می‌شوید. اگر که شما در راستای روح و سلامت معنوی‌تان حرکت نکنید، دچار گناه می‌شوید. دچار اعمالی می‌شوید که خودتان از انجامش نفرت دارید. می‌گویید نمی‌دانم چرا به این مسیر آمدم؟ دوست من، دلیلش این است که تو تحقیق نکردی.

این ساده‌ترین توضیحی است که توانستیم برای این موضوع بگوییم که چرا باید شروع کنیم به تغییر. چرا باید بهبود بدهیم. شروع کنید روی ذهنتان کار کنید. شروع کنید به تغییر باورها و افکارتان و این کار با آموزش، مطالعه‌کردن و گفت‌وگوی درونی و کنترل افکارتان امکان‌پذیر است.

چرا تغییر نمی‌کنیم؟ چرا من باید تغییر کنم؟ تغییر چیست؟ بزرگ‌ترین تغییر در زندگی و موفقیت چیست و چگونه باید تغییر کنیم؟ تغییر کن و لذت زندگی را در گوشه‌گوشه لحظه‌های زندگی‌ات احساس کن و حال خوب داشته باش.

اشعار مولانا درباره انسان

ای نسخه اسرار الهی که تویی

وای آینه جمال شاهی که تویی

بیرون ز تو نیست هرچه در عالم هست

از خود بطلب آنچه خواهی که تویی

فصل دوم

مراحل مورد نیاز برای تغییر

مرحله اول برای تغییر این است که یا این تغییر به خواست خودمان یا به اجبار است که ما به شما پیشنهاد می‌کنیم به خواست خودتان تغییر کنید.

شما مختارید. اگر از قدرت حق انتخاب آگاه نباشید، مجبور می‌شوید. اگر الان دارید این آموزش را دنبال می‌کنید، پس به خواست خودت می‌خواهی تغییر کنی نه اجبار! موضوعی که جالب است این مورد، این است که وقتی شما شروع به تغییر می‌کنید و این تغییر به دلیل خواسته خودتان است و خودتان می‌خواهید مسیر زندگی‌تان را تغییر بدهید، باعث می‌شود رشد را در تمام جنبه‌های زندگی‌تان تجربه کنید.

اما اگر شخصی مجبور به حرکت‌کردن شود و نخواهد خودش را توسعه بدهد و فقط برای حفظ شرایط الانش تلاش می‌کند، این نکته خیلی مهم است و هیچ رشد دیگری را در زندگی‌اش تجربه نمی‌کند. حالا ما تصمیم می‌گیریم تغییر کنیم و تصمیممان این است که حرکت کنیم به سمت چیزهایی که می‌خواهیم. چرا باید تغییر کنیم؟ چرا تغییر؟

مگر از زندگی چی می‌خواهی؟ اینکه هر روز مشتاق باشی برای

انجام کارت. پس انتخاب کنیم که تغییر کنیم. ما انتخاب کردیم، صبر نکردیم که مجبور باشیم. وقتی انتخاب کردیم و آمدیم، همه چیز را با هم رشد دادیم. شروع کردیم و باورهایمان، افکارمان و بعد شخصیت‌مان همه رشد کرد.

صبر کلید حل مسائل شما

در کنار هم هر حرکتی، هر کاری، نقطه شروع قرار دارد و نقطه شروع تو این است که تغییر کنی. خیلی از افراد در اولین نقطه وقتی می‌خواهند تغییر کنند، گیر می‌کنند. یک‌سری از افراد دقیقاً به نقطه‌ای می‌رسند و گیر می‌کنند و آن نقطه چیست؟ می‌بینی شش ماه، یک سال، دو سال می‌گذرد و ما فکر می‌کنیم هیچ تغییری نداشته‌ایم.

چرا باید تغییر کنیم؟ چرا تغییر؟ چرا انسان باید تغییر کند؟ انسان باید تغییر کند چون ما وقتی یک تغییر را به سمت رشد داشتیم، فراموش می‌کنیم. نمی‌نویسیم، یادآوری نمی‌کنیم و از یادمان می‌رود و باعث می‌شود فکر کنیم مسیری که داریم در آن حرکت می‌کنیم، مسیری اشتباه است و احساس بدی به آن پیدا می‌کنیم و این سؤال را می‌پرسیم که چرا باید تغییر کنیم؟

روز اول یک‌سری از افراد شروع می‌کنند به تغییر؛ خیلی از این موارد داشتیم و شاید خواسته‌اش در روز اول که کنارآمدن و آرامش نسبی در زندگی‌اش بود، بعد از یک ماه آرامش نسبی، به دست بیاید، اما چون خواسته انسان همیشه در حال رشد و گسترش است، فراموش می‌کند که روز اول خواستش چه بود.

کار ذهن فراموش‌کردن است و می‌آید چیزی را فراموش می‌کند حتی

نقاط خوب و مثبتی که داریم. پس ما باید یادآوری کنیم برای اینکه تغییر در مسیر زندگی‌مان همیشگی باشد. اما وقتی به این نگاه رسیدیم که به این نقطه هیچ‌وقت نرسیم که فراموش کنیم، عوض شده‌ایم و انگیزه به وجود می‌آید.

من انتخاب کردم که تغییر کنم، اما بعد از انتخاب یادم باشد که الان کجام و بعد از شش ماه اگر یادم رفت، بتوانم این یادآوری را داشته باشم. حالا می‌خواهید بنویسید جایی در گوشی یا لپ‌تاپ یا در دفتر. در جایی بنویسید که داشته باشید که هیچ‌وقت به آن نقطه نرسید.

وقتی این کار را کردید، مورد بعدی که باید رعایت بکنید، این است که باید تعهد داشته باشید نسبت به خودتان و چیزی که دارید در راستای آن حرکت می‌کنید. روی ورودی‌های خود تعهد داشته باشید. پس در مسیر موفقیت و مسیر تغییر ما همیشه دستاورد داریم.

شعر مولانا

هر که رنجی برد، گنجش شد پدید

هر که جدی کرد، بر جودی رسید

چون گرانی‌ها اساس راحت است

تلخ‌ها هم پیشوای نعمت است

هر که در قصری قرین دولتی است

آن، جزای کارزار و محنتی است

فصل سوم

تعهد چیست؟ و چگونه در زندگی متعهد باشیم؟

اما دستاوردهای ما کم‌کم بزرگ می‌شود، پس منتظر اتفاق خاصی نباشید. همین که دارید حرکت می‌کنید از خیلی‌ها جلوتر هستید. خوشحال باش، ما به تو تبریک می‌گوییم و نتایجش را به دست می‌آوری. اتفاقی که در این مسیر می‌افتد، این است که شما در تمام جنبه‌ها رشد می‌کنید و این لذت‌بخش‌ترین چیزی است که هر فردی می‌تواند در زندگی تجربه کند.

چرا باید تغییر کنیم؟ چرا تغییر؟

چگونه تغییر در زندگی و موفقیت به وجود می‌آید؟

یادتان باشد که شما باید انتخاب کنید تغییر کنید. از همان روز اول، از همان روزی که می‌خواهید احساس‌تان را شروع کنید، سعی کنید نسبت به خودتان و زندگی‌تان و آینده بهتر کنید. وقتی شروع می‌کنید، درست شروع کنید.

«از طریق سخت‌کوشی، پشتکار و ایمان به خدا می‌توان رؤیاها را محقق کرد» بن کارسون

این احساس خوب خودش هـم بهتـر می‌شود و همیـن احساس و همیـن حرکت باعث می‌شود کم‌کم در اطرافت تغییرات بـه وجود بیایـد و دنیا تغییر کنـد. پس یادتان باشد باید کجا را تغییر بدهیم و چرا باید تغییر کنیم.

معنی احساس خوب چیست و چگونه به احساس خوب برسیم؟

شایـد تا الان لازم باشد رابطـه خود را تغییر بدهـی، بهبـودش بده. شایـد الان لازم باشد شرایـط مالـی‌ات را تغییر بدهـی، بهبـودش بده. شروع کنیـد به حرکت و نقطه شروع را به یاد داشتـه باشید. همیشـه بـه خودمان یادآوری کنیم و تأثیرات این انتخابی را که داشتیم ببینیم. اینکه همیشه در حال رشـد هستیم و در کنار ایـن رشدکردن، لذتم ببریم.

> «تـلاش نکنیـد انسـان موفقـی باشـید؛ بـرای بـاارزش‌شدن تـلاش کنید» آلبـرت انیشتین.

هیچ‌وقت فرامـوش نکنیـد از کجا آمدید و الان کجاییـد. حتـی قبـل از ایـن آمـوزش «چرا باید تغییر کنیـم» را دنبـال کردیـد. قبـل از ایـن آموزش چـه نگاهی داشتیـد؟ الان چه نگاهـی داریـد؟

وقتـی ایـن را بدانیـم، آن‌وقت اسـت کـه درک می‌کنیـم رسـیدن بـه هـر کاری شدنی اسـت، فقـط بایـد بخواهیـم، بـاور کنیـم، حرکـت کنیـم و قبـول کنیـم کـه می‌توانیم. چرایـی تغییر یادمان باشد. همیشـه ایـن سـؤال چرا باید تغییر کنیم را از خودتان بپرسید. «چرا باید تغییر کنیم

و چرا باید تغییر نکنیم» را همیشه به خودتان یادآوری کنید. چرا باید تغییر کنیم؟ چرا تغییر؟

چرا باید تغییر کنیم؟

«هیچ رمز و رازی برای موفقیت وجود ندارد. موفقیت، نتیجه آمادگی، کار و تلاش، پشتکار و یادگیری از شکست‌هاست» کالین پاول.

با همین پرسیدن از چرایی تغییر، کلی چرایی تغییر برایتان به وجود می‌آید و شما را به سمت تغییرات هدایت می‌کند. همیشه جواب این سؤال را بنویس و در موردش فکر کن که چرا تغییر مهم است به نظرت.

همین حالا جوابات را بنویس. چرا باید تغییر کنیم؟ جوابت را بنویس که چرا باید تغییر کنی. یکی از نکاتی که بعد از تغییر به وجود می‌آید، این است که شما شخصیتتان رشد پیدا می‌کند و شخصیتی که در راستای تغییری باشد که خودتان انتخاب کردید، بسیار ارزشمند است.

هیچ چیز ارزشمندی آسان به دست نمی‌آید. تنها راه رسیدن به نتایج خوب و ماندگار، کار و تلاش مستمر است.

همین حالا نگاهی به محیط اطرافت خود بیندازید؛ همه چی در حال تغییر است؛ از شب و روز و ماه و فصل و سال بگیر تا ساختمان و آدم‌ها. صبح خورشید طلوع می‌کند، آرام‌آرام می‌شود ظهر، عصر، غروب، شب و این سیکل همیشه تکرار می‌شود و همه این موارد

کنار هم می‌خواهد این را بگوید که همه چی در حال تغییر است.

چرا تغییر می‌کنی؟ چرا تغییر را حس نمی‌کنی؟ روی شخصیتت، روی باورهای مخربت پافشاری نکن. سعی کن خودت را بهبود بدهی. سقف ذهنی برای خودت نساز؛ نگو چیزی که من می‌گویم درست است. سعی کن بهترین نسخه‌ها را همیشه در درونت ایجاد کنی و اینکه:

«همه رؤیاهایمان می‌توانند به واقعیت بپیوندند، اگر شهامت دنبال‌کردن‌شان را داشته باشیم» والت دیزنی.

الان اپلیکیشنی که ساخته می‌شود، هر ماه یک بار، هر چند روز یک بار، هفتگی، ماهانه و هر چند وقت آپدیتش می‌آید. اگر قرار بود چیزی در این دنیا ثابت باشد و نیاز به تغییر نداشته باشد، مطمئناً تا الان درست شده بود. چرا باید تغییر کنیم؟ چرا تغییر؟

زندگی زیباست چشمی باز کن
گردشی در کوچه باغ راز کن
هر که عشقش در تماشا نقش بست
عینک بدبینی خود را شکست
علت عاشق ز علت‌ها جداست
عشق اسطرلاب اسرار خداست

فصل چهارم

هرچیزی که نیاز دارید درباره باور مثبت بدانید

تو می‌توانی بهترین خودت باشی، به هر چیزی که می‌خواهی برسی، به شرطی که باور داشته باشی که می‌توانی خلقشان کنی و خدا به تو می‌دهد. سقف ذهنی خود را تغییر و بهبود بده؛ پشت این تغییر حتماً و حتماً نتیجه وجود دارد.

جاده‌های زندگی را خدا هموار می‌کند، کار ما فقط برداشتن سنگ‌ریزه‌هاست؛ پس این‌قدر آه و ناله چرا؟

کسانی که تغییر کرده‌اند، این موضوع را درک می‌کنند. این تلنگر برای کسانی است که در حال تغییر هستند و یک آگاهی برای افرادی است که هنوز این سؤال را می‌پرسند که چرا باید تغییر کنیم.

از دوباره بلندشدن از زمین نترسید. از دوباره تلاش‌کردن، دوباره زندگی‌کردن و دوباره آرزو کردن. بهترین درس‌های زندگی را معمولاً در سخت‌ترین شرایط و از بدترین اشتباهاتتان یاد می‌گیرید.

الان که فکر می‌کنی می‌بینی چرا باید تغییر کنیم پس تغییر کن..

چگونه باور مثبت داشته باشیم؟

برای هر چیزی اول باید باورهای درستی را داشته باشیم وذهنیت شفاف و روشنی از آینده پیش‌رو داشته باشید.

و در مرحله بعدی به زمان اجازه بدهیم. با تمرین و کسب مهارت و پیگیری مداوم که با گذشتن تکامل آن باور را طی کنیم.

تا نتایج ما داخل زندگی هر لحظه بهتر و بهتر شود، اما چطور می‌شود درک کرد که یک نگرش برای ما مورد قبول قرار گرفته یا نگرفته؟

زندگی شما متعلق به شماست شما در قبال آن مسئول هستید و تنها کسی که باید زندگی شما را در دست داشته باشد خودتان هستید پس برای به‌دست‌گرفتن آن فوراً اقدام کنید.

باور مثبت= عمل‌گرایی

اگر هر فردی در زندگی شروع کند به تغییردادن خودش و ذهنیتی که دارد، بر اساس آن تغییر آرام‌آرام باید رفتارها و عمل‌های آن فردم تغییر کند و به واسطه همین تغییرات نتایج آن فرد هم شروع به تغییر می‌کند.

> «باید باور داشته باشید که می‌توانید. اگر شخص دیگری می‌تواند این کار را انجام دهد، پس شما هم می‌توانید این کار را انجام دهید. بله، شما می‌توانید» تامارا تیلمن.

اما در خیلی این مورد شاید پیش آمده باشد که یک فرد شروع می‌کند به تغییر، اما رفتارها و عمل‌های گذشته را تکرار می‌کند و همین موضوع باعث می‌شود نتیجه‌ای هم نگیرد. اگر ما در زندگی شروع می‌کنیم به یک باور، باید در عمل ما هم تغییراتی صورت بگیرد و یک رفتار عمل‌گرایانه در راستایی آن باور داشته باشیم. برای مثال

من این باور و طرز فکر را برای خودم می‌سازم که من در هر شرایطی می‌توانم موفق شوم و همیشه راهی وجود دارد؛ اما در عمل اقدامی صورت نمی‌گیرد برای این باور. در واقع من فقط توسط ذهنم این را قبول کردم و اصلاً در زندگی هیچ کاربردی نخواهد داشت. شما در راستای باور و طرز فکرتان باید حرکت کنید تا بتوانید از آن باور نتیجه بگیرید و نکته مهم در مورد باور دقیقاً اینجا خودش را نشان می‌دهد.

«شما اگر به خودتان و توانایی‌های‌تان ایمان دارید، زمان‌تان را به درستی مدیریت کنید و روی رسیدن به هدف تمرکز کنید، واقعاً می‌توانید به اهداف‌تان برسید

هر باور یک‌سری فرصت‌ها را به همراه خودش دارد؛ اما تا زمانی که ما برای آن باور قدمی برنداریم، فرصتی را هم در زندگی دریافت نخواهیم کرد. پس از این به بعد برای «باور چیست؟» ما این فرمول را در نظر خواهیم گرفت: باور مثبت= عمل‌کردن= فرصت

> «دیگران همیشه به شما می‌گویند که نمی‌توانید کاری را که می‌خواهید انجام دهید؛ اما شما می‌توانید کاری را که می‌خواهید، انجام بدهید. فقط باید خودتان را باور داشته باشید. دست روزگار می‌خواهد شما را ناامید کند؛ اما شما می‌توانید از جایتان بلند شوید» باب مارلی.

چگونگی ساختن باور مثبت

وقتی ما شروع می‌کنیم به تغییردادن و حرکت‌کردن در راستای یک باور مثبت، نگرش به دلیل باورهایی که در گذشته زندگی‌مان داشتیم

که به دلیل مدت زمانی که با آنها زندگی کردیم، قدرت بیشتری دارد. نگرش تازه‌ای که ایجاد می‌کنیم، در مراحل اولیه خودش قدرت کمتری دارد؛ اما ما باید به قدرت‌گرفتن آن باور کمک کنیم. کمک ما باید به چه صورتی باشد؟ وقتی یک باور را تغییر بدهیم، به درستی در اول کار یک‌سری نشانه‌ها و فرصت‌ها خود را نشان می‌دهد که در گذشته شاید اصلاً ما آنها را ندیده‌ایم. از تماس تلفنی یک دوست می‌تواند باشد تا پیشنهاد کاری، درآمد تا آمدن یک فرد جدید داخل زندگی و... .

ما باید این نشانه‌ها را ببینیم و با خودمان تکرار کنیم. برای این موضوع یک تمرین به شما پیشنهاد می‌کنم و آن به این صورت است که شب‌ها قبل خواب به این موضوع فکر کنید که در طول آن روز چه نشانه‌هایی از باورهاتان دریافت کردید و در مورد آن موضوع فکر کنید.

هرچقدر این کار را بهتر انجام بدهید، نتایج بهتری را خواهید گرفت و می‌تواند به شما در قدرتمندکردن یک نگرش خیلی کمک کند. مباحثی که در مورد نگرش گفته می‌شود، مباحثی است که در زندگی شما اتفاق خواهد افتاد و این امر یک امر انکارناپذیر است؛ یعنی شما چه این مباحث را قبول کنید و چه نکنید این مباحث در زندگی شما اتفاق خواهد افتاد.

> «برای پیشرفت باید خودتان را باور داشته باشید. اعتقادات‌تان را باور کنید و برای پیاده‌کردن آن باورها اعتمادبه‌نفس داشته باشید» ادلین سینکلر.

نشانه یک باور درست چیست؟

نشانه باور درست به صورتی است که آن نشانه در شما یک نوع حس خوب، امید، انگیزه و... ایجاد می‌کند. در واقع می‌شود گفت به صورتی است که یک جو مثبت را وارد زندگی‌تان می‌کند و این جو و حس مثبت به دلیل به وجود آمدن آن نگرش خودش را نشان می‌دهد. گفتم باورهای ما به صورت واقعیت‌ها خودشان را نشان می دهند.

«آن دسته از افرادی که بیشترین موفقیت را به دست آورداند، اول آن چیزی را که می‌خواهند به دنیا ارائه بدهند باور دارند. شما هم باید ایمان داشته باشید که دستاورد منحصربه‌فرد شما ارزشمند است» این واقعیت‌ها می‌تواند به صورت مادی و معنوی در زندگی ما به وجود بیاید؛ پس نشانه یک باور مثبت و درست، مثبت‌شدن زندگی شماست. اگر در زندگی مباحث منفی را دارید تجربه می‌کنید، بهتر است این را درک کنید که باور منفی را به همراه دارید و به دنبال آن باور منفی بگردید.

مهم‌ترین اصل در باور زندگی شما

دنیا بازخوردی از زندگی درونی ماست و زندگی درونی ما را باورهای ما می‌سازد؛ پس اگر بخواهیم در زندگی تغییری در دنیای بیرونم خود ایجاد کنیم باید از باورهایمان شروع کنیم تا بتوانیم آنها را تغییر بدهیم و این اصل موضوع زندگی است و زندگی هرکدام از ما شبیه افکاری است که داریم. شبیه موضوعاتی است که در زندگی آنها را قبول داریم و با آنها در درونمان زندگی می‌کنیم.

«با اینکه خوش‌بینی در شـما انگیـزه ایجـاد می‌کنـد و شـما را تشـویق می‌کنـد به خودتان ایمان داشته باشید، اما بایـد انگیزه را در زندگی‌تان پیـدا کنیـد؛ یعنی همان چیـزی کـه شـما را بـه جلـو هـل می‌دهـد و تحریک‌تـان می‌کنـد تـا انگیـزه درونی‌تـان را بیـدار کـرده و بـه موفقیت برسید» ارل برانـدون.

و ایـن بهتریـن نکتـه زندگـی اسـت کـه اگر هرکسـی شـروع بـه تغییر کنـد، از درون سرنوشـت آن فرد با تغییـرات درونی‌اش شروع می‌کنـد به تغییرکردن و ایـن مبحث را فقـط یـک نفر می‌توانـد انجـام بدهـد و آن فرد شـما هسـتید و اصـل موضوعی کـه بایـد شـروع بـه تغییر آن کنیـم، باورهایـی اسـت کـه درونمـان داریـم.

«اعتقاداتی کـه در مورد خودتان داریـد، معمولاً بـه یـک باور قوی تبدیـل می‌شـود؛ پس رسیدن به چیـزی کـه فکر می‌کنیـد خارج از قـدرت شماسـت، دشـوار اسـت» یوگنی سـی اونیوبو.

به دنبال دلایل جدید برای باور باشیم

اینکه هرکسی بـرای باورهایـی کـه دارد دلایـل محکم و قانع‌کننـده‌ای را داشته باشـد، یـک اصل کامـلاً انکارناپذیر است؛ چون همه مـا بـرای باورهایـی کـه داریم، دلایـل کامـلاً محکمـی داریم. اما اینکه بیاییم این دلایـل را با انعطاف‌پذیری کنار بگذاریـم و فرصـت تفکر و تجربه‌های جدیـد را بـه خودمان بدهیـم، یـک اصل اسـت کـه باعـث می‌شـود مـا در زندگی بـه نتایـج مطلوبـی برسیـم.

«یک انسان می‌تواند به همان اندازه که می‌خواهد فوق‌العاده باشد. اگر خودتان را باور دارید و شجاعت، اراده، تعهد و روحیه رقابت‌جویی دارید و دل‌تان می‌خواهد چیزهای کوچک زندگی‌تان را به بهای چیزهای باارزش فدا کنید، پس می‌توانید آن کار را انجام بدهید»

پس با کنارگذاشتن تمام دلایلی که در زندگی داشتیم و داریم، وقت‌ها و زمان‌هایی در زندگی هست که با فرصت‌های جدید بتوانیم برداشت‌های جدیدی را داشته باشیم.

«اگر می‌خواهید زندگی خوب و رضایت‌بخشی داشته باشید، باید خودتان را باور داشته باشید. از لاکتان بیرون بیایید و با انرژی و با اشتیاق باشید و هیچ‌وقت نخواهید به جای شخص دیگری باشید» جولی هبرت.

و اگر بخواهیم با استناد به دلایل گذشته پیش برویم، مطمئناً نتایج مطلوبی را نخواهیم گرفت؛ چراکه دلایل همیشه محکم و استوار هستند و اجازه نمی‌دهند موارد جدید را به دست بیاوریم. با این توضیح می‌شود این را فهمید که باورهای ما در زندگی وابسته به دلایل هستند و اگر بخواهیم یک باور جدید را بسازیم، چون دلیلی را در شروع برای آن نداریم، باید بیایم دلایل گذشته را کنار بگذاریم تا آرام‌آرام دلایل برای باورهای جدید به وجود بیایند و در اثر گذر زمان بتوانیم باورهای جدیدمان را نهادینه کنیم. بسیاری از تجربه‌ها و دستاوردهای ما در زندگی فقط یک جرقه یا باور بوده‌اند که بر اثر

مرور زمان و فرصت‌دادن به خودمان توانستیم آنها را در خودمان و در زندگی‌مان نهادینه کنیم و تنها مانعی که می‌تواند جلوی ما را بگیرد برای تغییر باورها، نگاه تعصب‌گونه داشتن و آوردن دلایل برای آن باورهاست.

«زندگی فراز و نشیب‌هایی دارد، اما هر اتفاقی بیفتد باید خودتان را باور کنید و به خود ایمان داشته باشید»

پس برای تغییر باورهای در زندگی‌مان باید روندی را خلاف روندی که تا الان داشتیم در پیش بگیریم و به خودمان فرصت‌هایی را بدهیم برای به‌دست‌آوردن واقعیت‌های تازه در زندگی و این یک اصل است.

کسانی که واقعاً به توانایی‌هایشان اعتقاد دارند و مطمئن هستند که می‌توانند موفق شوند، همیشه به جلو حرکت کرده‌اند و این اصولاً شخصیت قوی و میل به موفقیت‌شان را نشان می‌دهد»

چکیده آموزشی: باور چیست؟

یکی از عمیق‌ترین قسمت‌های زندگی ما آدم‌هاست که برای اثبات خودش می‌تواند کاملاً منطقی برای ما مثال بیاورد. باور موردی است که در زندگی هیچ‌کسی نمی‌تواند صد درصد درست و صد درصد غلط باشد. باورها می‌توانند خوب‌تر یا بدتر باشند و خیلی وقت‌ها در طول تاریخ به دلیل باورهای مذهبی، انسان‌های بی‌گناهی کشته شده‌اند؛ درصورتی‌که می‌توانستند در کمال احترام به حق و حقوق یکدیگر، در کمال آرامش و انسانیت و مهرورزی زندگی کنند. باور را همیشه صد درصد نباید پنداشت. درست است در کنار باور هر روز

باید علم تحقیق اضافه کرد و به‌روزرسانی انجام داد. اگر به‌روزرسانی همراه با علم و دانش در کنارش نباشد، با گذر زمان آن باور هم قدیمی می‌شود. روزگار باید گذشت تا بدانی مرد کیست. یک توصیه دارم تا می‌توانید به دنبال علم و دانش باشید و خرافات و شبه‌علم و تقلید کورکورانه را از زندگی‌تان دور کنید. سخت است فرض کنید رسیدید به ۷۰سالگی آن وقت متوجه شدید تمام راهی که رفته بودی، د اشتباه بوده است. به خاطر اینکه تحقیق نکردید و دنبال علم و دانش نبودید و مدام درگیر زودباوری، تقلید کورکورانه از شبه‌علم و خرافات بودید و مسیر ۷۰ سال عمرتان اشتباه بوده است. چندین بار متن چکیده آموزشی را بخوانید.

این ما هستیم که انتخاب می‌کنیم کدام دسته باورها را در زندگی‌مان داشته باشیم. امیدوارم در زندگی باورهای درستی داشته باشید و این آموزش را بهتر از هر زمانی درک و در زندگی پیاده‌سازی کنید.

بررسی معنای باور در لغت

هنگامی که با دیگران صحبت می‌کنیم، از کلمه باور به وفور استفاده می‌کنیم. به عنوان مثال: باورت می‌شود، یا باور می‌کنید یا نه؟ این کلمات به چه معناست؟ به‌طور کلی باور را می‌توانیم به دو صورت تعریف کنیم: یکی تعریف رایج و عامیانه و دیگری از نظر علمی. باور از نظر عامیانه و در معنای رایج یعنی اعتقاد و ایمان و یقین‌داشتن. از نظر علمی، تکرار مکرر یک فکر را باور می‌گوییم؛ یعنی اینکه یک فکر در ذهن ما بارها و بارها تکرار شود، تبدیل به باور مثبت غالب ما می‌شود. باور یعنی زمانی که ما به شخصی

می‌گوییـم بـاورت می‌شـود، شـاید آن شـخص بـاورش نشـود، چـرا؟ چـون من چیزی را می‌بینـم کـه بـاورش دارم و آن شـخص هـم چیزی را می‌بینـد کـه بـاورش دارد. شـاید باورهـای مـا بـا همدیگـر متفـاوت باشـد و بیـن بـاور و دیدگاه‌هـای مـا دو شـخص تفـاوت وجـود دارد.

پـس باورهـای شـما آنچـه خـارج از دنیـای فیزیـک خودتـان می‌بینیـد اسـت؛ بـاور یعنـی گاهـی اتفـاق افتـاده اسـت شـما بـرای شـخصی موضوعـی را تعریـف و بـاز کرده‌ایـد کـه بـرای آن شـخص غیر قابـل بـاور بـوده اسـت. در ایـن آمـوزش مـا بـه جنبـه بـاور مثبـت می‌پردازیـم.

مثالی برای درک باور مثبت در زندگی

باور داشته باشید برای هر مشکلی راهی هست.

باور داشـته باشـید راه رسـیدن به خواسته‌هایتان، عـزم و اراده خودتـان است.

باور داشته باشید اگر به هدفی نرسیدیم، آخر دنیا نیست.

بـاور داشـته باشـید انسان‌هـا قصـد آزار شـما را ندارنـد، بلکـه آنهـا هـم مشـکلات خودشـان را دارنـد.

و از همـه مهم‌تـر: بـاور داشـته باشـید همـه چیـز در دسـت قـدرت لایـزال خداونـد است.

از امـروز تـلاش کنیـد مثبت باشـید؛ فـردی مثبت‌اندیـش امـا واقع‌گـرا. بـه دور از شـبه‌علم و خرافـات و تقلیـد کورکورانـه باشـید کـه در آن انسـانیت و مهربانـی، رضـای خـدا و رضـای خلـق خـدا باشـد کـه در تاریـخ بـه نکونامـی یـاد شـوید.

باور مثبت یعنی چیزی را قبول‌کردن که فعلاً وجود ندارد؛ البته از نوع مثبتش. مثلاً شما الان اگر تلفن همراهی در دستان خود دارید، نیاز به باور آن ندارید، اما قبل از داشتن آن اقدام به خواستن آن کردید و سپس باور کردید که آن را می‌خرید و به جایی رسیدید که به یقین رسیدید که می‌توانید آن را بخرید و اقدام به خرید آن کرده‌اید. پس انرژی مثبت تعیین‌کننده چیزی است که در طول روز و در طول زندگی‌تان خواهید دید. ما در راستای خواستن چیزهایی که می‌خواهیم باید باورهایی را داشته باشیم. در واقع پایه ایمان چیزی است که شما بارها تکرار کرده‌اید، نشانه‌های آن را نیز دیده‌اید و تبدیل به چیزی شده است که الان آن را قبول دارید که شاید برای دیگران مورد قبول نباشد. پس باور صد درصد درست نیست و شما می‌توانید باور مثبت و خوب و باور بدی را داشته باشید. اعتقادات هرکسی برای موقعیت و شرایط خودش صدق می‌کند.

نکته جالبی که در مورد انرژی مثبت وجود دارد، این است که شما می‌توانید باورهایتان را با شناخت اعتقادات تغییر دهید و آن وقت دنیا و دیدگاه‌هایتان را تغییر دهید و باور مثبت را جایگزین تمام باورهای محدودکننده خود کنید تا زندگی جدید و اتفاقات جدید وارد زندگی‌تان شود.

بازنده کسی است که در انتظار معجزه می‌ماند تا کسی از راه برسد و آرزوهایش را برآورده کند.

باور کن همه به دنبال رسیدن به آرزوهای خودشان هستند.

خودت معجزه زندگی خودت باش.

محدودیت‌های ذهنی‌ات را کنار بگذار، باورهای صحیح خود را تقویت کن و به سوی موفقیت گام بردار.

از کجا بدانیم باورهایمان تغییر کرده‌اند؟

هروقت به روند زندگی‌مان نگاه کردیم و متوجه شدیم که رفتارمان، نوع نگاهمان به زندگی، مسیری که داریم هر روز طی می‌کنیم، اطرافیانمان افراد دیگری شده‌اند و سطحشان بالاتر از قبل است، یعنی باورتان تغییر کرده است. اگر هیچی در زندگی شما تغییر نکرده، یعنی باوری ساخته نشده است.

به دنیا خوب نگاه کن.

دنیا پر از فرصت‌هایی است که فقط منتظر تو است.

بپاخیز و از فرصت‌های جدید استفاده کن.

روان‌شناسی باور چیست؟

یک نکته در مورد نگرش به شما بگوییم که خیلی مهم است. موضوعی مثل باور نیاز به درک دارد، نیاز دارد ما بفهمیم نگرش چیست، ساختارش چیست و چطور کار می‌کند؟ و سؤالاتی که از ما می‌پرسید:

مثل انواع باور، روان‌شناسی باور، تعریف باور، نیروی باور، قانون باور چیست، راه‌های تقویت باور، نقش باور در زندگی، تغییر باور.

فقط ساختن نگرش کافی نیست؛ ما باید عمل کنیم و اقدام کنیم. اما یک نکته و موضوع وجود دارد؛ باور با عمل رابطه‌ای مستقیم دارد، یعنی تو وقتی چیزی را باور کنی، وقتی به چیزی باور داشته باشی، برای آن قدم برمی‌داری.

اگر ایمان نداشته باشی به آن، برایش کاری نمی‌کنی، قدمی برنمی‌داری و همین‌طور ولش می‌کنی و فقط در ذهنت می‌سازی‌اش. پس جدا دانستن اعتقاد و عمل از همدیگر خیلی تفکر اشتباهی است؛ یعنی قشنگ مشخص است که آن فرد نفهمیده عقیده چیست و سازوکارش چطور است و چطوری پیش می‌رود. پس ما هر چیزی را که باور کنیم، برای آن قدم برمی‌داریم. تو ایمان داشته باش می‌توانی در زمینه کاریت موفق شوی، شروع می‌کنی به پیاده‌سازی ایده و به یادگیری مهارت‌های جدید، شروع می‌کنی به توانمندکردن خودت یا مجموعه آن؛ فقط به واسطه اینکه تو یقین داری می‌توانی بهتر کار کنی، بیشتر کار کنی و به موفقیت بیشتری برسی.

امـروز

می‌تواند روز قشنگی باشد،

اگر من هنر این را داشته باشم که

علمی بیاموزم،

به دور از شبه‌علم و خرافات باشم.

که قشنگ زندگی کنم؛

زیبا ببینم؛

زیبا نفس بکشم؛

زیبا عمل کنم

و زیبا زندگی کنم.

آیا باور منجر به عمل می‌شود؟

اگر می‌خواهیم ببینیم چه چیزی را عقیده داریم، به عملمان نگاه کنیم. هر عملی که داریم نشان می‌دهد چه چیزی را باور داریم. اگر فقط در ذهنمان آن را بسازیم و برایش قدم برنداریم ما آن را قبول نداریم و اصلاً آنها یک‌سری حرف و کلمه هستند که در ذهنمان ساخته می‌شوند. من اگر چیزی را یقین داشته باشم، برای هر کاری می‌کنم خودم را به آب و آتش می‌زنم که به آن یقین برسم؛ چون می‌دانم می‌شود. پس این در ذهنت باشد که تو با نگاه به عملت می‌توانی باورهایت و آن چیزهایی را که یقین واقعی تو هستند، بشناسی. اگر صرفاً در ذهنت یک‌سری حرف‌های خوشگل می‌سازی، ولی در عملت کاری انجام نمی‌دهی، تو آنها را قبول نداری و به آنها عقیده نداری و آنها نگرش‌های واقعی تو نیستند. نگرش‌های واقعی من، نگرش‌های واقعی تو، آن چیزهایی هستند که برایشان قدم برمی‌داریم.

پس یقین نشان‌دهنده عمل است و عمل نشان‌دهنده یقین و اینها یک رابطه مستقیم دارند. اینها را جدا از هم ندان. امیدوارم این نکته را درک کنی و پیاده‌سازیش کنی. موضوعی که بر آن تأکید داریم، این است که هر فردی بهتر خودش را می‌شناسد و بهتر می‌تواند خودش را آنالیز کند و بهتر می‌تواند به خودش کمک کند؛ به شرطی که آگاه شود.

مهم نیست که آخرین زلزله زندگی‌ات چند ریشتر بود؛

مهم نیست که در آخرین زلزله چه چیزهایی از دست دادی؛

مهم این است که دوباره از نو بسازی؛

جهانت را؛

زندگی‌ات را؛

باورت را.

مهم شروع دوباره است.

روند چگونگی ساخت باور

باید بگوییم کـه نگـرش مثبـت امـری صرفـاً فطـری نیسـت، بلکه به صـورت اکتسـابی در زندگی مـا به وجـود می‌آید کـه از پدران پدر مـا و نسل اندر نسل به مـا منتقـل شـده و سـاختار و شـاکلید اصلی زندگی روزمـره مـا را مشـخص می‌کنـد.

از همان بدو تولد و زمانی کـه مـا پـا به عرصه حیات می‌گذاریم، شـروع می‌کنیم به یادگیـری و پذیرش از بزرگ‌ترهـا و محیـط پیرامونمان. مـا تحت تأثیـر حرف‌هـای پدر و مادرمان یاد می‌گیریم از خیلـی چیزهـا بترسیـم یا نسبـت به مسئله‌ای حالـت تدافعی یا تهاجمی بگیریـم و بـاور می‌کنیـم.

یا طبـق واکنش‌هایـی کـه پدر و مـادر و نزدیـکان مـا به آن مسـئله از خودشـان نشـان می‌دهنـد، مـا هـم در مواجهـه با آن مسائل، رفتـاری شبیه به آن از خودمان بروز بدهیـم. پس نگرش مثبت اصولاً از همان کـودکی و درون محیـط خانـواده توسـط پدر و مـادر و نیـاکان مـا در مـا شکل می‌گیـره.

همین حالا

اگر بنشینیم کنار هم و ۱۰ سال پیش زندگی‌مان را ورق بزنیم،
به خیلی از نگرانی‌هایمان می‌خندیم.

بیا قرارمان این باشد:

به هیچ چیز بیش از حد بها ندهیم.

زندگی ساده‌تر از اینهاست.

در یک خانواده پدر و مادر اعتقاد دارند فرزندشان بسیار پاستوریزه و طبق قوانین و مقررات خاصی رشد کنند و بزرگ شوند و بالعکس در یک خانواده اصلاً حد و مرز یا قانون خاصی در کودکی برای تربیت فرزندشان ندارندد و بر این اعتقادند که بچه باید بچگی کند.

خب مسلماً در این دو نوع خانواده آموزش و یادگیری و پذیرش و باورهای متفاوتی در کودک شکل می‌گیره و کودک بر اساس دیده‌ها و شنیده‌هایش، باورهایی متفاوت را نسبت به خود یا دنیای اطرافش پیدا می‌کند.

به مرور زمان، با رشد کودک و رفتن به محیط‌هایی مثل پارک، مهدکودک و حتی دبستان، افراد دیگر در شکل‌گیری باورهای او نقش دارند؛ مثل دوستان، هم‌بازی‌ها، مربیان و معلمان. در اینجاست که دنیای پیرامون کودک بزرگ‌تر می‌شود و نقش و رنگ دیگری پیدا می‌کند و کودک شروع به کنجکاوی و تأمل در دنیای جدیدش می‌کند. کودک از قبل و در پیش‌فرض‌های ذهنش یک‌سری باور مثبت و اعتقادات دارد که مغایر با افکار و اندیشه‌های او در دنیای

جدید است و همین باعث سردرگمی و یک‌سری اختلالات کوچک در رفتارهای روزمره کودک می‌شود.

با گذشت زمان و بزرگ‌تر شدن فرد و رفتن به دوره‌های سنی متفاوت و قرارگرفتن در محیط‌های مختلف، انرژی مثبت جدید می‌تواند جای اعتقادات گذشته را در ذهن او بگیرد یا حتی به صورت کامل‌کننده و مکمل آنها باشد.

پس نگرش مثبت از کودکی آغاز و تا پایان زندگی هرکسی می‌تواند دستخوش تغییرات زیادی شود و همه این به خود فرد بستگی دارد که آگاهانه به سمت اصلاح عقایدش قدم بگذارد یا نه، ناآگاهانه نسبت به این مسائل زندگی کند.

هنری فورد می‌گوید: «اگر فکر می‌کنید می‌توانید، پس می‌توانید و اگر فکر می‌کنید، نمی‌توانید پس نمی‌توانید». این جمله مفهوم خیلی واضحی دارد؛ یعنی اینکه ما هر عقیده و باور و انرژی مثبتی داشته باشیم، در ذهنمان، در دنیای واقعی و منطقی ما می‌تواند تأثیر مستقیم بگذارد و ما باید بکوشیم نسبت باور مثبت به بقیه باورهایمان را افزایش بدهیم. تا جایی که شاعران ما هم همیشه در شعرهای خود اشاره‌ای به تأثیر باور مثبت در زندگی ما داشته‌اند. به این نمونه‌ها توجه کنید:

گرت باور نمیداری به دست امتحانم ده

من آن خمخانه پردازم که بدمستی نمی‌دانم

«وحشی بافقی»

نقش اساسی باور در زندگی افراد

باورهـای هـر شـخصی تعیین‌کننـده راه و مسـیرهای زندگی آن می‌توانـد باشـد. حالا ایـن نگرش‌هـا چـه غلـط باشـد چـه درسـت، در واقـع مـا عقایـد قدرتمندکننده داریم با نگرش‌های نگهدارنده یا ترمز کـه بسـته بـه شـرایط فرد اعم از خانـواده و محیط فرهنگی و مذهب و معلمـان، دوستان، آشنایان و... متغییر اسـت. ممکن اسـت باورهای قدرتمندکننـده در یـک فـرد بـه خاطـر موقعیـت خانواده‌اش و محلی کـه ثروتمندهـا زندگی می‌کننـد و دوستانی که در اطراف خودش دارد بـا فـردی کـه در محلـه فقیرنشـین و در خانواده کم‌بضاعـت زندگی می‌کننـد بـا هـم تفـاوت داشـته باشـند.

از جایت بلند شو و بهترین خودت باش.

مهم نیست که چقدر مانده تا رسیدن به هدفت؛

مهم نیست که چقدر از دیگران عقب افتادی؛

اصلاً مهم نیست که چه جایگاهی در مقایسه با مردم داری.

زندگی که مسابقه‌دادن نیست،

زندگی همین لحظه است.

پس همین حالا بلند شو و بهترین کاری را که می‌توانی انجام بده

پرانرژی روی کارت تمرکز کن و انجامش بده.

بخنـد، شـاد بـاش، بدرخـش و از اینکـه فرصت زندگی بـه تـو داده شـده، لـذت ببـر.

نشانه‌های باور

باور مثبت هرکسی به او می‌گوید که چه شخصیتی دارد و چطور انسانی است. مثلاً من ایمان دارم که آدم شجاع و نترسی هستم و همین اعتقاد کل مسیر زندگی من را تغییر می‌دهد؛ چون زمانی که در مسائل و مشکلات زندگی وقتی با ترس و دلهره با یک چالش روبه‌رو می‌شویم.

من با کمک این اعتقاد شجاعانه به استقبال مشکلات می‌روم و آنها را تا حد ممکن کوچک می‌بینم و راه‌حل مناسب را برایشان پیدا می‌کنم.

حالا درست نقطه مقابل این موضوع، اگر من باورم این باشد که آدم ترسو و بُزدلی هستم، با اولین باد و قرارگرفتن در یک بیراهه خودم را می‌بازم و با وحشت و دلهره کامل از مشکلات فرار می‌کنم و به این ترتیب هیچ راه‌حلی هم برای رفع آن پیدا نمی‌کنم. یک دوستی داشتم که در زمان کودکی در دبستان نقاشی‌های قشنگی می‌کشید و معلم ما مرتب او را تشویق می‌کرد که تو خیلی هنرمندی و می‌توانی در آینده نقاش خوبی بشوی. از بس این جملات را مربیان و دوستان و خانواده‌اش بهش گفته بودند که دیگر به صورت یک باور مثبت برایش درآمد بود، سال‌ها بعد که از طریقی باهاش ارتباط گرفتم، فهمیدم تزریق آن حجم وسیعی از انرژی مثبت کار خودش را کرد.

و دوستم دنبال کار هنری و آموزش نقاشی رفته و در حال حاضر چندین گالری نقاشی از تابلوهای خودش داشت و به یک مدرس و هنرمند موفق تبدیل شده، اما کسانی را هم می‌شناسم که از بس در سن کودکی به آنها گفته‌اند تو به هیچ‌جا نمی‌رسی، امکان ندارد بچه ما چیزی شود، تو خنگی و هیچ‌وقت موفق نمی‌شی، درحالی‌که

آن فرد منبع استعداد بوده، این جملات ایمان قلبی‌اش شده و کلاً از درس و آموزش و استعدادهایش دور شده و دنبال مسائل دیگر در زندگی رفته و اگر حالا بخواهی ببینی‌اش و ازش سؤال کنی باید بری در کمپ ترک اعتیاد دنبالش بگردی.

فقط خودت باش، کاملاً خودت

و نگران این نباش که چه نوع گُلی هستی؛

مهم نیست که گل رز باش یا نیلوفر یا گل همیشه‌بهار،

آنچه مهم است شکوفاشدن است....

چگونگی انتخاب مسیر با اختیار تام

چقدر عدالت خداوند بر جهان هستی برقرار است که جملاتی به این کمرنگی یا پررنگی می‌تواند با تکرار مرتب مسیر زندگی ما آدم‌ها را عوض کند و این ما هستیم که انتخاب می‌کنیم با اختیار کامل و بدون هیچ اجباری که کدام زندگی را انتخاب کنیم.

دنبال علاقه‌مان برویم و روز به روز پرانرژی‌تر و از زندگی‌مان لذت ببریم و مدارج کاری و تخصصی را یکی پس از دیگری طی کنیم یا نه، ما از همه جا رانده و مانده به دنبال بدبختی‌ها و بدشانسی‌هایمان برویم و هر لحظه خودمان را دعوا کنیم و به بخت بدمان لعنت بفرستیم و اینجا انتخاب با خودت است دوست خوبم. با ساختن

باور مثبت می‌توانیـد از شـرایطی رهایـی پیـدا کنیـد. می‌خواهـم یـک داسـتان معـروف را از یـک آدم معروف‌تـر برایتـان تعریف کنـم:

«در یکـی از دبستان‌هـای ایالـت میشیـگان یـک روز مدیـر مدرسـه نامـه‌ای را بـه یکـی از شـاگردان دبسـتانی کـه فقـط هفـت سـال داشـت و مـدت ۱۲ هفتـه مدرسـه رفتـه بـود، داد کـه آن نامـه را بـه والدینـش بدهـد. معلـم ایـن کـودک از سـؤال و جواب‌هـای او خسـته شـده بـود و همیشـه او را بـا لقـب «کندذهـن» و «خنـگ» صـدا می‌زد. پسـرک بـا خوش‌حالـی بـه خونـه برگشـت و نامـه را بـه مـادرش داد، مـادر او کـه شـخصی فهیـم و بـا درک بـالا بـود، بعـد از بازکـردن نامـه و خواندنـش بـه فرزنـدش این‌طـور گفـت: پسـرم مدیـر مدرسـه برایـم نوشـته کـه فرزنـد شـما بسـیار باهـوش و بـا اسـتعداد سـت و همـه مطالـب درسـی را بـه خوبـی بلـد اسـت و مدرسـه مـا در حـد و انـدازه اسـتعدادهای او نیسـت.

امیـدوارم بتوانیـد او را بـه معلمـی فهیم‌تـر و باسـوادتر کـه اسـتعدادهای نهفتـه‌اش را کشـف کنـد، بسـپارید و بـه ایـن ترتیـب یـک بـاور غلـط را تبدیـل بـه بـاور مثبـت و درسـت بـرای پیشـرفت فرزنـدش کـرد و کل مسـیر زندگـی آن را عـوض کـرد.

مـادر مسـئولیت آمـوزش فرزنـدش را بـر عهـده گرفـت و زندگـی او را متحـول کـرد، ایـن کـودک توماس ادیسـون نـام داشـت کـه یکـی از بهتریـن دانشـمندان و مخترعـان جهـان شـد و هسـت. در داسـتان کوتـاه بـالا می‌بینیـد کـه یـک بـاور مثبـت و ایمـان قلبـی، چگونـه می‌توانـد از یـک کـودک کُندذهـن کـه از مدرسـه اخـراج شـده یـک نابغـه بی‌نظیـر در تاریـخ بسـازد.

نمونه‌هـای دیگـری هـم از آدم‌هـای موفـق هسـتند کـه بـا ایمـان و اعتقـاد

درست به موفق‌ترین آدم‌های زمان خودشان تبدیل شدند. آلبرت انیشتن یک نمونه دیگر است که در زمان کودکی مشکلات تکلمی داشت و حتی به نحوی می‌شد او را تنبل و کندذهن خواند؛ اما با تکرار روزمره یک باور درست به شهرت جهانی رسید. در مثال‌های امروزی و ملموس‌تر می‌بینیم ورزشکارانی را که حتی از نظر جسمی دچار نقصان هستند، اما به‌جای اینکه در گوشه تنهایی منتظر سرنوشت باشند، با باور و تلاش خودشان به سکوهای المپیک یا جهانی راه پیدا کردند.

این مثال‌ها در تمام قشرهای مردمی یافت می‌شود. چه‌بسا آدم‌هایی که از نظر خانوادگی در فقر کامل مادی و فرهنگی بودند و الان تبدیل به ابرقدرت‌های رشته تخصصی خودشان و مالک ثروت فراوانی شدند و همه اینها برمی‌گردد به اینکه ما از خودمان چه باور و شناختی داریم.

رؤیای شما تاریخ انقضا ندارد.

نفسی عمیق بکشید و دوباره تلاش کنید.

سعی نکن در زندگی بهترین قطار را سوار شوی،

سعی کن بهترین ایستگاه پیاده شوی.

در دنیا فقط یک نفر وجود دارد که باید از او بهتر باشید و آن کسی نیست جز گذشته خودتان

تغییر فقط نیازِ زندگی نیست، خودِ زندگی است.

فصل پنجم

انواع باور در زندگی

نگرش‌های ما از چندین و چند نوع تشکیل می‌شود. دو عامل بسیار مهم در این زمینه وجود دارد: یک عامل بیرونی و دوم عامل درونی که تشکیل‌دهنده نگرش‌های ما هستند که می‌توانید در مورد آن تحقیق و بررسی کنید. باورها را می‌توانیم به دو دسته تقسیم‌بندی کنیم:

۱) داشتن باور مثبت

باور مثبت اعتقاداتی هستند که باعث پیشرفت و متحول‌شدن زندگی ما می‌شوند و احساس خوشبختی را در ما به وجود می‌آورند. در واقع همان انرژی مثبت و باورهای قدرتمندکننده هستند که به ما انرژی و انگیزه می‌دهند برای حرکت‌کردن و ما را در مسیر درست قرار می‌دهند. همه اتفاقات خوب برای انسان‌های مثبت‌اندیش با انرژی مثبت می‌افتد؛ انسان‌هایی که زیبا فکر می‌کنند، با دیگران با محبت رفتار می‌کنند، حال خوب دارند، خودشان را دوست دارند و به زندگی لبخند می‌زنند.

در جهان، بی‌شمار دلیل هست برای لبخندت؛

و بی‌اندازه راه برای احساس خوشبختی.

یکی را انتخاب کن

یا چندتا را

و حالت را خوب نگه دار.

۲) داشتن باور منفی

که برگرفته از افکار منفی و مأیوسانه ما می‌تواند باشد و برای ذهن و روح ما بسیار مخرب است و این نگرش‌ها حکم همان ترمز و دست‌انداز را برای زندگی ما ایفا می‌کند و ما با داشتن این نگرش‌ها تغییری نمی‌کنیم و درجا می‌زنیم.

مثل من کلاً آدم بدشانسی‌ام، می‌دونم هیچ‌وقت پولدار نمی‌شم، قطعا در این کار شکست می‌خورم و.... حتی ضرب‌المثل‌هایی هم در این مورد داریم: لب دریا هم که برم باید یک سطل آب با خودم ببرم، من برم دریا می‌بینم که دریا خشک شده، من اگر شانس داشتم که اسمم... بود. یا حتی اصطلاحاتی مثل بخشکی شانس، لعنت به این شانس و.... تا حد ممکن این ضرب‌المثل‌ها را از ذهنتان پاک کنید و از این کلمات و جملات منفی و ضرب‌المثل‌های بازدارنده در گفت‌وگوهایتان استفاده نکنید.

هر روز یکم بیشتر از چیزي که فکر می‌کنی در توانت هست انجام بده؛ رشد فقط اینجوری اتفاق می‌افتد.

نقش ایمان و باور در اهداف

داشتن ایمان و انرژی مثبت می‌تواند یکی از رکن‌های مهم در تحقق اهداف و خواسته‌ها و آرزوهایمان باشد. ایمان یعنی یقین و اطمینان ما؛ هر چقدر ایمان داشته باشیم، همان‌قدر دریافت می‌کنیم. به بیان دیگر، طبق انتظارات و خواسته‌هایمان به ما نعمت داده می‌شود.

در انتظار موفقیت، شادی و فراوانی هستیم و خودمان را برای آن آماده کنیم. این را بدانیم که همیشه بر اساس ایمان‌مان به ما داده می‌شود. تنها ایمان است که می‌تواند در ذهن ما اثر بگذارد. وقتی می‌خواهیم به آرزویی برسیم، ولی در دل خودمان برای رسیدن به آن انرژی مثبت و ایمان کافی و واقعی نداریم و دچار تردید هستیم که آیا به هدف‌مان می‌رسیم یا نه، مطمئن باشیم که به آن هدف نمی‌رسیم. اگر ایمان به باورمان نداشته باشیم، هیچ اتفاقی برای ما نمی‌افتد. باید باور کنیم خداوند از راه‌های عجیب و غریب که حتی فکرش را هم نمی‌کنیم، ما را به اهدافمان می‌رساند و از تمام تلاش‌مان با کسب مهارت و دانش و عمل‌گرایی هدفمند و توکل به خدا و اینکه خداوند هرگز اشتباه نمی‌کند و تمام راه‌های خودش را به نتیجه می‌رساند، او قدرتمند و توانا به انجام هر کاری است، برای

بالابردن ایمان استفاده کنیم و هر چیزی که فکر می‌کنیم غیرممکن است و تردید به سراغمان می‌آید، از خدا بخواهیم و ایمان کامل داشته باشیم که به آن خواسته می‌رسیم. البته به شرطی که هدف متناسب با تلاش باشد. نمی‌توان هدف بزرگ داشت و هیچ تلاشی برایش نکرد و فقط در ذهن رؤیاپردازی کرد. چون خداوند قدرتمند، توانا، بخشنده و مهربان است و همیشه می‌گوید از تو حرکت از خدا برکت. بدان که هر خیر و خوبی از جانب خداست و حضور خداوند را در هر لحظه احساس کن که یاد خدا آرامش‌بخش قلب‌هاست.

به خدا که وصل شوی، آرامشی وجودت را فرامی‌گیرد که نه به راحتی می‌رنجی و نه به آسانی می‌رنجانی.

آرامش، سهم دل‌هایی است که نگاهشان به سمت خداست.

فاصله بین رؤیا و واقعیت، اسمش اقدام است.

می‌خواهی رؤیاهایت به واقعیت تبدیل شود، نشین فقط در ذهنت مدام آنها را دوره کن؛ بلند شو، شروع به اقدام کن؛ حتی یک شروع کوچک.

احساس خوب= اتفاقات خوب

من همیشه این مثال را می‌زنم و می‌گویم وقتی جو بکاری، خروجی جو برداشت می‌کنی. تا حالا نشده کسی گندم بکارد و جو برداشت کند! پس وقتی هر روز به نق‌زدن و سرکوفت‌زدن و ناراحتی و حرص و غم و غصه می‌گذرانی، انتظار شادی و لذت نداشته باش. همیشه به زندگی و عملکردت نگاه کن؛ ببین چه کار داری می‌کنی. باورهای

غالب تو به تو می‌گویند:

لازم نیست کل مسیر را تا آخر بتوانی ببینی، همین که چند متر جلوتر را بتوانی ببینی و جلو بروی کافی است. تو پای به راه بنه و هیچ مپرس، خود راه بگویدت که چون باید رفت.

بررسی ۶ باور نگهدارنده زندگی شما

ذهن هر انسانی از عقاید و نگرش‌های گوناگونی تشکیل شده که ما نمی‌توانیم به همه این عقاید بپردازیم، اما به اختصار به شش مورد از این باورها حمله می‌کنیم و آنها را تصحیح می‌کنیم و اینکه شما بتوانید این عقاید را

تغییر بدهید، به خودتان مربوط می‌شود؛ چراکه نیاز به تمرین و تکرار و تعهد دارد.

۱) سرنوشت من از قبل تعیین شده

اولین باور نگهدارنده و ترمزکننده پیشرفت ما این است که سرنوشت من از قبل تعیین شده است! اغلب و اکثر مردم دنیا برا ین عقیده هستند که سرنوشت آنها از قبل تعیین شده و خودشان هیچ نقشی در آن ندارند و شکست یا پیروزی خود را از پیش نوشته‌شده می‌دانند و در این راه تلاش و کوشش را بی‌فایده قلمداد می‌کنند. درحالی‌که خدا ما را انسان‌هایی با اختیار آفریده و این برتری در

بین تمـام موجودات دنیـا شـامل حـال مـا شـده کـه بتوانیـم سرنوشـت و زندگی‌مـان را در اختیـار بگیریـم.

هنـری فـورد، مؤسس کارخانه اتومبیل‌سازی فـورد می‌گویـد: «سرنوشت مـن از قبل تعییـن نشـده، امـا اخیـراً دریافتـه‌ام هرچقـدر بیشـتر کار کنـم خوش‌شـانس‌تر هسـتم». وقتـی مـا خـدا را بـاور کنیـم و قوانیـن جهان هسـتی را درک کنیـم و آمـوزش ببینیـم و در زندگی‌مـان بـه ایـن قوانیـن احتـرام بگذاریـم و رعایتشـان کنیـم، زندگی خودمـان را هـر طـوری کـه دوست داریـم می‌سـازیم و بـه هرچی بخواهیـم می‌رسـیم.

هـر روز یکـم بیشـتر از چیـزی کـه فکر می‌کنـی در توانت هسـت انجـام بـده؛ رشـد فقـط اینجـوری اتفـاق می‌افتـد.

۲) موفقیت یعنی به کمال رسیدن

اگـر مـا ایـن اعتقـاد و انـرژی مثبت را داشـته باشـیم کـه بایـد بـه کمال برسـیم و هـر چقـدر موفـق بشـویم هنـوز هـم کارهـای ناتمامـی داریـم و موفقیت‌هـای لازم را بـه دسـت نیاوردیـم، ایـن حـس در مـا احسـاس شکسـت و سـرخوردگی ایجـاد می‌کنـد. کمال‌طلبـی را درسـت معنـا کنیـم و همیشـه منتظـر نتیجـه نباشـیم کـه مـن اگـر بـه فلان نتیجه رسـیدم خـودم و شـرایطم را تغییـر می‌دهـم، مـن اگـر بـه این‌قـدر پـول برسـم می‌توانـم لـذت ببـرم. شـما از همیـن الان شـروع کـن بـه لذت‌بردن از هرکاری کـه داری انجـام می‌دهـی، در مسـیر درهـای رحمـت و مودت خداونـد بـه رویت بـاز می‌شـود.

کمال یعنی اینکه مـا حتی یک قدم بهتـر و بیشـتر از دیروزمان باشـیم، نه اینکه همیشـه درگیـر نرسـیدن به قله‌هـای بلند اهداف مختلف‌مان.

سعی کنیم در زندگی‌مان از مسیری که داریم طی می‌کنیم، لـذت ببریم و انرژی مثبت و شـاد باشیم و بـرای لحظه‌لحظه عمرمـان از خداونـد سپاسگزار باشیم.

هـر روز سعی کنیم از دیـروز بهتر عمل کنیم و این نشـان می‌دهد مـا باید هـر روز دنبـال مطالب جدیـد و تغییرات جدیـد و راه‌هـای جدید بگردیـم تا شنـاختمان از قوانین جهان هستی و خداونـد بیشتـر شـود و بتوانیـم زندگی بالذت‌تـری را تجربه کنیم. این نیازمند صرف زمان است تـا ایـن موضوع و مطلب جا بیفتد برای ما.

مهـم نیست که چقدر مرتکب اشتبـاه می‌شویـد یا به آهستگی پیشرفت می‌کنیـد؛ شـما همیشـه جلوتـر از همـه کسـانی هستیـد کـه اصلاً هیـچ قدمی برنمی‌دارنـد.

‏۳) منتظر تأییدیه دیگران بودن

بسیاری از افـراد بر این عقیـده هستنـد کـه اگر مـورد تأییـد دیگران قرار بگیرنـد، آدم خوبی هستنـد و در غیر ایـن صورت، اگـر کسی آنهـا را تأییـد نکنـد آدم خوبی نیستنـد؛ غافل از اینکه هرکسی به انـدازه‌ای که مـا فکر می‌کنیـم، بـه مـا توجـه نـدارد و چگونگی زندگی مـا بـرای دیگران مهـم نیست. مـا هرگز به انـدازه‌ای خوب یا بد نیستیـم کـه آنهـا دربـاره مـا فکر می‌کننـد؛ پس سـعی کنیم از ایـن بـه بعد روی خودمـان تمرکـز و توجـه و زمـان بگذاریـم و دوربین‌هایمـان را خامـوش کنیم و به فکر آشتی بـا درون خودمـان باشیم. بـه حرف دیگران و افکار دیگران در مـورد خودمـان با نگـرش مثبت و انرژی مثبت نگاه کنیم و بی‌اهمیت باشیم. زندگی را زندگی کنیم و بـه ایـن فکر نکنیم دیگران در مـورد مـا چـه فکری می‌کننـد.

هرکسی مختار است هرطور دوست دارد فکر کند؛ چون ذهن و فکر خودش است. ما نمی‌توانیم به افکار دیگران هم تسلط پیدا کنیم. چیزی که مهم است این است که ما باید به خودمان توجه کنیم و برای راضی‌بودن و خوشنودکردن خودمان قدم برداریم.

خوشبخت‌ترین مخلوق خواهی بود اگر امروزت را آنچنان زندگی کنی که گویی نه فردایی وجو دارد برای دلهره و نه گذشته‌ای برای حسرت؛ بنابراین تمام توجه‌تان روی لحظه «حال» باشد.

۴) بررسی جمله هرگز آن کار را انجام نمی‌دهم

تا به حال زیاد شنیدم که افراد از این جمله استفاده می‌کنند که من همیشه فقط این کار خاص را انجام می‌دهم یا این من هرگز و اصلاً این کار را در زندگی‌ام نمی‌کنم. درحالی‌که باید بدانیم هیچ چیزی در زندگی ما ثابت نیست و هرکسی بنا بر قرارگرفتن در برهه‌ای از زمان یا شرایط خاصی، طبیعتاً واکنش‌ها و اعمال مختلفی از خودش نشان می‌دهد. تا جایی که ممکن است غرور و تکبر نداشته باشید و زندگی خودتان را داشته باشید؛ چون وقتی ادعا کنید، جهان هستی شما را در موقعیت‌هایی قرار می‌دهد و به شما ثابت می‌کند که در شرایط یکسان همه انسان‌ها یک جور عمل می‌کنند.

با انرژی مثبت و باور مثبت خودتان را در مسیر موفقیت و رسیدن به خواسته‌هایتان قرار بدهید. آن‌وقت است که به هرآنچه در این جهان هستی طلب دارید، می‌رسید و با رسیدن به هر خواسته، باور و ایمان شما نیز قوی‌تر می‌شود.

«هیچ‌وقت برای رسیدن به آنچه می‌خواسته‌اید، دیر نیست»
جرج الیوت.

۵) اکنون آینده من همان گذشته من است

کسانی که در گذشته شکست و مشکلات فراوان داشتند، اگر بر این عقیده مخرب خود پافشاری کنند و بر این باور باشند که من هیچ‌وقت موفق نمی‌شوم چون سال‌ها پیش شکست خوردم، پس همواره منتظر شکست و نامیدی هستند. درحالی‌که باید بدانند هر شکست می‌تواند پلی برای رسیدن به پیروزی باشد و معنای شکست، در واقع یعنی دست‌کشیدن و تلاش‌نکردن و هر وقت شما از خواسته خود دست کشیدید و تلاشی برای آن انجام ندادید، شکست خورده‌اید و شکست را قبول کرده‌اید. پس بر خواسته‌هایتان تمرکز کنید و هر روز یک چیز جدید را برای رسیدن به آنها امتحان کنید و دنبال تغییرات باشید و با تلاش مضاعف دنبال آموزش‌های جدیدی در آن راستا باشید تا علم و تخصص آن کار را به دست بیاورید.

«در پایان، موفق‌ترین افراد کسانی هستند که موفقیت آنها نتیجه رشد تدریجی و پایدار است» الکساندر گراهام بل.

۶) احساسات واقعیت زندگی

در زندگی و دنیای ما آدم‌ها یک‌سری افکار وجود دارد که تابع احساسات و ذهن ما هستند و این افکار و عقاید با افکار منطقی که در واقعیت هست، کاملاً متفاوت‌اند. مثلاً من امروز به یکی از دوستانم در خیابان برخورد می‌کنم، جلو می‌روم و مثل همیشه سلام و احوالپرسی گرمی می‌کنم؛ اما دوستم کاملاً سرد و بی‌روح جواب می‌دهد و بلافاصله از من خداحافظی می‌کند و می‌رود. اینجاست که فکرهای من شروع می‌کنند به سمپاشی که آیا از من ناراحته یا اینکه کسی در مورد من چیزی بهش گفته، حرفی در مورد من شنیده و... . درحالی‌که ممکن است آن شخص در یک شرایط فیزیکی یا روحی خاصی که من خبری از آن ندارم با من روبه‌رو شده باشد و رفتار او نشئت‌گرفته از عوامل درونی و بیرونی زندگی شخصی خودش باشد و ربطی به من ندارد.

همیشه سعی کنیم حسن ظن داشته باشیم به افراد، نه سوء‌ظن و اگر همچین برخوردی را تجربه کردیم، برایش دعا و آرزوی موفقیت و بهبود احساسات و رفتاش را با انرژی مثبت کنیم و به خواسته‌های خودمان توجه کنیم.

«رؤیاهای خودتان را بسازید، در غیر این صورت فرد دیگری شما را برای ساختن رؤیایش به کار خواهد گرفت» فرا گری.

تمرینات تغییر سریع باورهای مخرب

برای اینکه نگرش‌های نگهدارنده و ترمزگونه را از لیست باورهایمان حذف کنیم، یک‌سری تمرینات و کارهای عملی را باید در زندگی‌مان جدی بگیریم و هر روز وقتی بگذاریم. باورهای‌مان باید علمی باشد که در مسیر انسانیت، رضای خدا و خدمت به خود و خدمت به خلق خدا باشد، به دور از شبه‌علم و خرافات باشد. باید با روحیه و شجاعت عالی برای انجام‌دادن این تمرینات قدم برداشت. برای تغییر باورهایمان، من چند پیشنهاد خوب به شما دارم و آنها را به صورت تمرین عنوان کردم که بتوانید استفاده لازم را از آن بکنید:

۱- خودمان را تغییر بدهیم و بهانه‌ها را از خود دور کنیم و مسئولیت صد درصد تغییر در خودمان را بپذیریم. مثلاً تصمیم می‌گیریم ورزش کنیم، پس با همه وجود این تغییر را با مسئولیت خودمان بپذیریم که خودمان خالق زندگی خودمان هستیم و بهانه نیاوریم که «وقتم کمه»، «من سرکار می‌رم» یا اینکه «هوا سرده و در این فصل من نمی‌توانم ورزش کنم» و.... تغییرات کوچک را آرام‌آرام وارد زندگی‌مان کنیم و به تدریج به آن بها بدهیم تا تغییرات و نتایج بزرگ و بزرگ‌تر شوند و ما به سمت مسیر دلخواهمان هدایت شویم و خدا را بیشتر باور کنیم.

> «وقتی شهامت قدرتمند‌بودن را پیدا می‌کنم تا بتوانم از توانایی‌ها و استعدادهایم برای تحقق چشم‌اندازم استفاده کنم، ترس من رفته‌رفته بی‌اهمیت‌تر می‌شود» آدری لرد.

۲- برای تغییر باورها باید گاهی هزینه کرد؛ یعنی بهایی را برای رسیدن به هدف و انجام این تغییر بپردازیم. این بها فقط مالی نیست. منم می‌خواهم آدم موفقی شوم؛ خب، هزینه موفق‌شدن این است که من وقت بگذارم و مطالعه کنم. تمرکز و انرژی مثبت و نگرش مثبت داشته باشم و کارهای اضافی که فقط وقتم را می‌گیرد، از زندگی‌ام حذف کنم و آموزش‌های تخصصی را خریداری کنم و خودم را برای رشد بیشتر بهبود بدهم و روی خودم سرمایه‌گذاری کنم،

در ابتدا تغییرکردن افکار و عقایدی که سال‌ها با ما بوده خیلی سخت و مشکل است؛ ولی ما می‌توانیم با تلاش و وقت‌گذاشتن و تمرین‌کردن، آن را تغییر بدهیم و خودمان را در مسیر تازه قرار بدهیم تا ما را به هدفمان برساند.

«هیچ‌کس به‌جز خودمان ما را نجات نمی‌دهد. ما خود باید مسیر را طی کنیم» بودا.

۳- برای هر تغییری یک جایگزین مناسب انتخاب کنیم. مثلاً می‌خواهم زمانی که عصبانی می‌شوم کمتر داد بزنم و الفاظ رکیک به کار نبرم. برای این تغییر ابتدا باید یک روش را جایگزین کنم؛ زمانی که عصبانی هستم،

سعی کنم به‌جای پرخاش و به‌کاربردن الفاظ بد، سکوت کنم یا

قدم بزنم و با جایگزینی این حرکت بتوانم باورم را تغییر بدهم یا اینکه مکانی که هستم را ترک کنم یا یک کش پول را به مچم ببندم و هر وقت عصبانی شدم آن کش را بکشم و یک تلنگر به پوست و عصبم وارد شود و تمرکزم را از روی خشم و عصبانیت بگذارم روی اینکه کمی حالم بهتر شود.

«تحت فشار مشکلات قرار نگیرید، اجازه بدهید رؤیاهایتان شما را راهنمایی کنند» رالف والدو امرسون.

٤- از گوش‌دادن به حرف آدم‌هایی که باورهای مخرب دارند و همنشینی با آنها پرهیز کنیم؛ چون تمام جملات منفی آنها می‌تواند روی ذهن ما اثر بگذارد و ما را به همان آدم قبلی تبدیل کند. پس برای اینکه روی فیلترهای ورودی ذهنت کار کنی، با هرکسی دوست نشو و هرکسی را محرم رازت قرار نده. اوقاتت را بیشتر با کسانی بگذران که دوست داری با آنها باشی و بودن با آنها چیزی به تو اضافه می‌کند و حال خوب را به تو هدیه می‌دهد.

۵- همیشه تغییرات مثبت را تکرار کنیم و روی باورهای مثبتمان وقت بگذاریم و با تمرکز کار کنیم که بعد از مدتی دوباره به حالت اولیه برنگردیم. همیشه خودمان را در محاصره مسیرهای جدید و شرایط جدید قرار بدهیم و روی ترس‌هایمان پا بگذاریم و به سمت خواسته‌هایمان قدم برداریم.

«اگر شکست بخورید ممکن است ناامید شوید، اما اگر تلاش نکنید قطعاً شکست می‌خورید» بورلی سیلز.

راه‌های تقویت شگفت‌انگیز باور

۱) سپاسگزاربودن از تمام زندگی

در همه موضوعات زندگی‌مان و برای هر چیزی که خداوند و جهان در اختیار ما گذاشته، شاکر و شکرگزار باشیم و حس خوب شکرگزاری را همیشه و در همه احوال داشته باشیم. مثل خدایا ممنون و سپاسگزارم که خدایی کریم، رحیم، غفور، وهاب، رحمان، رفیق و دوست‌داشتنی دارم.

با خودت تکرار کن:

امروز باران عشق و فراوانی می‌بارد و چشمان من باز است برای دیدن و دستانم باز است برای دادن و دریافت‌کردن. خداوندا سپاسگزارم. خدایا ممنون و سپاسگزارم که سلامتی کامل جسمی و ذهنی و روحی دارم.

شاعران گذشته ما هم به مسئله سپاسگزاری پرداخته‌اند و شعر مولانا را همه ما به خاطر داریم که می‌گوید:

سعی شکر نعمتش قدرت بود

جبر تو انکار آن نعمت بود

شکر قدرت قدرتت افزون کند
جبر نعمت از کفت بیرون کند
شکر نعمت نعمتت افزون کند
کفر نعمت از کفت بیرون کند

۲) تأثیر عبارات تأکیدی در ساختن باور

یک‌سری جمله‌ها هستند که گفتن آنها و تکرارشان می‌توانند حال ما را خوب کنند و احساس خوشایند و رضایت قلبی به ما بدهد و با تکرار آن تبدیل به باور مثبت و انرژی می‌شوند و با تکرار و واگویه‌کردن آنها، باورهای مثبتمان را تقویت می‌کنیم.

این عبارات بسته به شخصیت هر فردی فرق دارد. شما در درون خودتان یک کنکاش کنید و بگردید در خودتان ببینید چه جملاتی به شما شوق و ذوق و انرژی می‌دهد و باعث می‌شود پرانرژی و خوشحال شوید و امید به زندگی‌تان بالاتر رود و زندگی بالذتی را تجربه کنید.

> «هر کاری که می‌توانید انجام دهید یا دوست دارید که بتوانید انجامش دهید، باید شروعش کنید. جسارت در خودش نبوغ، قدرت و جادو دارد» گوته.

۳) راز دوستی با آدم‌های مثبت‌نگر

مـا همیشـه بایـد بـه ایـن نکتـه توجـه کنیـم کـه بـا افـرادی رفت‌وآمد و همنشـینی داشـته باشـیم کـه افـکاری مثبـت و روشـنگرانه دارنـد و همیشـه در حـال مطالعـه و پیشـرفت و تغییـر هسـتند و از تجربه‌کردن مسـیرهای جدیـد واهمـه ندارنـد؛ چـون می‌دانیـم کـه افـکار آنها می‌تواند بـا گذشـت زمـان روی مـا تأثیـر مسـتقیم بگـذارد. همیشـه بدنبـال ایـن باشـیم کـه چیـزی بـرای یادگرفتـن از آنها داشـته باشـیم. اگـر چنیـن کسی نبـود، تنهـابودن خیلـی تأثیرش بیشـتر اسـت.

همـه اتفاقـات خـوب بـرای انسـان‌های مثبت‌اندیـش می‌افتـد؛ انسان‌هایی کـه زیبـا فکـر می‌کننـد، بـا دیگـران بـا محبـت رفتـار می‌کننـد، شـکرگزار هسـتند، خودشـان را دوسـت دارنـد و بـه زندگـی لبخنـد می‌زننـد؛ انسان‌هایی کـه حتـی در بدتریـن شـرایط و رویدادهـا سـعی می‌کننـد جنبـه مثبت قضایا را پیـدا کننـد و ببیننـد؛ انسان‌هایـی کـه بـا جنس زندگـی و عشـق هماهنگ هسـتند و همیشـه در هـر مکانـی بـذر امیـد و شـادی می‌پاشـند. اینگونـه افراد مغناطیـس عشـق هسـتند. مغناطیـس عشـق جاذبـه‌ای قـوی دارد و هـر چیز زیبایـی را بـه سـمت خودش جـذب می‌کنـد. همیشـه در انتخـاب دوستانتان سـخت‌گیر باشـید؛ چـون کیفیـت زندگـی شـما را پنـج نفـر از دوسـتانی کـه بیشـترین رفت‌وآمـد را بـا آنها داریـد تشـکیل می‌دهـد و رفتار و کـردار شـما به سـمت ایـن افراد کشـیده می‌شـود.

آلبـرت انیشـتین در مـورد دوسـتان مثبـت می‌گویـد: شـما شـبیه بـه کسـانی خواهیـد شـد کـه بیشـترین رابطـه را بـا آنها داریـد. پس بـا افرادی معاشـرت کنیـد کـه ذهنـی ثروتمند دارنـد و مـا اگر ایـن یک مـورد را رعایت کنیـم زندگی‌مـان دسـتخوش تغییـرات اساسـی می‌شـود.

«روزها را نشمار، آنها را ارزشمند کن» محمدعلی کلی.

٤) دنبال‌نکردن اخبار حوادث و منفی

اخبار و اطلاعات شنوایی و بصری می‌توانند ما را به پرتگاه باورهای مخرب ببرد؛ پس تا می‌توانیم از گوش‌دادن به حوادث روز و اتفاقات بد خودداری کنیم و خودمان را در محاصره افراد مثبت و اتفاقات جدید و امیددهنده بگذاریم. همیشه روی ورودی‌های ذهنمان فیلترهای سخت‌گیرانه قرار بدهیم و همیشه خودمان را به سمت حال خوب هدایت کنیم و این حال خوب را حفظ کنیم.

امروز با اندیشه‌های بلند برای اجرای تصمیمات عالی به سوی عظمت پیش مي‌روم و ایمان دارم تا رسیدن به بیکران هستی، گامی بیش باقی نمانده است.

قدرت انرژی مثبت در شرایط اکنون زندگی

در یک باشگاه بدنسازی پس از اضافه‌کردن ۵ کیلوگرم به رکورد قبلی ورزشکاری از وی خواستند که رکورد جدیدی برای خود ثبت کند، اما او موفق به این کار نشد. پس از او خواستند وزنه‌ای را که ۵ کیلوگرم از رکوردش کمتر است امتحان کند؛ این دفعه او به راحتی وزنه را بلند کرد. این مسئله برای ورزشکار جوان و دوستانش امری کاملاً طبیعی به نظر می‌رسید، اما برای طراحان این آزمایش جالب و هیجان‌انگیز بود؛ چراکه آنها اطلاعات غلط به وزنه‌بردار داده بودند.

او در مرحله اول از عهده بلندکردن وزنه‌ای برنیامده بود که در واقع ۵ کیلوگرم از رکوردش کمتر بود و در حرکت دوم ناخودآگاه موفق به بهبود رکوردش به میزان ۵ کیلوگرم شده بود. او در حالی و با این عقیده وزنه را بلند کرده بود که خود را قادر به انجام آن می‌دانست.

هر فردی خود را ارزیابی می‌کند و این برآورد مشخص خواهد کرد که او چه خواهد شد. شما نمی‌توانید بیش از آن چیزی بشوید که باور دارید «هستید». اما بیش از آنچه باور دارید «می‌توانید» انجام دهید.

> «هرگز تسلیم نشوید، امروز سخت است و فردا سخت‌تر، اما پس‌فردا روز روشنی برایتان خواهد بود» جک ما.

آیا باور همه چیز است؟

حکایت داستان زندگی ما و قبول‌کردن و باورکردن یک موضوع خیلی جالب است؛ چون هر چقدر موضوعی را لمس کنیم، آن وقت برایمان جالبی و تازگی دارد و قبول‌کردن آن خیلی راحت‌تر می‌شود و همین یقین خودش نیاز به لمس‌کردن دارد که برای تأثیر این مورد باید این نکته‌ها را رعایت کنیم و آرام‌آرام نتایج را ببینیم تا به این درک برسیم که باور همه چیز است. واقعاً هم همین‌طور است؛ هر چقدر بتوانیم نگرش‌هایمان را درست‌تر کنیم و روی نگرش‌ها وقت بگذاریم، در کنارش اقدام و عمل روزانه انجام دهیم و به دور از شبه‌علم و خرافات حرکت کنیم، دقیقاً به این موضوع خودمان و

زندگی‌مان را نزدیک‌تر می‌بینیم که با تغییر نگرش‌ها ما نتایجمان خیلی تغییر می‌کند. عقاید ما همه چیز ما را می‌سازند. خیلی مهم است که حتماً قدرت درونی را بالا بدانیم و با شناخت آن به گرفتن نتایج عالی خودمان کمک کنیم.

چه قبول کنیم چه قبول نکنیم، قسمت خیلی عظیمی از زندگی ما انسان‌ها را همین نگرش‌هایی که داریم می‌سازند و فرد باهوش و فرد موفق همیشه گفتم انسانی است که انعطاف‌پذیری داشته باشد. پس با این موضوع همراه باش تا بتوانی از دستاوردهای آن در زندگی‌ات استفاده کنی؛ چون وقتی همه دارند نتیجه می‌گیرند و زندگی‌شان را پیش می‌برند، من و تو چرا این کار را انجام ندهیم؟ و خودمان را در این مسیر قرار ندهیم؟ واقعاً به چرایی این مسئله فکر کرده‌اید؟

> «مسئولیت زندگی‌تان را بر عهده بگیرید. این را بدانید فقط شما هستید که می‌توانید خودتان را به جایی که می‌خواهید برسانید، نه هیچ‌کس دیگری» لِس براون.

چگونه برنامه‌ای برای تغییر باور داشته باشیم؟

حتماً برای اینکه بتوانیم نتایجمان را تغییر بدهیم باید برنامه‌ای داشته باشیم که در آن برنامه مشخص کنیم چه نگرشی را می‌خواهیم بهبود بدهیم؛ چون وقتی به خودمان برنامه مشخصی را ندهیم، تمرکز پراکنده‌ای را خواهیم داشت و همین موضوع باعث می‌شود یا

نتیجه‌ای نگیریم یا نتایج ما پراکنده و کوچک باشد. پس با پیداکردن عقاید با برنامه و تمرکز برای تغییر آن نگرش وقت بگذاریم. داشتن برنامه باعث می‌شود که ما در زمان کوتاه و با انرژی کمتری یک نگرش را در خودمان نهادینه کنیم و بتوانیم در بلندمدت نگرش‌های بهتری را برای خودمان انتخاب و نهادینه کنیم. اگر در زندگی قصد داریم به خودمان و به بقیه کمک کنیم تا شرایط بهتری را تجربه کنیم، یکی از لازمه‌های این موضوع داشتن و ساختن باورهای مثبت است. پس ما باید نگرش‌ها را بشناسیم و ساختن باور درست و مثبت را در زندگی انتخاب کنیم؛ چون این یکی از لازمه‌هـای هر فردی برای طی‌کردن یک مسیر و رسیدن به نتیجه است.

هـر چقـدر در زندگی به جلو می‌رویم، تأثیر باورهایی کـه داریم در زندگی برای ما واضح‌تر می‌شود و هـر چقـدر روی ایـن موضوع بهتـر کار کنیـم و به جلو حرکـت کنیم، نتایج بهتری را می‌گیریم. پس ایـن موضـوع را انتخـاب و در زندگی آن را پیاده‌سازی کنید.

> «راه‌حـل صحیـح موفقیت این است که اشتیاق شما به پیروزی بیشتـر از ترس شما از شکست باشد» انیشتین.

آنچه باور داریم می‌بینیم؟

خیلـی وقت‌ها در زندگی این امکان وجود دارد کـه ما واقعیت‌هایی را ببینیم کـه به آنها یقین نداشته باشیم و به همین دلیل آنها را قبول

نمی‌کنیم. برای مثال در حال حاضر سرعت موفقیت خیلی بیشتر از قبل شده و انسان‌ها توسط شبکه‌های مجازی می‌توانند با سرعت خیلی زیادی رشد کنند و این را می‌شود در مثال‌های خیلی زیادی دید؛ اما این دیدن دلیل بر این نیست که ما آن را باور کنیم. ما در واقع هر چیزی را که یقین داریم می‌بینیم.

در همین مثال ممکن است یک فرد سرعت پیشرفت را ببیند، اما در مورد خودش این باور را داشته باشد که نمی‌تواند رشد کند و نمی‌تواند رشد را تجربه کند و بر اساس همین عقاید واقعیت‌های متفاوتی را تجربه خواهد کرد.

«مشکلات را نمی‌توان با همان طرز فکری که آنها را به وجود آورده حل کرد» آلبرت انیشتین.

باید چه کار کنیم تا باور ساخته شود؟

بهترین راه‌حل برای این موضوع این است که ما ببینیم چه واقعیتی را باید انتخاب کنیم و چه واقعیتی می‌تواند به ما در زندگی کمک کند و در مرحله بعدی آن واقعیت را به یقین برسیم تا بتوانیم با ساختن آن نگرش، ما هم آن واقعیت را تجربه کنیم. پس همیشه در زندگی این نکته را به یاد داشته باشیم که انسان‌ها بر اساس آن چیزی که یقین دارند زندگی می‌کنند و اگر واقعیت‌های که در زندگی تجربه می‌کنیم، دوست نداریم، باید نگرش‌های تازه‌ای را برای خودمان بسازیم و

خودمـان را محـدود بـه نگرش‌هایـی کـه داریـم نکنیـم. مـا می‌توانیـم آن چیـزی را کـه دوسـت داریـم، بـا باورکـردن در زندگـی ببینیـم. شـاید در نگاه اول سـخت باشـد کـه قبـول هـم داریـم سـخت اسـت، ولـی بعـدش گشـایش‌ها حاصـل می‌شـود و لذت‌هـای بیشـتر را تجربـه می‌کنیـم.

«چه فکر کنید می‌توانید و چه فکر کنید نمی‌توانید، در هر دو صورت حق با شماست» هنری فورد.

چرا روی باور تأکید زیاد داریم؟

دلیـل اینکـه بـر نگرش تأکیـد داریـم، ایـن اسـت کـه نگرش‌هـای مـا نقـش مهمـی در پایداربـودن مـا در مسـیر زندگـی و مسـیر موفقیـت دارنـد. در واقع بـا یـک بررسـی سـاده می‌شـود ایـن را فهمیـد کـه افـرادی بـا یقیـن درسـت و سـازنده یـک مسـیر را بـا قـدرت بیشـتری ادامـه می‌دهنـد و تمـام می‌کننـد تـا افـرادی کـه ایـن نگرش‌هـا را ندارنـد. نتیجـه باورهـای مثبـت باعـث می‌شـود یـک مسـیر را بـا ثبـات بیشـتری ادامـه بدهیـم. حـالا بـا درک ایـن موضـوع می‌توانیـم بـه یـک جـواب خـوب برسـیم کـه چـرا یـک وقت‌هایـی در زندگـی در یـک مسـیر پایـدار نیسـتیم؟

مطمئنـاً مـا می‌توانیـم ریشـه‌ای از نگرش‌هـای منفـی را پیـدا کنیـم. الان چـه عقایـدی در مسـیر داری؟ اگـر لازم اسـت همیـن حـالا توقـف کـن و نگرش‌هـای درسـتی را بسـاز و بعـد بـه سـراغ ادامـه مسـیر بـرو تـا بتوانیـم پایـدار بمانیـم.

> «افراد موفق دائما در حال رشـد و یادگیری هستند. درحالی‌که افراد معمولی این ذهنیـت را دارنـد کـه همـه چیـز را می‌داننـد» تی‌هـارو اکر.

چگونه از باورهایمان مراقبت کنیم؟

این می‌توانـد یک نکتـه یا درس باشـد کـه ما بایـد دربـاره باور بدانیـم وقتی مـا در حال سـاختن یک نگـرش هسـتیم بایـد از آن باور مراقبـت کنیـم. در واقـع مـا نبایـد اجـازه بدهیـم افکار و ورودی‌هـای مخـرب آن نگرشـی کـه مـا داریـم می‌سـازیم را تضعیـف کننـد و مـا با فیلترگذاشـتن در ورودی‌هـا می‌توانیـم از نگرشـی کـه داریـم می‌سـازیم مراقبـت کنیـم؛ چـون مراقبـت می‌توانـد در رونـد شکل‌گیـری و قوی‌شـدن یک یقیـن تأثیـر مثبتی داشـته باشـد و وقتی بتوانیم آن یقین را درونی و ریشـه‌ای کنیـم، دیگـر تبدیـل به قسـمتی از مـا می‌شـود. امـا تا آن زمان مـا بایـد از یـک باور مراقبـت کنیـم تا ماننـد یک درخت تنومنـد شـود و از سـایه و میـوه و دیگر مزایایی که برای ما خواهـد داشـت، نهایت اسـتفاده را ببریم.

> «موفقیت یعنی مبارزه تا آخرین نفس» محمدعلی کلی.

چرا همه باور نمی‌سازند؟

پروسه ساختن باور نیاز به یک شخصیت مسئولیت‌پذیر و بااراده دارد. به همین دلیل افراد زیادی سمت ساختن نگرش نمی‌روند؛ چون این افراد نمی‌توانند آن مسئولیت و آن اراده را در خودشـان پیدا کنند.

پس اگر در پروسه ساختن نگرش یک جاهایی ایراد داریم، باید به میزان مسئولیت‌پذیری و اراده خود یک نگاه بیندازیم. به همین دلیل می‌شود خیلی ساده به این موضوع پی برد که همه مسئولیت‌پذیر نیستند و در نتیجه قدرت ساختن نگرش‌هـای جدید را ندارند.

> «اگر از وضعیت چیزها راضی نیستی، آنها را تغییر بده. تو یک درخت نیستی» جیم ران.

با باورهایت مبارزه نکن

همـه مـا می‌دانیم هرچه یک دیدگاه قدیمی‌تـر باشـد، تأثیرگذاری آن بیشتر است؛ چون مـا با آن نگرش زندگی کرده‌ایم و در واقع آن دیگر برای ما یک نگرش نیست و تبدیل به قسمتی از زندگی ما می‌شود.

این در حالی است که وقتی مـا می‌خواهیم یک یقین را بسازیم کـه برخـلاف نگرش‌هـای قدیمی‌تر ماست، در ذهن مـا درگیـری‌ای بیـن باور قدیمی‌تر و باور جدید به وجود می‌آید. در این مواقع هیچ‌وقت بـه جنگ با نگرش‌هـای قدیمـی نرویـد؛ چون در نهایت این شما

هستید که شکست می‌خورید. دلیل این موضوع ساختن آن نگرش و تبدیل‌کردن آن به قسمتی از زندگی است که لازمه آن زمان است. پس برای باور جدید ما نیاز به زمان داریم تا آن را با تکرار بسازیم. در نتیجه ما وقتی باور جدیدی را داریم، به جای مبارزه با نگرش‌های قدیم، بهترین گزینه این است که آن نگرش‌ها را بسازیم و به آنها زمان بدهیم تا جای خود را در ذهن و زندگی ما باز کنند.

آدم در هر زمان از زندگی‌اش می‌تواند رؤیای خود را عملی کند.

باورهای تولیدشونده از ناتوانی

وقتی من، تو یا هرکسی دیگری خودش را ناتوان بداند، مطمئناً یکی از دلایلش که اهمیت زیادی دارد نگرش‌های منفی است که در مورد خودش دارد و به واسطه این نگرش‌ها این ناتوانی را در خودش حس می‌کند و یکی از مهم‌ترین عامل‌های بازدارنده هر فردی در زندگی است.

به این سؤال فکر کنیم؛ چقدر حس ناتوانی می‌کنیم در زندگی؟ چقدر از درون حس می‌کنیم که نمی‌توانیم تغییری در روند زندگی‌مان ایجاد کنیم و به نتایج تازه‌ای برسیم؟ اگر در زندگی این فکر و حس را تجربه می‌کنید، دلیل داشتن نگرش‌های ناتوانی است. این عقاید به این صورت هستند که ما توان انجام کاری را نداریم. در طول تاریخ هر فردی که تصمیم گرفته محدودیت‌ها و ناتوانی‌های درونی را کنار بگذارد و به سمت تغییرکردن و بهترشدن حرکت کند،

مطمئناً در روند زندگی نتایج بهتری را دریافت کرده است. اگر درگیر این نگرش‌ها هستید، حتماً برنامه‌ای برای ساختن یقین درست و کنارزدن این عقاید داشته باشید.

به اطراف خود و تمام کسانی که نتوانسته‌اند به هدف‌های خویش برسند، می‌نگریم و احساس می‌کنیم که ما هم لیاقت این را نداریم که به رؤیای خود برسیم و یادمان می‌رود که در این راه از چه موانعی گذشته‌ایم و چه رنج‌ها کشیده‌ایم. از چه چیزهایی به ناچار دست کشیدیم تا با اینجا برسیم. اشخاص بسیاری را می‌شناسیم که زمانی که رؤیای دیرینشان در دسترسشان قرار گرفت، با ارتکاب یک سلسله اشتباه احمقانه هرگز به هدفشان نرسیدند، درحالی‌که هدف درست در یک‌قدمی‌شان بود.

باورهای محدودکننده را از یاد ببرید

همان‌طوری که اشاره کردیم، ما نباید به جنگ دیدگاه‌های قدیمی‌تری برویم که ما را در زندگی محدود کردند. ما از آنها به اسم باورهای محدودکننده یاد می‌کنیم و در مرحله بعدی سعی می‌کنیم این نگرش‌ها را آرام‌آرام فراموش کنیم.

لازمه این موضوع متمرکزشدن روی باورهای جدید است و تا زمانی که ما روی یک نگرش جدید و مثبت متمرکز باشیم، هم‌زمان در حال فراموش‌کردن باورهای محدودکننده هستیم و این می‌تواند یک نکته کلیدی باشد برای اینکه ما بتوانیم مسیر را بهتر و راحت‌تر طی کنیم.

باید توانایی روبه‌روشدن با تغییرات را داشته باشیم.

باورهای ایجادشده توسط ناامیدی

اینکه همیشه به این موضوع تأکید داریم که ما حق داریم خسته باشیم و رفع خستگی کنیم، اما حق نداریم ناامید باشیم، دلیلش این است که وقتی ما ناامید شویم، بدترین و مخرب‌ترین باورها را برای خودمان می‌سازیم و بار تکرار این موضوع خودمان را به شرایط خیلی بدتری هدایت می‌کنیم؛ چون وقتی ما ناامید شویم، شرایطی را که داریم از دست می‌دهیم و به شرایطی بارها و بارها بدتر از گذشته دست پیدا می‌کنیم. پس هیچ‌وقت خودتان را در حالت و فرکانس ناامیدی قرار ندهید.

> زندگی شما متعلق به شماست. شما در قبال آن مسئول هستید و تنها کسی که باید زندگی شما را در دست داشته باشد خودتان هستید. پس برای به دست گرفتن آن فوراً اقدام کنید.

باورهای حاصل از تله بی‌ارزشی

اگه بخواهیم بگوییم قوی‌ترین دشمن درون ما چه چیزی است، می‌توانم به بی‌ارزشی اشاره کنم. هرچه این نگرش‌ها در درون ما بیشتر باشد، احساس بد بیشتری را تجربه خواهیم کرد و در نهایت ما با داشتن این نگرش‌ها، اتفاقات ناخواسته را در زندگی‌مان شاهد خواهیم بود؛ چون با داشتن تله بی‌ارزشی ما:

- خودمان را سرکوب می‌کنیم؛

- خودمان را حقیر و کوچک می‌دانیم؛
- خودمان را ضعیف می‌دانیم؛
- خودمان را باور نداریم.

در مجموع این بی‌ارزشی باعث می‌شود ما باورهای نامناسب زیادی را دریافت کنیم. این باورها کاملاً باورهای مخرب و منفی است. آن‌قدر موضوع ارزشمندی در زندگی مهم است که می‌توانم بگویم اولویت تغییر ما باید ساختن یک درون و من ارزشمند باشد.

در درون هر فرد نیرویی است که می‌تواند واقعاً همه چیز را دگرگون کند و تغییرات بزرگی را به انجام برساند.

اهداف ما حاصل باورهای ماست

همان‌طوری که در این آموزش بیان کردیم، ما هر چیزی را به یقین برسیم، آن را به صورت واقعیت در زندگی تجربه می‌کنیم. پس در مبحث هدف‌گذاری و هدف‌داشتن هم ما باید این نکته را به یاد داشته باشیم که آن هدف را باید باور کنیم و باورهای درستی را در راستایی آن هدف بسازیم.

ما در حین حرکت به سمت هدفی که داریم، می‌توانیم باورهای تازه‌ای را برای خودمان بسازیم که با این کار می‌توانیم آن خواسته را به دست بیاوریم. تا زمانی که اهداف را باور نکنیم، اهداف برای ما دست‌نیافتنی هستند.

اغلب مردم نمی‌دانند واقعاً از زندگی چه می‌خواهند، اما بدتر از آنها کسانی هستند که می‌دانند چه می‌خواهند ولی هیچ کاری در جهت به دست آوردن آن نمی‌کنند.

به اهداف خود باور داشته باشید

ما از نگرش می‌توانیم در جنبه‌های خیلی زیادی استفاده کنیم و روندی که گفتیم را اجرایی کنیم. یکی از جنبه‌هایی که نگرش می‌تواند تأثیر خیلی زیادی در آن داشته باشد، اهدافی است که داریم و برای خودمان مشخص کردیم. ما باید یقین داشته باشیم که به این اهداف می‌رسیم و نگرش‌هایی را بسازیم که ما را به این اهداف برساند و از حواشی دیگر صرف‌نظر کنیم.

پس برای این قسمت می‌توانیم به این موضوع اشاره کنیم که با شناخت اهدافی که داریم، در قدم اول آن اهداف را یقین کنیم (یقین به اینکه می‌توانیم این اهداف را داشته باشیم) و در قدم دوم باور را متناسب با آن اهداف برای خودمان بسازیم؛ چون انسان موجودی ناقص است و نگرش‌های کاملی ندارد، اما میل به رشد دارد و هر روز باورهای جدیدتر و آگاهی‌های بهتر و بیشتری کسب می‌کند. مثل نوزادی که به دنیا می‌آید و هر روز به سمت کمال رشد پیدا می‌کند؛ چراکه انسان با تکامل هر روز در جست‌وجوی بهترین خودش است تا از پرداخت تاوان‌های سنگین مالی، زمانی، جسمی، روحی و... خودداری کند.

قانون موفقیت برای همه صادق است؛ در هر سن، با هر سابقه، هر دین، هر ملیت، هر رنگ یا هرجنس. فرق نمی‌کند در چه موقعیتی باشید، موفقیت یکی است و برای همه مفید خواهد بود.

بررسی باور «سن من الان مناسب موفقیت نیست»

اینکه ما باور کنیم برای موفقیت الان خیلی زود یا خیلی دیر است،

برای موفقیت باید در یک سن خاص اقدام کنیم، یک باور کاملاً محدودکننده است. نکته مهمی که می‌توانیم به آن اشاره کنیم، این است که ما در هر سنی می‌توانیم برای موفقیت حرکت کنیم.

اینکه الان سن کمی داریم یا سن‌مان زیاد است اصلاً نمی‌تواند تعیین‌کننده موفقیت ما باشد؛ چون افرادی هستند که در هر سنی شروع به حرکت برای موفقیت خودشان کرده‌اند و اگر ما هم بتوانیم این باور را در ذهن‌مان تغییر بدهیم، می‌توانیم شروع به حرکت کنیم.

پس سن عامل تعیین‌کننده در موفقیت ما نیست. مهم خواستن ما و تلاشی است که می‌کنیم و اگر خودمان را باور کنیم و بر اساس اصول درست پیش برویم، به موفقیت خواهیم رسید؛ چون موفقیت مجموعه‌ای از باور درست و تلاش‌های درست است.

سن فقط یک عدد است برای ما و نمی‌تواند یک دلیل و عامل مهم برای مشخص‌کردن مسیر موفقیت ما باشد. به همین دلیل سعی داریم با بررسی‌کردن این باورها، تأثیر آنها را کمتر از قبل کنیم تا عامل‌های بازدارنده‌ای که شاید در حقیقت عامل بازدارنده نباشند، از ذهن‌مان حذف کنیم. ما باید این را باور کنیم که فارغ از هر سن و سالی می‌توانیم موفق شویم و سن یک عامل نیست.

شما می‌توانید در ۱۵سالگی به موفقیت و ثروت برسید و می‌توانید در ۴۰سالگی یا ۷۰ یا ۸۰سالگی به موفقیت برسید. مهم این است که چه زمانی را برای خودت در نظر می‌گیری که به دستاورد و موفقیت برسی؟

اگه باور داشته باشی که می‌توانی در اول جوانی موفق شوی، در ۲۰سالگی می‌توانی به استقلال مالی و زمانی برسی و اگر نه، این باور

را داشته باشی که نمی‌شود تا ۴۰سالگی به موفقیت رسید، مطمئن باشید تا ۴۰سالگی به موفقیت نخواهید رسید.

مشخصه‌ای که در مورد سن بسیار اهمیت دارد، این است که چه سنی را برای موفقیت خودت منطقی می‌دانی. در هر سنی که برای خودت موفقیت را شدنی بدانی، به موفقیت می‌رسی؛ حالا ۲۰ یا ۳۰ یا....

برای منطقی‌کردن این باور بگرد مثال پیدا کن از افرادی که در سنین مختلف به موفقیت رسیدند و برای تو هم منطقی خواهد شد که موفقیت در سن‌وسال نمی‌گنجد و به ذهن ثروتمندی ربط دارد که تو می‌سازی‌اش.

سرنوشت شما حاصل باورهای‌تان است. کارتان را شروع کنید و مهم نیست که چقدر وقت بگیرد تا زمانی که موفق نشده‌اید به کارتان ادامه دهید. ما باید خواهان پیشرفت باشیم و این میل باید در ما نیرومند و قاطع باشد. برای حفظ آنچه داری باید در حال رشد باشی. در زندگی چیزی ثابت نمی‌ماند؛ یا در حال صعودی یا نزول یا در حال رشدی یا در حال پژمردگی؛ حد وسط ندارد. ما فقط به هدف‌هایی می‌توانیم برسیم که به آنها توجه داشته باشیم.

جمع‌بندی آموزش

نگرش‌های ما احساسات ما را به وجود می‌آورند و باعث می‌شوند ما به دنیا و اطرافمان دیدگاه و نگرش مثبت متفاوتی را داشته باشیم. این اعتقادات ما هستند که با تغییر احساساتمان، رفتارهای ما را تعیین می‌کنند. پس رفتار و عملکرد ما رابطه مستقیمی با باور و اعتقاد ما دارد.

باور مثبت قوی داشته باش و هرگز مأیوس نشو. صبور باش، همیشه امیدوار باش، مثبت‌اندیش باش، ایمان به خدا داشته باش، به آینده اعتماد کن، دنبال علم باش و از شبه‌علم و خرافات دور باش تا معجزه رخ دهد.

برای یادگرفتن فقط یک راه وجود دا د و آن عمل است. تاریکی‌ترین لحظات شب درست قبل ازطلوع خورشید است. اگر سختکوش باشی و با نظم و ترتیب درکارهایت استمرار داشته باشی، حتماً موفق و مشهور می‌شوی.

فصل ششم

تأثیر باور در زندگی شما چگونه است؟

یک طرز فکر شگفت‌انگیز

خیلی از ما این طرز فکر را داریم که بسته به شرایط، زندگی و موقعیت‌های ما تغییر می‌کند و ما تحت تسلط شرایط زندگی می‌کنیم نه تحت تأثیر باورهایی که می‌خواهیم داشته باشیم.

یک نفر در سن میانسالی خودش را در نزدیکی پایان عمرش می‌بیند و یک نفر در میانسالی تازه شروع می‌کند برای به دست آوردن دستاوردهای جدید و تلاش‌کردن برای کسب تجربه‌های جدید. پس این طرز فکر که زندگی ما بسته به موقعیت و شرایط تعیین می‌شود و تعیین‌کننده نهایی ما شرایطی است که ما داخل زندگی می‌کنیم، یکی از طرز فکرهای اشتباه درباره زندگی است.

وقتی به همین موضوع نگاه می‌کنیم، وقتی به همین طرز فکر نگاه می‌کنیم، می‌بینیم این طرز فکر یک باور است که باعث می‌شود ما در سنین مختلف رفتارهای متفاوتی را از خودمان داشته باشیم، پس بهتر است اول بدانیم چه باوری درست است و در زندگی باید چه باوری را داشته باشیم تا تأثیر باور را به خوبی درک کنیم.

محدودیت‌ها و نقایص ما همان‌هایی هستند که ذهنمان آن را باور می‌کند؛ چون موفقیت در ذهن افراد بااراده خلق می‌شود. برای کسب

یک منزلت والا، نخست باید افکار خود را ارتقا دهید؛ زیرا فقر و ثروت هر دو زاییده افکار خود انسان هستند.

تأثیر باور چگونه باعث ساختن زندگی می‌شود؟

اگه بخواهم این موضوع را خیلی ساده به شما توضیح بدهم، می‌توانم بگویم باور دقیقاً باعث می‌شود که ما موقعیت‌هایی را در زندگی تجربه کنیم. ما هرچه را عمیق‌تر در زندگی باور کنیم و قبول داشته باشیم، به صورت واقعیت در زندگی آن را تجربه خواهیم کرد. پس تأثیر باور در زندگی تأثیر کاملاً مستقیم و ما باید برای داشتن یک زندگی بهتر باورهای مثبت و بهتری را در زندگی انتخاب کنیم.

موفقیت نیازمند هیچ توضیحی نیست؛ چون خود موفقیت صدا می‌کند و نمایان می‌شود. همان‌طور که برای شکست هیچ عذر و بهانه‌ای پذیرفتنی نیست. تنظیم اهداف و داشتن باور مثبت علمی و صحیح و عمل‌گرایی مداوم کلید اصلی هر موفقیت در زندگی است.

۳ اشتباه اساسی از بی‌توجهی به تأثیر باور

اما خیلی وقت‌ها به دلیل چند اشتباه ساده ما نمی‌خواهیم این تأثیرات را قبول و این باورها را در زندگی اصلاح کنیم که در ادامه در مورد این چند اشتباه با هم صحبت می‌کنیم تا با شناخت این اشتباه‌ها، بتوانیم بهتر از هر زمانی با این باورها برخورد کنیم.

اشتباه ۱: ما باورهای خودمان را انتخاب نکردیم

درباره این موضوع صحبت کردیم که ما تحت تأثیر عوامل بیرونی

باورها را یاد می‌گیریم و این باورها در ما شکل می‌گیرد. اگر این باورها، باورهای اشتباهی باشند، خب یک مسیر و یک واقعیت اشتباه را در زندگی تجربه می‌کنیم. پس در دوران رشدمان خیلی وقت‌ها و اکثر مواقع هیچ کنترلی روی انتخاب باورهایمان نداشتیم و باورهای ما از پدر و مادر و اطرافیان و محیطی که در آن زندگی می‌کنیم و آموزش دیده‌ایم به ما رسیده و ما آنها را دریافت کردیم و اگر این باورها، باورهای اشتباهی باشند تأثیر اشتباهی در زندگی ما خواهند داشت و اگر باورهای مثبت و درستی باشند، تأثیر باور به درستی در زندگی ما به خوبی و به وضوح قابل درک و دیدن است. پس بیاییم باورهای خودمان را خودمان انتخاب کنیم. با علم و دانش و تحقیق علمی به دستش بیاوریم و مدام در حال به‌روزرسانی علمی آن باور باشیم و به دور از خرافات و شبه‌علم قدم برداریم.

اشتباه ۲: باورها بر اساس گذشته انتخاب می‌شوند

هرکسی در زندگی گذشته‌ای پر از فراز و نشیب را تجربه کرده و این فراز و نشیب‌ها خیلی وقت‌ها با تجربیات تلخی همراه بوده است. اگر ما بخواهیم به این تجربیات فکر کنیم و بر اساس تجربیات گذشته باورهایمان را انتخاب کنیم، مطمئناً باورهای درستی را انتخاب نخواهیم کرد. هرکسی در گذشته اشتباه دارد و این یک قسمت جدانشدنی از گذشته زندگی ما انسان‌هاست. اگر گذشته‌ای دارید که تجربیات اشتباهی در آن وجود دارد، اصلاً بر اساس تجربیات باورها را انتخاب نکنید. در مورد خودتان فکر نکنید و در مورد آینده فکر نکنید. باورهای درست را داشته باشید و مسیر درست را شروع

کنید. نتیجه شما مطمئناً متفاوت‌تر خواهد بود. هر نتیجه‌ای در گذشته به دلیل داشتن یک‌سری باورها و این طرز فکرها بوده و اگر ما این باورها و طرز فکر آنها را اصلاح کنیم، با تحقیق علمی و به دور از شبه‌علم و خرافات باشد و در کنارش یک مشاور و مربی دانا داشته باشیم، تأثیر باور مثبت را در زندگی و در آینده خواهیم دید و از زندگی و باورهای مثبتی که داریم بیشتر لذت خواهیم برد.

اگر اهداف شما کوتاه‌مدت هستند، لازم است به توانایی‌ها و امکانات خود بیشتر فکر کنید. ولی اگر هدف‌های شما در درازمدت هستند، حتماً باید اقدام‌های اولیه‌ای که شما را به سوی آنها رهبری می‌کنند، مشخص کنید و برای هرکدام از اهداف‌تان عملی در نظر بگیرید که اندکی شما را به هدف نزدیک کند، سپس بدون تلف‌کردن آن را انجام دهید.

اشتباه ۳: باورهایتان را باور کنید

اگر می‌خواهید همیشه تأثیر باورها را در زندگی‌تان ببینید، وقتی باوری را اصلاح می‌کنید، یک‌سری نتایج را در زندگی‌تان به دست می‌آورید، اما چون ما فراموش می‌کنیم این نتایج به دلیل تغییر در باورهاست، خیلی وقت‌ها این تغییرات را فراموش می‌کنیم و این تغییرات کم‌کم کمرنگ می‌شوند.

همیشه در زندگی این موضوع یادتان باشد که باورها را باید باور کنید و این‌قدر باور خودتان را محکم کنید در زندگی‌تان تا تبدیل به واقعیت‌های هر روز زندگی‌تان شود. پس هیچ‌وقت در زندگی فکر نکنید که شما اگر دستاورد تازه‌ای دارید، به دلیل یک اتفاق

تازه است. اگر ما اتفاق تازه‌ای را در باورهایمان و در درونمان ایجاد می‌کنیم، با وجود تمام ناهماهنگی‌ها عده‌ای به موفقیت می‌رسند و برخی نه؛ تفاوت این دو گروه به دلیل استعداد یا توانایی کمتر یا بیشتر آنها نیست، بلکه در اعتقاداتی است که به هرکدام قدرت یا ضعف می‌بخشد. اگر هر روز هدف خود را مشخص کنید، ذهن شما شرطی خواهد شد. تمام توجه شما به این هدف متمرکز می‌شود و بدون اینکه حتی متوجه باشید، ذهنتان همواره در کمین فرصت‌هایی طلایی است که در زندگی برای همه وجود خواهد داشت. داشتن اشتیاق سوزان و عملی‌کردن آن اولین گامی است که باید رؤیاپردازان بردارند. رؤیاها با بی‌علاقگی، تنبلی و عدم همت بلند محقق نمی‌شوند.

قبول تأثیر باور، نتایج را به وجود می‌آورد

نتایج جدید پدیدار خواهند شد و اگر این کار را انجام ندادیم، نتایج قبلی را خواهیم گرفت. پس تکلیفتان همین لحظه روشن شد که می‌خواهید آگاهانه قدم بردارید؛ یعنی اینکه آگاهانه مسیر درست و اشتباه را از این لحظه به بعد انتخاب کنید؛ چون به این درک رسیده‌اید که سرنوشت و زندگی شما چطور شکل می‌گیرد و این شما هستید که تأثیر باور علمی به دور از شبه‌علم و خرافات در زندگی را باور می‌کنید و از این ابزار بسیار مهم و ارزشمند استفاده خواهید کرد و با ساختن باور مثبت علمی و عمل‌گرایی به سمت زندگی ایده‌آل خودتان حرکت کنید و لذت ببرید. علت فقر کمبود نعمت‌های الهی نیست، بلکه وفور باورهای فقیرانه است. گاهی وقت‌ها باورهای

ثروتمندانه هست، ولی محیطی کـه در آن بـه دنیـا آمـده‌ای نیـز اثر می‌گذارد. چـه سـرزمین و جهـان اول باشـد یا جهـان سـوم، خانـواده ثروتمنـد باشـد یا خانـواده فقیـر، مـوارد بسـیاری وجـود دارد کـه بـرای محقق‌شدن ایـن رؤیـای علمـی و دسـت‌یافتنی، تـلاش و سـختی‌هـای بیشـتری جلـو رسـیدن بـه فـردی کـه کـف نمـودار پیشـرفت اسـت قـرار دارد. پس تو یک قهرمان هسـتی. وقتـی بـا تمـام ایـن مشکلات مـدام در حال تـلاش و پیگیـری هسـتی، بـرای رسـیدن بـه موفقیـت و خوشـبختی به وجـودت افتخـار می‌کنم. نمی‌دانـم کجـای دنیـا هسـتی و ایـن کتـاب را می‌خوانـی ایـن را بـدان تک‌تک شـما عزیـزان کـه در حد تـوان خـود بـرای ارتقـای علـم و دانـش و انسـانیت و مهربانـی و آنچـه دوسـت داریـد بـا شـما رفتـار بشـود بـا دیگـران رفتـار می‌کنیـد و خانواده‌هایـی هسـتید کـه ایـن اصـول نهادینـه می‌کنید. کـه بـه قول یکـی از شـعرهای مشـهور سعدی شـیرازی :

بنی آدم اعضای یکدیگرند

که در آفرینش ز یک گوهرند

چو عضوی به درد آورد روزگار

دگر عضوها را نماند قرار

تو کز محنت دیگران بی‌غمی

نشاید که نامت نهند آدمی

تمـدن زیبـا در صلـح، آرامـش، انسانیت، مهربانی و احترام به حق و حقوق هم ساخته خواهد شد که به نیکی در تاریخ جهان هستی یاد خواهید شد. وقتی زندگی چیزی به شما نمی‌دهد، به دلیل آن است که چیزی از او نخواسته‌اید. این اولیـن و آخریـن زندگی شـما در ایـن دنیاست پس بهترین استفاده را از آن ببرید.

جمع‌بندی آموزش

زندگی همیشـه تأثیرپذیری مسـتقیمی را از درون مـا دارد و مـا نبایـد هیچ‌وقت این تأثیرپذیری را فراموش کنیم. مهم‌ترین موضوعی که این تأثیر باور در زندگی ما دارد، همیـن باورهایی اسـت که در زندگی داریم و آنها را انتخاب کرده‌ایم. اگـر در زندگی می‌خواهیـم تأثیراتی درسـت را داشـته باشـیم بایـد باورهـای مثبت علمـی با تحقیـق و علم و دانش باشـد و بـه دور از شبه‌علم و خرافات سـاخته شود و مسـیر درسـت و صحیـح را بـرای خودمـان انتخاب کنیم.

زندگی نیاز به باور دارد؛

موفقیت نیاز به باور دارد؛

هدف نیاز به باور دارد؛

تغییر نیاز به باور دار؛

احساس خوب نیاز به باور خوب دارد؛

انسانیت‌داشتن نیاز به باور دارد؛

مهربانی نیاز به باور دارد؛

علم و دانش نیاز به باور دارد؛

و حتی در جهـل و گمراهـی و خرافات و شبه‌علم‌بودن نیـز نیـاز بـه باور دارد.

خیلی مهم است مسیر صحیح را پیدا کرد و با علم و دانش و داشتن مشاور و مربی دانا پله‌های خوشبختی را پیمود.

هـر چیزی را باور کنیم، آن را در زندگی به دست می‌آوریم. نیازهایتان را پیدا کنید که با فکرکردن برایش رضای خدا و رضای خلق خدا و انسانیت در آن باشد. همه نیازهایتان را باور کنید؛ طوری کـه واقعاً آنها را در زندگی دارید و حس می‌کنید.

فقط یک فکـر مثبـت کوچک در صبـح می‌توانـد کل روز تـو را تغییـر بدهـد. به خاطـر بسپاریم همراهـی خدا بـا انسـان مثـل نفس‌کشیدن اسـت؛ آرام، بی‌صـدا و همیشـگی.

فصل هفتم

سیستم باور مثبت و ارزش چگونه عمل می‌کند؟

همواره در زندگی باید سعی کنیم از موضوعات ناشناخته درک جدیدی پیدا کنیم که موضوعات باوری و موضوعات ارزشی ما در زندگی هستند. در واقع ما هر چیزی را باور کنیم و هر ارزشی را در زندگی داشته باشیم، در اثر وجودداشتن این باورها و این ارزش‌ها به زندگی‌مان معنا می‌دهیم. شناخت پیداکردن نسبت به باور مثبت و ارزش‌ها، زندگی ما را به سمت درک جدید از زندگی سوق می‌دهد و باعث می‌شود ما شناخت بهتری از دنیای پیرامون پیدا کنیم.

در سکوت سخت کار کنید، بگذارید موفقیت شما صدای شما باشد و از چیزهای کوچک زندگی لذت ببرید؛

چون ممکن است روزی به عقب نگاه کنید و متوجه شوید که آنها چیزهای بزرگی بوده‌اند.

چگونه باور مثبت و ارزش را درک کنیم؟

شاید درک این موضوع که ما باور مثبت و ارزش داشته باشیم، باور به اینکه زندگی خوب است یا بد و همین این باور باعث می‌شود ما

حرکت نکنیم، باعث می‌شودما قدمی برنداریم یا نه برعکس باعث می‌شود ما حرکت کنیم و قدم برداریم، به سمت خواسته‌هایمان حرکت کنیم و به دنیای جدید پا بگذاریم. در واقع باورها در حال کنترل‌کردن ما در زندگی هستند و ما بر اساس باورهایمان زندگی‌مان را کنترل می‌کنیم. یک نفر باور می‌کند که می‌تواند موفق شود، خب کنترل زندگی‌اش را در جهتی در دست می‌گیرد که موفق می‌شود و یکی این موضوع را باور نمی‌کند. این کنترل زندگی توسط باورها باعث می‌شود نتایج ما در زندگی به وجود بیاید.

بازنده‌ها دو نوع هستند: آنهایی که فکر می‌کنند ولی عمل نمی‌کنند و آنهایی که عمل می‌کنند ولی فکر نمی‌کنند. بیاموزید از موفقیت‌هایتان تا آنها را تکرار کنید و از شکست‌هایتان تا دوباره اشتباه را از نو تکرار نکنید.

اما تأثیر باور مثبت و ارزش‌ها در زندگی ما چیست؟

ارزش‌ها برای هرکس متفاوت است؛ یعنی یک نفر ارزش‌ها را در کسب‌وکار و شغل می‌داند، یک نفر ارزش‌ها را در خانواده می‌داند، یک نفر ارزش‌ها را در عشق و محبت و رابطه می‌داند. مسئله این است که ارزش‌ها در زندگی همه متفاوت است. اما این مسئله‌ای که هست چالش‌برانگیز نیست. چالش اصلی این است که ما باید

بیاییم تضادها را در ارزش‌ها بشناسیم و در واقع ارزش‌های واقعی را در زندگی‌مان پیدا کنیم.

کمی به این صحبت‌های من فکر کنید. مثلاً من می‌خواهم دوستان و خانواده را خوش‌حال کنم و این یک ارزش در زندگی من است؛ اما وقتی به این موضوع دقیق نگاه می‌کنم، من می‌خواهم خانواده و دوستان را ناراحت نبینم و برای ناراحت‌ندیدن آنها می‌خواهم شاد باشند. اگر صادقانه برای ارزش‌های خود تلاش کنیم و بدانیم ارزش‌های ما به چه دلیلی به وجود آمده‌اند، به آنها خواهیم رسید. پس به هر چیزی که فکر می‌کنید می‌توانید آن را به دست بیاورید، به شرطی که بخواهید و تمام انرژی‌تان را تا آنجایی که می‌توانید روی یک موضوع ارزش بگذارید تا آن ارزش را به دست بیاورید.

کلید اصلی دستیابی به موفقیت این است که دقیقاً بدانید چه می‌خواهید. سرنوشت هرکس همان‌قدر که به آن ارزش می‌دهد، بها دارد.

شروع کنید به ساختن باور مثبت و ارزش

برای هر باور و ارزشی که در زندگی دارید، شروع کنید به حرکت‌کردن. خیلی وقت‌ها چون ما درگیر ایده‌آل‌گرایی می‌شویم، چون درگیر موارد حاشیه می‌شویم، شروع نمی‌کنیم. پس اگر باور و ارزشی را دارید، برای رسیدن به این باور مثبت و ارزش، شروع کنید به حرکت‌کردن.

در شروع هیچ‌وقت به‌صورت کامل فکر نکنید. اگر می‌خواهید یک موضوع را در زندگی به دست بیاورید، فقط کافی است شروع کنید و فقط حرکت کنید.

هرکسی در زندگی‌اش اگر شروع کند و حرکت کند، می‌تواند بر اثر همین شروع‌کردن کم‌کم حس خوبی را در زندگی پیدا کند؛ چون کم‌کم نتایج به وجود می‌آید و همین نتایج باعث می‌شود ما شاد باشیم. باعث می‌شود ما رابطه بهتری را به دست بیاوریم و تمام این موارد گفته‌شده را در حین حرکت‌کردن، در حین شروع‌کردن به دست خواهیم آورد. پس برای ارزش‌ها و باورها باید حرکت کنیم.

زندگی‌ات را برای هدف‌ها و باورهای زیبایت که رضای خدا و رضای خلق خدا و انسانیت و مهربانی است، زندگی کن تا خودش تو را به دنیایی پر از عشق و شادی واقعی هدایت کند.

برای درهای بسته زندگی‌ات غصه نخور؛ یک روز خدا دری را به رویت باز می‌کند که جبران همه درهای بسته زندگی‌ات باشد. پس صبور باش. تلاش و عمل‌گرایی مداوم داشته باش. تلاش کن مهارت بیاموزی و با باور و دانش علمی و عمل‌گرایی اقدام کن و به دور از شبه‌علم و خرافات باش و به خدا اعتماد کن.

راز مهم باور مثبت و ارزش چیست؟

راز مهمی که در زندگی ما وجود دارد، این است که اگر ما باور مثبت و ارزش‌ها را در یک راستا قرار بدهیم، مطمئناً سریع‌تر به آن خواسته می‌رسیم. برای مثال من اگر باور داشته باشم می‌توانم در کسب‌وکارم

موفق شوم و در کنارش اقدام و عمل و کسب مهارت و علم و دانش انجام دهم و از شبه‌علم و خرافات خودم را دور نگه دارم، می‌توانم به رتبه‌های بالایی در حیطه کاری برسم، یک باور مثبت و ارزش درست را شکل داده‌ام.

اگر در کنار شکل‌گیری این باور مثبت و ارزش، آن را روی کسب‌وکار هم بگذارم و کسب‌وکارم را خدمات همراه ارزشمند و باارزش بدانم، آن وقت این خواسته من سریع‌تر به واقعیت در زندگی‌ام تبدیل می‌شود؛ چون من خواسته‌ها و ارزش‌ها را در یک مسیر قرار می‌دهم. پس اگر در زندگی ارزشی را دارید، از آن یک ارزش در سطح باور مثبت و ارزش درست و در راستای ارزش بسازید و باور کنید که می‌توانید باارزش‌ترین‌ها را در آن ارزش داشته باشید.

همیشه شما می‌توانید به آن چیزی برسید که در ذهنتان آن را باور دارید و آن را برای خودتان در زندگی ارزش می‌دانید.

من شاید خسته باشم، ناراحت باشم، نیاز به استراحت داشته باشم، ولی کم نمی‌یارم، نمی‌بازم؛ استراحت می‌کنم و خودم حال خودم را خوب می‌کنم؛ چون من خودم را دارم.

ترافیک خیابان اگر برای خیلی‌ها عذاب الهی باشد، برای آن بچه‌ای که گل می‌فروشد نعمت است. خدا برای همه خداست. هر روز جدید فرصت دیگری برای تغییر زندگی شماست.

چه چیزی برای من مهم است؟

اگر به همین سؤال فکر کنیم که چه چیزهای در زندگی برای ما

مهـم اسـت؟ بـه یک‌سـری جواب‌هـا می‌رسـیم و ایـن جـواب می‌شـوند ارزش‌هـای مـا در زندگـی. امـا موضـوع مهم ایـن اسـت کـه کدام‌یک از ایـن ارزش‌هـا قابـل رشـد هسـتند.

هـر ارزشـی کـه قابلیـت رشـد را دارد، بایـد بـا داشـتن باورهـای درسـت بـرای رشـد آن شـروع کنیـم بـه حرکـت. آن‌وقـت می‌توانیـم تأثیـر باورهـا و ارزش‌هـا را بیشـتر از هـر زمانـی در زندگـی احسـاس کنیـم. افـرادی کـه مـا آنهـا را موفـق می‌دانیـم، افـرادی هسـتند کـه در زندگی‌شـان حتمـاً ارزش‌هـای واقعـی را پیـدا کرده‌انـد و بـرای آن ارزش‌هـا شُـروع بـه تغییـر کرده‌انـد و بعـد از تغییـرات، نتایـج چشـمگیری را بـه دسـت آوردنـد. در واقـع تـا زمانـی کـه نتوانیـم ایـن کار را بکنیـم، نمی‌توانیـم نتایـج بزرگـی را بـه دسـت بیاوریـم.

از زندگـی عبـور نکـن، در طـول زندگـی رشـد کـن. زندگـی نمایشـی اسـت کـه هیـچ تمرینـی بـرای آن وجـود نـدارد.

پـس آواز بخـوان، اشـک بریـز، بخنـد و بـا تمـام وجـود زندگـی کـن؛ قبـل از آنکـه نمایـش تـو بـدون هیـچ تشـویقی بـه پایـان برسـد.

چگونه از خواسته‌هایتان آگاه شوید؟

وقتی بتوانیـم خواسـته‌های مشـخصی را داشـته باشـیم، آن‌وقت می‌دانیـم کـه می‌خواهیـم در چـه مسـیری قدم برداریـم و در ایـن مسـیر بـه چـه باورهـای نیـاز داریـم، چـه کارهایـی ارزش‌هـای واقعـی را بـه مسـیر مـا می‌دهنـد و مـا را بـه اهـداف نزدیک‌تـر می‌کننـد.

در واقع با مشخص‌کردن خواسته‌ها و اهداف، تلاش‌هایمان را سازنده می‌دانیم و دقیقاً می‌دانیم که در حال انجام چه تلاشی برای رسیدن به چه ارزشی هستیم و این در حالی است که اگر خواسته‌های مشخصی را نداشته باشیم، شاید در طول روز تلاش‌های زیادی را داشته باشیم، اما بعد از انجام تلاش‌ها به این مسئله ذهنی برخورد کنیم که:

- تلاش من برای چه چیزی بود؟
- تلاش من چه فایده‌ای داشت؟
- این تلاش‌ها قرار است من را به کجا برسانند؟

در واقع حس سردرگمی را به همراه خودمان داریم.

زندگی سخت نیست، زندگی تلخ نیست زندگی همچون نت‌های موسیقی بالا و پایین دارد؛ گاهی آرام و دلنواز، گاهی سخت و خشن؛ گاهی شاد و رقص‌آور، گاهی پر از غم. زندگی را باید احساس کرد.

جمع‌بندی آموزش

همیشه در زندگی باید باور مثبت و ارزش درستی را داشته باشیم. همیشه در زندگی باید باور و ارزش‌های درستی داشته باشیم؛ چون ما لایق باارزش‌ترین‌ها هستیم. همیشه گفتیم شما باارزش‌ترین دارایی روی زمین هستید، پس قدر خودتان بدانید.

زندگی کتابی است پر ماجرا، هیچ‌گاه آن را به خاطر یک ورقش دور نینداز.

فصل هشتم

تأثیر تلاش با باورهای مثبت در زندگی شما

می‌خواهیم با تلاش‌هایی که داریم به نتایجی در زندگی برسیم، اما هر تلاشی در زندگی یک‌سری تأثیرات به همراه خودش دارد و باعث می‌شود تأثیرات آن تلاش‌ها را ببینیم. به همین دلیل شاید خیلی وقت‌ها ما در حال تلاش باشیم، اما تأثیرات منفی را در زندگی‌مان تجربه کنیم. تلاش چه تأثیری در زندگی‌مان دارد؟

تلاش با باورهای مثبت

اگه بخواهم تلاش را تعریف کنم، می‌توانم بگویم که انجام‌دادن یک‌سری اقدامات برای پیش‌بردن یک کار یا رسیدن به یک خواسته را ما می‌توانیم تلاش بگوییم. اما شاید با نگاه اول در مورد تلاش، این تصویر در ذهنمان بیاید که یک‌سری اقدامات و یک‌سری کارهای باشد که باید آنها را پیش ببریم، مثلاً در ورزش تمرین سخت روزانه، در کار صبح بلندشدن و تا شب کارکردن. اما نکته مهم اینجاست که ما باید هم تلاش ذهنی داشته باشیم و هم تلاش فیزیکی تا بتوانیم تأثیر مثبتی از آن موضوع بگیریم. برای مثال ورزشکارهای حرفه‌ای علاوه بر تمرین‌هایی که روزانه انجام می‌دهند، زمانی را هم در ذهنشان تلاش می‌کنند و خودشان را موفق می‌دانند. این تلاش می‌تواند تصویرسازی ذهنی باشد، می‌تواند ساختن باور مثبت باشد، می‌تواند ریلکس‌کردن

باشـد و... . که همـراه بـا تمرین‌هـا می‌شـود و وقتی در کنـار هـم دیگر قرار می‌گیرند، یک تلاش را تکمیل می‌کننـد و آن‌وقت است که مـا در زندگی، یک تأثیر درسـت را از تلاشـمان می‌گیریم.

زندگی یک آرزوی دور نیست

زندگی یک جست‌وجوی کور نیست

زندگی در پیله پروانه نیست

زندگی کن،

زندگی افسانه نیست

۱) چطور تلاش با باورهای مثبت داشته باشیم؟

اولیـن بخشی کـه باید در آن تلاشی صـورت بگیـرد، ذهـن ماسـت. تـا زمانی کـه یک ذهنیت درسـت نشـود و مـا یک دیدگاه درسـت را بـرای خودمـان و آینـده پیـدا نکنیـم، شـاید تلاش فیزیکی و ذهنـی تأثیر آنچنانی نداشـته باشـد.

تلاش ذهنـی با باورهـای مثبت در زندگی‌مـان باعث می‌شـود کـه یک افق را پیدا کنیـم نسـبت به آینـده و بتوانیـم روحیـه‌ای را در خودمـان ایجاد کنیم بـرای ادامه‌دادن بهتر مسیر زندگی و تلاش‌هایـی کـه قـرار است انجام بدهیـم.

در واقع تلاش‌هـای ذهنـی باعـث می‌شـود مـا انگیـزه پیـدا کنیـم و

بهترین نوع انگیزه، انگیزه‌ای است که در ذهن و در درون ما قرار داشته باشد. اما تلاش‌های ذهنی ما و تمام مباحثی که باعث می‌شود ما درون و ذهنیتمان رشد کند و بتوانیم بهتر از قبل در مسیر زندگی‌مان با باورهای مثبت قدم برداریم تا به نتایج دلخواهمان برسیم، چه می‌تواند باشد؟

- اینکه بیاییم روی باورهای مثبت ذهنمان کار کنیم.

- اینکه بیاییم هدفی را با باورهای مثبت برای خودمان مشخص کنیم و آن را به تصویر بکشیم.

- اینکه بیاییم به اقدامات و راهکارهایی که هست توجه کنیم و سعی کنیم آنها را در زندگی‌مان با باورهای مثبت پیاده‌سازی کنیم.

- اینکه با باورهای مثبت تلاش کنیم تمرکزمان را بگذاریم روی نقاط مثبت زندگی‌مان و سعی کنیم همیشه از بودن آنها لذت ببریم.

- اینکه تلاش کنیم آموزش ببینیم و ذهنمان را با باورهای مثبت رشد بدهیم تا بتوانیم با طرز فکر بهتری مسیر را ادامه بدیم.

- اینکه بزرگ‌ترین ماجراجویی که می‌توانید انجام بدهید این است که زندگی رؤیایی خودتان را داشته باشید.

خوشبختی در سه جمله است: تجربه از دیروز، استفاده از امروز، امید به فردا.

ما با سه جمله زندگی را تباه می‌کنیم: حسرت دیروز، اتلاف امروز، ترس از فردا.

۲) تلاش جسمی با باورهای مثبت

وقتی ما بیاییم تلاش‌های ذهنی با باورهای مثبت را انجام بدهیم، در نتیجه به یک‌سری ایده‌ها و راهکارها می‌رسیم که برای انجام‌دادن آنها نیاز به یک‌سری اقدامات و تلاش‌های فیزیکی داریم و اینجا باید تلاش‌های فیزیکی را شروع کنیم. در واقع حرکت کنیم به سمتی که می‌خواهیم در آن رشد کنیم. البته هر اقدامی باید با باورهای مثبت مناسب آن اقدام باشد تا این دو با هم تأثیر مثبتی را در زندگی‌مان داشته باشند و آن نتیجه‌ای که باید را در زندگی بگیریم.

اگر مدام در فکر باشی، زندگی همیشه سخت است! زندگی خیلی ساده‌تر از اینهاست! از فکر بیا بیرون و در لحظه باش.

چرا تلاش درمسیر اشتباه زندگی شما اثر منفی می‌گذارد؟

اگر ما در زندگی تمرکز و احساس‌مان نسبت به مسیری که در آن قرار داریم یک احساس و یک تمرکز منفی باشد، تأثیری که به واسطه آن تمرکز و احساس در تلاش‌هایمان می‌گیریم، یک تأثیر منفی می‌تواند باشد.

پس باید این موضوع را به خاطر بسپاریم که بهترین گزینه در زندگی این است که تمرکز و احساس‌مان در راستایی باشد که می‌خواهیم آن را در زندگی‌مان تجربه کنیم. برای مثال، رفتن از تهران به سمت مشهد و در جاده شیراز حرکت‌کردن، مسیر را طی‌کردن ما را به مشهد که مقصد سفر از تهران به مشهد است، نمی‌رساند. یادتان باشد،

تلاش‌هایی که در زندگی ما اثر منفی می‌گذارد، تلاش معکوس می‌گوییم. اگر بتوانیم تلاش‌های درست را از نادرست تشخیص بدهیم، آن‌وقت قدم‌های ما در جهت مثبت برای ما نتیجه به وجود خواهند آورد.

زندگی خوب، زندگی‌ای است که از عشق الهام گرفته شده و توسط دانش هدایت می‌شود.

در بازی زندگی گاهی پیروز می‌شویم، گاهی شکست می‌خوریم؛ در هر دو حالت ما باید به بازی ادامه دهیم.

مهم‌ترین وظیفه باورهای مثبت چیست؟

مهم‌ترین وظیفه‌ای که ما در زندگی داریم، این است که باورهای مثبتی را برای خودمان بسازیم و دنیای درونی تازه‌ای را به خودمان هدیه بدهیم. وقتی بتوانیم وظیفه خودمان را درست انجام بدهیم، آن‌وقت در مسیر درستی قرار می‌گیریم. پس با مسئولیت‌پذیری تمام زندگی برای این موضوع همین حالا یک قدم برداریم؛ قدمی که باعث می‌شود مسیر تازه‌ای را شروع کنیم. باور کنید، تلاش کنید و به دست بیاورید؛ این مهم‌ترین قانونی است که در زندگی آن را باور داریم.

حالا هر چقدر ما بیشتر این را بخواهیم، نتایج هم به وجود می‌آیند و اگر طول می‌کشد یک‌سری نتایج باید پیدا کنیم که ایراد از باورهایی است که داریم یا تلاش‌هایی که داریم انجام می‌دهیم. پس ایرادی

را به دنیا یا زندگی وارد نکنیم. اگر کوتاهی یا ایرادی هست به خود ما برمی‌گردد و با تفکر و مسئولیت‌پذیری می‌توانیم خیلی موارد را بهبود بدهیم. به این صحبت‌ها فکر کنید. وقت‌هایی در زندگی هست که باید به خودمان فرصت بدهیم برای ساختن یک باور جدید و برای ساختن یک مسیر. پس این فرصت را همین حالا به خودتان بدهید و این لحظه را تبدیل به نقطه‌ای برای شروع کنید.

امروزت را زندگی کن؛ فردا را فکر نکن. شادی امروزت را از دست نده؛ آن‌قدر بخند که آسمان دلت از ستاره بارور شود. این بار تو دنیا را به بازی بگیر.

جمع‌بندی آموزش

ما در زندگی همواره در حال تلاش‌کردن هستیم پس بهتر است این تلاش به صورتی باشد که ما را به نتایج خوبی برساند و درک بهتری از این موضوع در زندگی پیدا کنیم. شما باارزش‌ترین دارایی این زمین هستید، پس خیلی عالی است که برای ارزش‌هایی که دارید تلاش کنید.

زندگی شبیه فصل است؛ هیچ فصلی همیشگی نیست. در زندگی نیز روزهایی برای کاشت، داشت، استراحت
و تجدید حیات وجود دارد. زمستان تا ابد طول نمی‌کشد؛ اگر امروز مشکلاتی دارید، بدانید که بهار هم در پیش است.

فصل نهم

چگونه باور مثبت نسبت به خود ایجاد کنیم؟

خیلی وقت‌ها در زندگی پیش می‌آید که ما خودمان را بر اساس گذشته‌ای که داشتیم قضاوت می‌کنیم و به خودمان نگاه می‌کنیم و فقط کافی است در زندگی ما یک‌سری تجربه‌های تلخ و اشتباه داشته باشیم، آن‌وقت دقیقاً یک دیدگاه منفی نسبت به خودمان داریم. در واقع باورهای منفی را نسبت به خودمان در زندگی پیدا می‌کنیم و مسیر زندگی‌مان تغییر می‌کند.

وقتی بخواهیم در زندگی خودمان را با این نگاه ببینیم و بخواهیم زندگی‌مان را پیش ببریم، چون یک باور منفی نسبت به خودمان داریم، زندگی‌مان را هم به سمت منفی پیش می‌بریم.

باور مثبت تنها راه دست‌یافتن به خواسته‌هاست. وقتی به نظر می‌رسد همه چیز علیه شما پیش می‌رود، به یاد داشته باشید که هواپیما برخلاف باد بلند می‌شود نه در جهت آن.

۱- از اشتباه‌کردن نترسید

مواقعی در زندگی ممکن است این موضوع پیش آمده باشد که ما در یک شرایط خاص و موقعیت یک نتیجه نامناسب گرفته باشیم. برای مثال یک کاری را شروع کرده باشیم و آن کار به شکست یا کسب تجربه ختم شده باشد و همین امر باعث می‌شود این باور و

طرز فکر را در مورد خودمان داشته باشیم که ما نمی‌توانیم یک کار را درست انجام بدهیم و آن را پیش ببریم و همین باعث می‌شود یک باور منفی در ما شکل بگیرد و نتوانیم یک باور مثبت نسبت به خود داشته و شرایط زندگی‌مان را به سمت خواسته‌هایمان عوض کنیم و در راستای خواسته‌های خود حرکت کنیم.

اگر اشتباه یا اتفاقی در گذشته زندگی‌مان افتاده، شاید به دلیل رعایت‌نکردن یک‌سری اصول و موارد باشد و وقتی ما بیاییم با یک‌سری اصول و باور، با تحقیق، علم و دانش جدید و درست پیش برویم و به دور از خرافات و شبه‌علم باشیم، می‌توانیم در آینده نتیجه‌های بهتری بگیریم. پس درگیر این موضوع و باور نشویم که دوباره همان مسیر را داخل زندگی‌مان می‌رویم.

ما باید باورهای جدیدی برای خودمان بسازیم و به یک خودباوری مثبت نسبت به زندگی‌مان برسیم و با ایجاد باور مثبت نسبت به خود این امر شدنی می‌شود.

۲ اقدام برای ایجاد باور مثبت نسبت به خود

برای اینکه بتوانیم باورهای درستی را در مورد خودمان داشته باشیم، دوقدم را به شما معرفی می‌کنم که می‌تواند به شما کمک کند برای اینکه زندگی‌تان در جنبه‌های مختلف بهتر و عالی‌تر شود. در ادامه این دو قدم را با هم بررسی می‌کنیم.

اقدام اول: خودمان را ببخشیم

این را سعی کردم خیلی جاها باز کنم که هرکسی در زندگی‌اش

ممکن است اشتباه کند. هرکسی ممکن است در گذشته زندگی‌اش یک جاهایی خطا از او سر زده باشد و برای اینکه ما بتوانیم با ایجاد باور مثبت نسبت به خود درباره خودمان باورسازی داشته باشیم، در قدم اول باید خودمان را ببخشیم؛ چون با احساس سرزنش با احساس گناه نمی‌توانیم باورهای مثبتی را ایجاد کنیم. این موضوع را باز کردیم که بخشش چقدر می‌تواند در زندگی‌مان تأثیر داشته باشد و ما با بخشش در قدم اول آرامش را به خودمان هدیه می‌دهیم، آن‌وقت می‌توانیم با ایجاد باور مثبت نسبت به خود، به زندگی مورد نظرمان دست پیدا کنیم.

اگر الان در زندگی احساس خوبی نسبت به خودتان ندارید، به دلیل اشتباهاتی است که در گذشته داشتید؛ اما این احساس باعث نمی‌شود آینده خوبی را داشته باشید و برای داشتن یک آینده خوب همین لحظه با ایجاد باور مثبت نسبت به خود باید شروع کنید به تلاش برای رسیدن به آن چیزی که در زندگی می‌خواهید داشته باشید.

روزگار سخت پایدار نیست ولی انسان‌های سخت چرا.

اقدام دوم: ایده‌ها و ذهنیت مثبت داشته باشید

در درون هرکدام از افراد یک‌سری ایده هست که خیلی وقت‌ها به آنها فکر می‌کنیم و در مورد آنها با خودمان صحبت می‌کنیم که در حالت عادی این ایده‌ها منفی هستند.

ایده‌های مثبت را با خودمان تکرار کنیم و در مورد آنها فکر کنیم تا کم‌کم خودباوری مثبتی را در درونمان شکل بدهیم؛ چون شکل‌گیری یک باور نیاز به طی‌کردن روندی دارد و یکی از اساسی‌ترین روندهای شکل‌گیری باور، همین ایده‌هایی است که ما در طول روز با خودمان داریم. برای این قسمت می‌توانیم این ایده‌ها را بنویسیم و در جایی بگذاریم که می‌توانیم ببینیم یا در حالت بعدی می‌توانیم آنها را رکورد کنیم و گوش بدهیم تا کم‌کم باورهای مثبت در درون ما شکل بگیرد. تا اینجا در مورد خودباوری مثبت صحبت کردیم، بگذارید این نکته را هم بگویم که زندگی دارد یک مسیر را همیشه پیش می‌رود و این مسیر خیلی قشنگ‌تر و لذت‌بخش‌تر می‌شود زمانی که با ایجاد باور مثبت نسبت به خود ما باورهای مثبتی را نسبت به خودمان و دنیا داریم، پس این سبک زندگی مثبت‌بودن را با یک روش درست و صحیحی بگیرید و در زندگی پیاده‌سازی کنید.

زندگی مثل یک دفتر یادداشت است؛ دو صفحه آن را خدا نوشته؛ صفحه اولش که تولد و صفحه آخرش که مرگ است. صفحات وسط خالی است؛ تو آنها را با لبخند و عشق پر کن.

حذف گذشته و ایجاد باور مثبت نسبت به خود

مهم‌ترین نکته‌ای که می‌توانم در این آموزش به آن اشاره کنم، این است که نباید خودمان را در گذشته بگذاریم و رها کنیم؛ چون

نمی‌توانیم باورهای جدید و شرایط جدیدی را با بودن در گذشته برای خودمان بسازیم.

خیلی وقت‌ها افراد چون نمی‌توانند در لحظه‌هایی که هست زندگی کنند و از آن لحظه‌ها لذت ببرند، خودشان را در گذشته زندگی‌شان می‌دانند. پس این خیلی خیلی مهم است که خودمان را از گذشته زندگی‌مان بیرون بکشیم تا بتوانیم در لحظه‌های حال زندگی‌مان، باورهای جدیدی را بسازیم؛ چون با بودن در گذشته و داشتن دلایل مهم نمی‌توانیم آینده زندگی‌مان را بسازیم. همین نکته‌هایی که با شما به اشتراک می‌گذاریم کلیدهایی هستند که افراد به آنها توجه نمی‌کنند؛ چون شاید ما عادت کردیم به پیچیدگی. موضوعات ساده برایمان معنایی ندارد و این یک باور اشتباه است؛ چون ساده‌بودن یک موضوع دلیل بر بی‌اهمیت‌بودن آن موضوع نیست. خیلی وقت‌ها ما خودمان را در سادگی غرق کردیم، پس برای اینکه بتوانیم باورهای جدید را ایجاد کنیم باید نگاهی به آینده داشته باشیم و در این لحظه باورهایی را که نیاز داریم، ایجاد کنیم تا بتوانیم در آینده به آن خواسته و موقعیت برسیم.

در آخر برای اینکه بتوانید بهتر و راحت‌تر از هر زمانی باورهای مثبت را ایجاد کنید، عمل کنید؛ چون باور نیاز به عمل دارد و تا زمانی که ما عمل و اقدامی را در راستای باورهای جدید نداشته باشیم، نمی‌توانیم نتیجه بگیریم.

باورهایی که داریم، واقعیت‌هایی را که داریم به وجود می‌آورند. پس برای اینکه بخواهیم واقعیت‌های تازه‌ای را تجربه کنیم، به واقعیت‌های الان خود حمله نکنیم، بلکه باورهایی را که داریم، تغییر بدهیم.

اجازه ندهید اتفاقات کوچک و کم‌اهمیت شما را از رسیدن به فرصت‌های بزرگ بازدارد. شهامت برداشتن قدم‌هایی که شما را به موفقیت می‌رسانند، داشته باشید.

باورداشتن به فرصت‌ها

اگر ما باورهای مثبت و درستی درباره فرصت‌های زندگی داشته باشیم و فرصت‌های درستی را تجربه کنیم، سپاسگزار هستیم. اما نکته مهم در بحث فرصت‌ها این است که ما واکنش درستی را به این فرصت‌ها نشان بدهیم و واکنش درست به فرصت نشان‌دادن یعنی این فرصت‌ها را ببینیم و مؤلفه‌ها را بررسی کنیم. مؤلفه‌هایی که گفته شد یادداشت کنیم که اقدام لازم برای استفاده از این فرصت چیست و اقداماتی که باید انجام شود را انجام بدهیم.

شروع عامل فرصت است

یکی از مهم‌ترین موضوعاتی که اینجا مطرح است، شروع‌کردن و اقدام‌کردن است؛ چون ما زمانی که شروع می‌کنیم به باور و منتظر فرصت‌بودن، باید شروع کنیم به پیش رفتن تا در حین حرکت فرصت‌ها را شناسایی کنیم.

خیلی وقت‌ها در دل کار مسیرها و فرصت‌های تازه‌ای به وجود می‌آید؛ اما تا زمانی که ما آن کار را شروع نکنیم آن موضوعات هیچ‌وقت به وجود نمی‌آیند. پس همین حالا به این موضوع فکر کنید من خواستار چه فرصتی هستم؟ اولین قدم من در این لحظه برای حرکت به جلو چیست؟ در نهایت شما خوش‌شانس خواهید

شد. هرکسی یک‌سری تعریف‌ها از شانس برای خودش دارد و شاید تصویری که اکثر ما از شانس داریم، این است که یک نفر توسط یک اتفاق تمام زندگی که داشته تغییر کرده است.

اما واقعاً در اصل این نیست. وقتی یک نفر باور داشته باشد که می‌تواند به خواسته‌ای برسد و در این مسیر فرصت‌هایی هست که او را به آن خواسته برساند، آن را تجربه می‌کند و ما او را خوش‌شانس می‌دانیم.

وقتی کسی فرصت‌ها را ببیند و آن فرصت را بچسبد و آن را وارد زندگی‌اش کند، ما آن را خوش‌شانس می‌دانیم. وقتی یک نفر حداقل یک قدم بیشتر از ما برداره و فرصت را در قدم بعدی پیدا کند و شروع کند، آن وقت ما او را خوش‌شانس می‌دانیم.

می‌خواهم این را بگویم که اگر به دنبال فرصت باشیم، در نهایت ما تبدیل به آدم خوش‌شانس زندگی خودمان خواهیم شد و شانس چیزی خارج از این چارچوب نیست. شاید فرصتی که می‌خواهیم در قدم بعدی باشد و تا زمانی که ما آن قدم را برنداریم، فرصت را دریافت نمی‌کنیم. پس همیشه قدم بعدی را بردار چون نمی‌دانی فرصت دقیقاً کجاست.

دائماً در جهت تحقق آرزوهای خود قدم‌های مؤثر بردارید. اکثر افراد موفق آموزش‌های لازم را با کارکردن در نزد یک انسان باتجربه آموخته‌اند. سرنوشتتان را به دست بگیرید وگرنه دیگران این کار را خواهند کرد. قبل از هر تصمیمی بدترین حالت ممکن را در نظر بگیرید. برای رسیدن به اهداف خود برنامه زمان‌بندی تهیه کنید. کلید اصلی دستیابی به موفقیت این است که دقیقاً بدانید چه می‌خواهید.

جمع‌بندی آموزش

یکی از تأثیرگذارترین نگاه‌ها و باورهایی که در زندگی داشتیم و تجربه کردیم، این بود که ما باید هدف و خواسته را مشخص کنیم. راه‌های رسیدن به خواسته و هدف خودش به ما گفته می‌شود و به وجود می‌آید.

امیدوارم در زندگی همیشه با این نگاه مسیرتان را ادامه بدهید و از فرصت‌هایی که در زندگی‌تان به وجود می‌آید به نحوه احسن استفاده کنید. فرصت‌های زندگی ما همیشه در لحظه‌ای به وجود می‌آید که باورداشتن را در خودمان ایجاد کنیم. پس ما باید در لحظه‌های درست، فرصت‌های درست را در زندگی‌مان برداشت کنیم. امیدواریم که بازار فرصت‌های زندگی‌تان با باورداشتن به آنها داغ و داغ‌تر شود.

سرنوشت هرکس همان‌قدر که به آن ارزش می‌دهد بها دارد. کسی که زحمت نکشد، به راحتی نمی‌رسد. دانش انسان را از بلاها حفظ می‌کند. این را بدانید اگر مانند گذشته بیندیشید، همان چیزهایی را به دست می‌آورید که تا به حال کسب کرده‌اید. همیشه از فرصت‌ها استفاده کنید قبل از آنکه مایه افسوس شوند..

فصل دهم

قدرت کلمات مثبت چه می‌تواند باشد؟

تأثیر قدرت باور مثبت در زندگی

زندگی ما بر روی یک‌سری اصول و پایه پیاده‌سازی شده است و یکی از مهم‌ترین پایه‌های زندگی ما باورداشتن و به‌کاربردن قدرت کلمات مثبت است و وقتی ما باورهای مثبتی را در زندگی‌مان داشته باشیم و از قدرت کلمات مثبت در زندگی‌مان بهره‌مند شویم، آن‌وقت در زندگی ما جنبه‌های مختلف نیرو، باور مثبت و قدرت کلمات مثبت خودشان را نشان می‌دهند که در اینجا چند مورد از آنها را باز می‌کنیم.

۱) قدرت باور مثبت باعث بالارفتن عزت‌نفس

اولین تأثیر نیروی باور مثبت و قدرت کلمات مثبت در فردی که باورهای مثبتی را در زندگی دارد، این است که خواسته‌های مثبتی را در زندگی‌اش تصور می‌کند و همین که ما موارد مثبت و خوب را در زندگی بخواهیم، باعث می‌شود عزت‌نفسمان را بالا ببریم؛ چون عزت‌نفس یک احساس است که باعث می‌شود یک فرد در درون باارزش‌ترین‌ها را برای خودش در زندگی بخواهد و فردی که باور مثبت دارد، موارد ارزشمند را در زندگی‌اش می‌خواهد.

زمانی که به خود اعتماد کردی، زندگی را آموخته‌ای.

۲) قدرت باور مثبت موجب خودباوری

دومین تأثیری که نیروی باور مثبت و قدرت کلمات مثبت در زندگی ما دارد، این است که خیلی وقت‌ها افرادی هستند که توانایی‌های زیادی دارند اما چون خودباوری ندارند اصلاً این توانایی‌ها را نمی‌بینند و برایشان مهم نیست. برای مثال یک نفر به‌صورت حرفه‌ای می‌تواند با یک ساز موسیقی کار کند و بهترین موسیقی‌ها را بزند، اما چون خودباوری ندارد این مورد را توانایی نمی‌داند و برایش مهم نیست. اما فردی که خودباوری دارد، همان توانایی را ارزشمند می‌داند و علاوه بر لذت‌بردن در یک مسیر کاملاً متفاوت قدم برمی‌دارد و به سمت موفقیت حرکت می‌کند. تنها تفاوت بین این دو فرد این است که نفر اول خودباوری ندارد و نمی‌تواند از نیروی باور مثبت و قدرت کلمات مثبت استفاده کند، اما نفر دوم خودباوری دارد و از این نیروی باور مثبت و کلمات مثبت در مسیر زندگی‌اش استفاده می‌کند و در نتیجه به بهترین‌ها در زندگی خواهد رسید. چرا؟ چون به قدرت باور مثبت و قدرت کلمات مثبت ایمان می‌آورد و بیشتر از این ابزارها برای رسیدن به خواسته‌هاش بهره‌مند می‌شود.

فرصت‌ها زود از دست می‌روند. وقتی شما هدف داشته باشید، مغز انرژی خود را روی آن متمرکز می‌کند تا به آن برسد. بدون هدف این انرژی به هدر خواهد رفت.

۳) با باور مثبت همواره به موفقیت می‌اندیشیم

هرکسی که در زندگی‌اش با باورهای مثبت و افکار مثبت زندگی می‌کند، همیشه منتظر موفقیت‌ها و پیروزی‌ها در زندگی است و برای

موفق شدن تلاش می‌کند؛ چون می‌داند قدرت باور مثبت علمی و به دور از شبه‌علم و خرافات و قدرت کلمات مثبت چه معجزه‌ای در زندگی‌اش به وجود می‌آورد و همین موضوع باعث می‌شود که در زندگی‌اش همیشه موفق باشد و به نتایج خیلی خوبی برسد. اما کسی که به قدرت باور و قدرت کلمات مثبت اعتقاد و ایمانی ندارد، همیشه شکست‌ها را در زندگی تجربه می‌کند؛ چون اصلاً چیزی به عنوان موفقیت و پیروزی را نمی‌تواند در زندگی‌اش تصور کند. وقتی ما نتوانیم موفقیت‌ها را در زندگی‌مان بخواهیم، شکست‌ها را تجربه می‌کنیم؛ چون دست از تلاش می‌کشیم.

به رؤیاهایی که به ذهنتان خطور می‌کند، اجازه ظهور دهید؛ زیرا یک انسان باایمان، معادل ۹۹ انسان علاقه‌مند است. شما موفق می‌شوید اگر حاضر باشید بهای موفقیت را با تلاش، پشتکار و وقت بپردازید.

٤) حل مسائل با قدرت باور مثبت

وقتی ما به قدرت باور مثبت و قدرت کلمات مثبت ایمان داشته باشیم، اگر در زندگی یک مسئله و چالش داشته باشیم، آن‌وقت می‌توانیم به دنبال راه‌حل بگردیم که آن مسئله یا چالش را حل کنیم و همین ایمان‌داشتن به باور مثبت و بهره‌گیری از قدرت کلمات مثبت و به دنبال راه‌حل‌بودن باعث می‌شود در دل آن مسئله،

فرصت‌هـا را پیدا کنیم و از آن مسئله و چالـش رد شـویم. امـا اگـر ایـن خودباوری و بـاور مثبت را نداشتـه باشیم، در آن مسئلـه مـی‌مانیم و همیشه از بودن آن مسئله عذاب می‌کشیم. اگر یک نگاه به اطرافمان بیندازیم، می‌توانیم مثال‌های خیلـی زیادی را بـرای همیـن صحبت‌هـا پیدا کنیم که از قدرت باور و قدرت کلمات مثبت و انرژیی که وجود دارد بی‌اطـلاع هسـتند.

مـواردی که گفته شد قسمتی از تأثیرهایی است که قدرت باور مثبت و قدرت کلمات مثبت در زندگی هرکسی می‌توانـد داشته باشد و این مـا هسـتیم کـه انتخاب می‌کنیم به چه صورتی زندگی کنیـم؛ اینکه از ایـن دانش بهره بگیریـم یا بی‌تفاوت باشیم. سطح توقعتـان را از خود افزایش دهیـد و هم‌زمان سطح تلاش خود را بسـیار بالا ببرید.

باور مثبت یا باور منفی؛ کدوم را انتخاب کنیم؟

شمـا ایـن حـق را داریـد کـه باورهـای مثبت یا منفـی را انتخاب کنیـد. اما مـن مـی‌خواهم بـه سؤالـی کـه در ادامه می‌پرسم، فکر کنیـد:

در زندگی افرادی را بـه یـاد بیـاوریـد کـه باورهـای منفی دارنـد و در منفی‌هـا زندگی مـی‌کننـد و در مرحله بعد افرادی را بـه یـاد بیاوریـد کـه باورهـای مثبتی دارند و در مثبت‌هـا زندگی می‌کننـد؛ نتایـج و سبک زندگـی ایـن دو افراد را کنـار هـم بگذاریـد، شـما دوسـت داریـد کـدام سـبک زندگـی را ادامـه دهیـد؟

سـبک زندگـی خـودت را داشتـه بـاش. تمـام افکار خـود را روی کاری

که انجام می‌دهی، متمرکز کن. پرتوهای خورشید تا متمرکز نشوند، نمی‌سوزانند.

قدرت باور مثبت و رفتار

اگه در زندگی داشتن باور مثبت را انتخاب می‌کنید، بدانید که باید آن باور مثبت تبدیل به سبک زندگی‌تان شود تا بتوانید از قدرت آن استفاده کنید و نشانه این موضوع این است که در ما رفتارهای جدید و تازه‌ای شکل می‌گیرد و ما در سبک زندگی‌مان تغییراتی مناسب با آن باور ایجاد می‌کنیم و همین تغییرات باعث می‌شود کم‌کم تمام جنبه‌های زندگی ما خودش را بهبود دهد؛ چون قدرت باور مثبت و قدرت کلمات مثبت بسیار پرانرژی و قوی است و روی جنبه‌های مختلفی از زندگی‌مان تأثیر می‌گذارد و آنها را بهبود می‌دهد.

همیشه رفتارهای و کارهایتان را با باورهای مثبتی که دوست دارید مقایسه کنید؛ اگر هم‌راستا بودند به خودتان تبریک بگویید و این مسیر را با قدرت ادامه بدهید. اگر می‌خواهی از نردبان بالا بروی باید از پله اول شروع کنی. داشتن اشتیاق سوزان و عملی‌کردن آن اولین گامی است که باید رؤیاپردازان بردارند. رؤیاها با بی‌علاقگی، تنبلی و عدم همت بلند محقق نمی‌شوند.

آثار مخرب نداشتن باور مثبت

اگر شما باورهای مثبتی را نداشته باشید، چه اتفاقی در زندگی‌تان می‌افتد؟ وقتی ما خودمان را باور نداشته باشیم و باورهای مثبتی را برای خودمان نسازیم:

- عزت‌نفس پایینی پیدا می‌کنیم؛

- اعتمادبه‌نفس خود را از دست می‌دهیم؛

- استرس و اضطراب را تجربه می‌کنیم؛

- احساس منفی را در زندگی تجربه می‌کنیم؛

- خودمـان را قبـول نداریـم و در مقابل بقیـه خودمـان را یـک فـرد ضعیـف می‌دانیـم؛

- نمی‌توانیـم ارتباط‌هـای درسـتی ایجـاد کنیـم و ارتباط‌هایـی را کـه داریـم از دسـت می‌دهیـم؛

- واقعیت‌هـای زندگی‌مـان منفـی می‌شـود و اتفاق‌هـای منفـی را بـه واسـطه باورهـای منفـی تجربـه می‌کنیـم.

و کلـی تأثیـرات منفـی دیگـر. بـه همیـن مـوارد بسـنده می‌کنیـم. حـالا بهتـر اسـت بـه ایـن موضـوع فکـر کنیـم کـه آیـا داشـتن بـاور منفـی کار درسـتی اسـت؟ پـس خیلـی راحـت بیاییـم راه را بـرای تغییـرات جدیـد در زندگی‌مـان بـاز کنیـم و باورهایـی را بـرای خودمـان بسـازیم کـه بـرای سـاختن زندگـی بـه مـا کمک می‌کنـد، نـه باورهایـی کـه محدودیت‌هـا و تأثیرهـای منفـی را بـه همـراه دارد. وقتـی بتوانیـم باورهـای مثبـت را بـرای خودمـان انتخـاب کنیـم و بسـازیم، تأثیـر منفـی‌ای را کـه گفتیـم، خنثـی می‌کنیـم و آنهـا را در جهـت مثبـت هدایـت می‌کنیـم.

افـراد موفـق دنیـا و افـرادی کـه در زندگی حـس و حـال خوبـی را تجربـه می‌کننـد، یـک نقطـه مشـترک دارنـد و آن داشـتن باورهـای مثبـت علمـی اسـت کـه شـبه‌علم و خرافـات را از خودشـان دور نگـه می‌دارنـد و

عمل‌گرایی و هـدف عالی و مشاوران دانا کنار خودشان دارند.

اگـر مـا می‌خواهیـم در مسیر ایـن افـراد قـرار بگیریـم، بایـد ایـن کار را انجام بدهیم؛ پس همین حالا به این سؤال جواب بدهیم: می‌خواهیم در آینده چـه چیزی را تجربه کنیم؟

حتماً و حتمـاً به سؤالاتی که پرسیده می‌شود جواب بدهید و تمرین‌ها را دنبال کنید تا بتوانید در مسیر درستی قرار بگیرید.

جمع‌بندی آموزش

بـاور در زندگی مـا خیلی گسـترده است و بـه همیـن دلیل مـا در آموزش‌هـای مختلف در مورد باور مباحث مهم و کلیدی را باز می‌کنیم. در این آموزش هم باید درک کنیم که قدرت و قدرت کلمات مثبت خیلـی زیـاد اسـت و تأثیـرات خیلـی مهمـی را در زندگی‌مان می‌گذارد و وقتی بـاور می‌توانـد در زندگی مـا این‌قدر تأثیر مثبت داشـته باشـد، بهترین کار ایـن است که مـا با تمام وجود باورهای مثبت را پیدا کنیم و آنهـا را در زندگی‌مـان پیاده‌سازی کنیم.

امیدوارم در زندگی به بهترین‌ها برسید.

بـرای کسـب یک منزلـت والا، نخسـت بایـد افکار خـود را ارتقـا دهیـد. فقـر و ثـروت هـر دو زاییـده افکار خـود انسـان هسـتند و موفقیت در ذهـن افراد بااراده خلـق می‌شـود.

فصل یازدهم

چگونه تفکر مثبت داشته باشیم؟

تفکر مثبت چیست؟

کمی به همین موضوع فکر کنید. تفکر مثبت به چه می‌گویند واقعاً؟ خیلی وقت‌ها با نگاه اول به همین مورد شاید این جواب‌ها داخل ذهن ما بیاید که قراردادن یک‌سری جملات مثبت در ذهنمان و به آنها فکرکردن؛ اما این یکی از جنبه‌های تفکر مثبت داشتن است. در واقع تفکر مثبت داشتن، داشتن یک چشم‌انداز مثبت در زندگی و روبه‌روشدن با مسئله‌ها و چالش‌هاست. وقتی در شرایط الان ما بتوانیم یک چشم‌انداز مثبت را برای خودمان دشته باشیم، می‌شود تفکر مثبت داشتن و ما باید این موضوع را یاد بگیریم. این است که من و تو تلاش کنیم خودمان و توانایی‌هایمان را بهتر و مثبت‌تر ببینیم و بیایم در زندگی و روابطم خود دنبال نقاط مثبت بگردیم. این می‌شود معنایی درست و عمیق که می‌توانیم به تفکر مثبت بدهیم.

فقط یک فکر مثبت کوچک در صبح می‌تواند کل روز تو را تغییر بدهد و اینکه آدم‌های منفی به پیچ و خم جاده می‌اندیشند و آدم‌های مثبت به زیبایی‌های طول جاده؛ هر دو ممکن است به مقصد برسند، اما یکی با حسرت و دیگری با لذت.

تأثیر تفکر مثبت داشتن در موفقیت

وقتی روی تفکر مثبت کار کنیم، در واقع ما کم‌کم ذهنمان را کنترل می‌کنیم و همین موضوع باعث می‌شود متمرکزتر از زمان‌های گذشته زندگی را پیش ببریم.

وقتی ما نتوانیم ذهنمان را کنترل کنیم، نمی‌توانیم به سمت موفقیت حرکت کنیم. به این صحبت من فکر کنید: وقتی یک شخص در زندگی مسئله‌ای دارد و با تفکر مثبت می‌آید با این دید به موضوع نگاه می‌کند که شاید الان شرایط کاری من چالش‌برانگیز باشد اما من هم فرد توانایی هستم.

اثرات تفکر مثبت

داشتن این تفکر در زندگی باعث می‌شود چه نتیجه‌ای بگیریم؟ خب نتیجه این تفکر این است که ما راه‌حل آن موضوع را پیدا می‌کنیم و با پیداکردن راه‌حل آن موضوع می‌توانیم در زندگی آن را به کار ببندیم و در حل‌کردن آن مسئله موفق می‌شویم. چه زمانی در زندگی ما این سیکل را تجربه می‌کنیم؟ زمانی که بیاییم از ذهنمان و تفکر مثبت داشتن کمک بگیریم.

موفقیت را ابتدا در ذهنتان تصور کنید، سپس با چشم‌تان ببینید و بعد با جسم‌تان خلق کنید.

افکار مثبت روزانه

برای داشتن یک تفکر مثبت باید توانایی‌های خودمان را بشناسیم و خودمان را توانمند بدانیم. روزانه باید یک سری افکار را مثبت، علمی با عمل‌گرایی رشد بدهیم و مواظب باشیم از شبه‌علم و خرافات خود را دور نگه داریم.

اگر در زندگی فردی هستی که توانایی‌هایت را می‌شناسی، خب به تو تبریک می‌گویم. اما اگر توانایی‌هایت را نمی‌شناسی، می‌خواهم این موضوع را به تو بگویم که می‌توانی آنها را پیدا کنی و بهتر از هر زمانی آن را رشد بدهی. برای این موضوع بهتر است به این سؤال فکر کنی: چه کاری را می‌توانی خوب انجام بدهی یا حس می‌کنی می‌توانی آن را خوب انجام بدهی؟ در زندگی چه وقت‌هایی بوده که حس کردی توانمندی و توانستی با توانایی یک کار مثبت را انجام بدهی؟ افراد شما را با چه توانایی و ویژگی‌های مثبتی می‌شناسند؟

وقتی به همین موارد نگاه می‌کنیم، می‌بینیم توانایی‌هایی را داریم و توانایی موضوع عجیب‌وغریبی نیست. برای مثال من اگر انسان صبوری هستم، می‌توانم با صبرم یک موضوع را پیش ببرم. این یعنی اینکه در کنترل هیجانات انسان توانمندی هستیم و افراد برای حل مسئله‌ها باید صبر داشته باشند و با کنترل هیجان می‌توانند این کار را بکنند. در ادامه ما برای این موضوع باید توانایی‌هایی گذشته خود را به خودمان یادآوری کنیم و در مورد این توانایی‌ها با خودمان صحبت کنیم تا با خودمان تفکر مثبتی در مورد توانایی و درونمان پیدا کنیم.

اگر آرزویی داری؛

حتما توانایی رسیدن به آن را داری؛

چون اگـر قـرار نبـود به آرزویـت برسـی، اصلاً بـه فکـرت هـم نمی‌رسـید کـه چنیـن چیـزی بخواهـی.

بـا تحقیـق علمـی، عمل‌گرایـی‌اش کـن و شبه‌علم و خرافات را از باورهـای خـودت دور نگـه دار؛ چون آفت خوشبختی هسـتند.

چگونه باور مثبت داشته باشیم؟

بـرای داشـتن تفکـر مثبـت بایـد ما خودمـان را باور کنیـم. روی باورکردن خودمـان بیشـتر از هـر زمانـی کار کنیم؛ چون باور از تفکر سـطح بالاتری دارد و وقتـی روی باورهایمـان کار کنیم، تفکراتمـان هـم درسـت می‌شـود، باور مثبـت تنهـا راه دسـتیافتن به خواسـتهها‌سـت؛ البته از باور هم یک مـورد بالاتر هسـت کـه آن ایمـان اسـت. همیشـه بایـد خـوراک خـوبی را داشـته باشـیم و بتوانیـم باورهـای درسـتی را بـه خودمـان بدهیـم.

زندگـی هـر چقـدر هـم بد به نظـر برسـد، بـاز هـم کاری وجـود دارد کـه می‌توانـی انجـام دهـی و در آن موفق شـوی.

از جایـی کـه هسـتید شـروع کنیـد؛ از آنچـه داریـد اسـتفاده کنیـد؛ کاری را کـه می‌توانیـد، انجـام بدهیـد.

سلامتی ابزار اصلی برای داشتن تفکر مثبت

مورد اصلی دیگر برای داشتن تفکر مثبت این است که ما سلامت جسمی و روحی داشته باشیم و روی این مباحث کار کنیم. ما باید در زمان‌های مناسب روی جسم‌مان و در زمان‌هایی دیگر روی روح‌مان وقت بگذاریم و آرام‌سازی کنیم تا بتوانیم سلامتی اینها را تأمین کنیم و وقتی این کار را انجام بدهیم، در واقع تفکر مثبت را در خودمان نهادینه کرده‌ایم.

برای رسیدن به موفقیت این چند خصلت را در خودتان پرورش دهید:

انتقادپذیری، پوزش‌خواهی، شکرگزاری، عمل‌گرایی و باور مثبت علمی.

مطمئن باشید موفقیت به‌زودی در خانه‌تان را می‌زند.

از شبه‌علم و خرافات دور باشید. خیلی از نگرش‌های قدیمی و منفی جنبه علمی ندارند و خرافات هستند.

چگونه به دنبال نیمه پر لیوان باشید؟

یکی از قشنگی‌های زندگی این است که ما هم جنبه‌های مثبت را تجربه می‌کنیم هم جنبه‌های منفی را. زندگی ما بدون داشتن تضادهای بی‌معنی می‌شود.

- روز با شب معنی پیدا می‌کند؛
- خوب با بد معنی پیدا می‌کند؛
- امید با ناامیدی معنا پیدا می‌کند.

پس تضادهای مختلف در زندگی خیلی هم می‌توانند مفید باشد. اما اینکه ما چه نگاهی به تضادهای زندگی‌مان داریم، باعث می‌شود که بتوانیم از آنها نتیجه و خروجی مثبت و منفی بگیریم.

ما باید در تضادهایی که در زندگی داریم، نیمه مثبت آن و نیمه پر لیوان را ببینیم تا بتوانیم یک خروجی مناسب را از زندگی‌مان بگیریم.

موفقیت یک قدم بزرگ در آینده دور نیست، بلکه یک قدم کوچک است که همین لحظه برمی‌داری. انسان دانا بیشتر از اینکه فرصت‌ها را پیدا کند، برای خود فرصت ایجاد می‌کند. و اینکه هیچ‌وقت دیر نیست؛ امروز می‌توانید تصمیم بگیرید که مابقی عمرتان را چگونه سپری کنید؛ پس شروع کنید و قوی‌تر از همیشه کنترل زندگی خود را در دست بگیرید.

هر وقت در زندگی با موقعیت‌های منفی مواجه شویم، اگر نتوانیم تفکر مثبت داشته باشیم، قطعاً آن موقعیت استرس‌هایی را برای ما به همراه خواهد داشت که باعث می‌شود بازدهی ما پایین‌تر از حد نرمال بیاید. پس حتماً و حتماً مهارت تفکر مثبت را در زندگی یاد بگیرید. برای این موضوع اگر بخواهم یک راهنمایی را به شما ارائه

بدهم، می‌توانم بگویم که وقتی با یک موقعیت برخورد می‌کنید که آن موقعیت استرسی را به همراه دارد، بهتر است شروع به بازنگری آن موقعیت بکنید تا بتوانید یک راه‌حل را برای آن پیدا کنید و علاوه بر راه‌حل تفکرهای منفی را پیدا کنید و آن تفکرات را با موارد مثبت جایگزین کنید. برای مثال:

وقتی یک موقعیت استرس‌زا را دوباره بررسی می‌کنیم، به این تفکر می‌رسیم که من نمی‌توانم کاری انجام بدهم یا راهکاری برای حل این مسئله ندارم. ما باید با ایجادکردن این تفکر که «من می‌توانم»، کارها را پیش ببریم و وقتی ایده و راهکارهای درستی را پیدا کردیم، استرس آن موقعیت را کمتر کنیم و در واقعیت ما این کار را انجام دادیم؛ چون اگر نمی‌توانستیم مسئله‌ای را حل کنیم، مطمئناً آن مسئله هنوز در زندگی ما وجود داشت. پس خیلی وقت‌ها ما می‌توانیم فقط چون درگیر تفکرات منفی می‌شویم و فراموش می‌کنیم، آن‌وقت نمی‌توانم‌ها به سراغ ما خواهند آمد.

> ناامید نباش، گاهی لازم است بنشینی و استراحت کنی، اما فراموش نکن فقط گاهی. موفقیت در انتظار تو است، بلند شو و به راهت ادامه بده.

جمع‌بندی آموزش

در این آموزش خواستم گذری روی تفکر مثبت داشتن بکنیم تا

بتوانیـم بهتر از هر زمانی آن را بشناسیم و به خودمان یادآوری کنیم که برای داشـتن زندگی مثبـت، نیـاز به تفکر مثبت داریم. ایـن آموزش را تکرار کنیـد و به سؤالات داخـل این آموزش جواب بدهید.

چیزهایـی را کـه قـادر به تغییر نیسـتی، بپذیـر و بـرای تغییر هـر آنچـه می‌توانی تمـام تلاشـت را بکـن. بـرای اینکـه موفقیت مجموعـه‌ای از تلاش‌هـای کوچک اسـت کـه هـر روز و هـر روز تکرار شـده‌اند.

فصل دوازدم

باور مثبت و ارزشمندی چیست؟

نمونه بارز باورهای محدودکننده

مزرعه‌داری در زمینی که داشت در کنار محصولاتش گاهی کدو هم می‌کاشت و یک روز یک کدو کوچک را که به‌تازگی رشد کرده بود، داخل یک ظرف شیشه‌ای قرار داد و آن را روی درخت انگور قرار داد. اما کدو رشد کرد تا کل فضای شیشه را گرفت و بعد از اینکه فضای شیشه را پر کرد، رشدش متوقف شد و در همان اندازه ماند. این مثال برای انسان‌ها و باورهایی که در مورد خودشان دارند هم درست است. وقتی ما باورهای محدودی را داشته باشیم، دقیقاً انگار خودمان را داخل همان شیشه قرار داده‌ایم. ارزشمندی ما هم به همان اندازه است و بعد از یک مدت که رشد کردیم، به دلیلی نداشتن باورهای جدید، رشد و پیشرفت ما متوقف می‌شود و در یک اندازه ثابت خواهیم ماند.

فرصت‌ها اتفاق نمی‌افتند، شما خالق آنها هستید و اینکه وقتی دائم بگویی گرفتارم، هیچ‌وقت آزاد نمی‌شوی.

وقتی دائم بگویی وقت ندارم، هیچ‌وقت زمان پیدا نمی‌کنی.

وقتی دائم بگویی فردا انجامش می‌دهم، آن فردا هیچ‌وقت نمی‌آید.

بررسی یک رابطه در باور مثبت و ارزشمندی

بین باورهایی که ما داریم و احساس ارزشمندی یک رابطه مستقیم وجود دارد و وقتی باور مثبت و ارزشمندی کنار هم قرار می‌گیرند، یک رابطه مستقیم را با میزان کارایی و توانایی ما برقرار می‌کنند. در واقع هرچقدر باورهای قوی‌تری داشته باشیم، میزان توانایی ما و عمل‌گرایی ما هم بالاتر می‌رود.

> «می‌توانم» و «نمی‌توانم» تنها در یک حرف «ن» تفاوت دارند؛ اما همین یک حرف، مسیر زندگی تو را عوض خواهد کرد.

نشانه‌هایی برای باور مثبت و ارزشمندی

برای اینکه بدانیم در زندگی‌مان چقدر روی باور مثبت و ارزشمندی کار کرده‌ایم و در خودمان باور مثبت و ارزشمندی را نهادینه کرده‌ایم، یک‌سری نشانه‌ها وجود دارد که خبر از باور مثبت و ارزشمندی شخصیت انسان‌ها دارد که در ادامه این نشانه‌ها را با هم بررسی می‌کنیم.

نشانه اول، اشتیاق به قبول مسئولیت

افرادی که در زندگی باورهای درستی را دارند و روی ارزشمندی خود کار کرده‌اند، همواره به این سطح از طرز فکر و نگاه به زندگی می‌رسند که مسئول همه زندگی‌شان خودشان هستند و مسئولیت تماماً جوانب زندگی را قبول می‌کنند و اگر در یک خانواده تمام

افراد مسئولیت‌پذیر باشند، آن خانواده بهترین سطح روابط و زندگی را تجربه می‌کند و همین موضوع در مقیاس‌های خیلی بزرگ‌تر هم صدق می‌کند.

> خیلی از شکست‌های زندگی به خاطر این است که نمی‌دانیم چقدر به موفقیت نزدیک بودیم، وگرنه هرگز تسلیم نمی‌شدیم.

نشانه دوم، زندگی پربار و روحیه امیدواری

درک این موضوع که افکار و باورهای ما احساس را در ما شکل می‌دهند، یکی از واضح‌ترین بخش‌های زندگی است و وقتی ما روی این باور و ارزش کار کنیم، روحیه و احساس بهتری را تجربه خواهیم کرد و در کنار این روحیه همواره از زندگی‌مان لذت می‌بریم؛ چون درک می‌کنیم هرکسی در زندگی‌اش کلی فرصت و نعمت دارد که می‌تواند از آنها برای لذت‌بردن از زندگی استفاده کند.

> با گذر عمر فقط بزرگ نشو، بلکه رشد کن!

نشانه سوم، اهمیت و احترام دیگران

وقتی ما در زندگی یاد بگیریم به بقیه انسان‌ها احترام بگذاریم و انسان‌های اطراف ما بااهمیت و باارزش شوند، آن‌وقت در یک مسیر درست باوری و ارزشمندی در زندگی قرار گرفته‌ایم.

«هیچ‌کس نمی‌تواند به عقب برگردد و دوباره شروع کند، اما می‌تواند از همین حالا شروع کند و پایان جدید بسازد» کارل برد.

نشانه چهارم، انگیزه‌های درونی

بهترین نوع انگیزه، انگیزه‌های درونی است از آنجا که باورهای درست و ارزش‌های درست احساس قوی را در ما شکل می‌دهند، همین احساسات باعث می‌شود به واسطه آنها، انگیزه‌های درونی ما نیز بیدار شود و برای آن انگیزه‌های درونی شروع به تلاش کنیم.

«هرچه در ناخودآگاه ذهن بکاریم و با تکرار آن را تغذیه کنیم، یک روز به واقعیت تبدیل خواهد شد» ارل نایتینگل.

نشانه پنجم، به دنبال فرصت‌ها بودن

هر باوری در زندگی ما یک‌سری فرصت‌ها را به وجود می‌آورد و باعث می‌شود که واقعیت‌های جدیدی را در زندگی تجربه کنیم. پس وقتی ما باورهای درستی را داشته باشیم و بدانیم که در زندگی ارزشمند هستیم، همواره به دنبال فرصت‌های هستیم برای رسیدن به باورها و ارزش‌های که در زندگی آنها را داریم.

«جهانی که برای خودمان ساخته‌ایم، نتیجه تفکراتمان است. نمی‌توان دنیا را بدون تغییر طرز فکرمان تغییر داد» آلبرت انیشتین.

نشانه ششم، قدرت اجرایی داشتن و ریسک‌پذیری

یکی از مواردی که باعث می‌شود ما حرکت نکنیم، ترس از شکست و نداشتن باورهای درست در مورد جنبه‌های زندگی است که وقتی ما خودباوری و باورهای درستی را داشته باشیم، قدرت عمل‌گرایی و اجرایی‌کردن را پیدا می‌کنیم؛ چون خیلی جاها به این نکته اشاره کردم که باورهای درست منجر به اقدامات درستی می‌شوند و ما ریسک می‌کنیم که از منطقه امن زندگی‌مان بیرون برویم. البته خیلی وقت‌ها افراد ریسک‌پذیربودن را با اقدامات کورکورانه اشتباه می‌گیرند و فکر می‌کنند که ریسک‌پذیری یعنی ما کاری را بکنیم که احتمال بالای شکست را دارد؛ اما در واقع ریسک‌پذیری یعنی یک نفر بیاید مسیرهای گذشته زندگی را کنار بگذارد یا تفکرات گذشته را رها کند و به دنبال یک مسیر و تفکر جدید بگردد. در واقع خروج از منطقه امن زندگی، چه در جنبه درونی و چه در جنبه بیرونی می‌شود ریسک‌پذیربودن در زندگی و این تعریف را باید برای ریسک‌پذیری یاد بگیریم و درک بهتری از آن پیدا کنیم.

جمع‌بندی آموزش

همواره در مسیر درست زندگی بودن را با تغییرات درونی می‌توانیم انجام بدهیم.

سرنوشت فردی را از شما خواهد ساخت که خودتان تصمیم می‌گیرید باشید.

مهم نیست الان چه شرایطی دارید و وضعیت الان زندگی شما چگونه است، مهم این است که تصمیم بگیرید.

بله! یک تصمیم مهم و سرنوشت‌ساز؛ تصمیم به ساختن زندگی‌ای که دوستش دارید.

فصل سیزدهم

بررسی انتظارات از باور و تکرار آن

طبق تعریفی که از باور یاد گرفتیم باور یک فکری که تکرار شده و در اثر آن تکرار تبدیل به باور ما شده است اما می‌خواهم به شما یک نکته مهم را بگم، قبل از اینکه بخواین یک باور را تکرار کنید،

بهتره که انتظاراتتان را از آن باور بنویسید و مهم این است که باور و انتظارهای که از آن باور داریم، برای خودمان قابل‌قبول باشد بگذاریم این را با یک مثال برایتان بازکنم برای مثال من می‌خواهیم یک باور بسازم که یک رابطه درست را تجربه کنم و برای این موضوع می‌خواهم این موضوع را تکرار کنم و تمرکز روش بگذارم که فردی با ویژگی‌ها من واسه ارتباط گیری وجود دارد و من می‌توانم این فرد را در زندگی‌ام داشته باشم اما قبلش بیایم انتظاراتمون را از آن باور بررسی کنیم

اگه من این فرد را در زندگی‌ام داشته باشم و این باور را در زندگی‌ام داشته باشم چه انتظارات بیرونی و درونی من را برطرف می‌کند؟ می‌خواهم چه چیزهای را در زندگی به من این باور و واقعیت هدیه بدهد؟

بررسی ساده برای تکرار باور

برای تکرارکردن باورهایی که داریم، روش‌هایی را به شما می‌گویم که می‌توانند این کار را برای شما راحت‌تر کنند.

روش اول: نوشتن و قراردادن باور در جایی که آن را در طول روز چندین بار ببینیم.

روش دوم: ضبط‌کردن آن باور و تکرار آن باور از طریق گوش‌دادن یک باور.

روش سوم: تصویرسازی و تخیل.

روش چهارم: صحبت‌کردن در مورد یک باور با افراد هم‌فرکانس و هم‌جهت.

شما با این روش‌ها می‌توانین یک باور را تکرار کنید و با تکرار آن باور به شکل‌گیری آن کمک کنید.

از باورهای پایه‌ای شروع کنیم: باورهای هر انسانی این انعطاف را دارند که همیشه بهتر و بزرگ‌تر باشند پس با همین موضوع می‌شود این را درک کرد که ما می‌توانیم هر چیزی را باور کنیم و هر باوری را تغییر بدهیم. اما یک نکته مهم وجود دارد و آن نکته این است که ما الان کجا هستیم و یک پله بالاتر زندگی ما کجاست؟

در واقع ما مجاز هستیم یک پله بالاتر برویم و می‌توانیم از این نقطه‌ای که هستیم باورهای بهتری را برای بهبود شرایط انتخاب کنیم و بعد به سراغ باورهای بعدی برویم. برای مثال شاید یک نفر الان یک درآمد ماهی دو میلیون تومان را دارد، این فرد برای اینکه بتواند درآمدهای بیشتری را تجربه کند، باید اول باورهای تازه‌ای را بسازد و در قدم اول اصولاً باید باور کند درآمدهای بیشتر برای این فرد وجود دارد و بعد به سراغ ایجاد درآمد برود. اما نکته‌ای که اینجا است، این

است که فرد در قدم اول می‌تواند درآمدش را تبدیل به پنج میلیون تومان کند؛ چون باورکردن پنج میلیون تومان برای این فرد خیلی راحت‌تر است تا باورکردن ۲۰ میلیون تومان. وقتی بتوانیم پنج میلیون تومان را باور کنیم و بعد آن را به دست بیاوریم، آن‌وقت به سراغ ۱۰ میلیون و بعد به سراغ ۱۵ میلیون تومان خواهیم رفت.

در واقع می‌خواهم این را بگویم که ما با باورکردن مواردی که قبول‌کردن آن‌ها در زندگی برای خود ما راحت‌تر است، سرعت رشدکردن خودمان را افزایش می‌دهیم و سریع‌تر به موقعیت‌های بهتری می‌رسیم. در مثال بالا شاید برای این فرد قبول درآمد ماهی ۲۰ میلیون تومان در قدم اول کار خیلی سختی باشد و قبول‌کردن این باور کمی چالش‌برانگیز باشد، اما وقتی از باوری که ساده‌تر قبول می‌شود شروع می‌کند، راحت‌تر می‌تواند رشد را تجربه کند. این موضوع دلیل نمی‌شود که رسیدن به یک خواسته طولانی باشد، بلکه ما رسیدن به یک خواسته و باورکردن، آن را به قسمت‌های کوچک‌تری تقسیم می‌کنیم تا بتوانیم راحت‌تر به آن موضوع برسیم. در واقع تکامل را طی می‌کنیم.

جمع‌بندی آموزش

همه تلاشمان را می‌کنیم که بهتر و بیشتر در مورد باورها بدانیم تا بتوانیم بهتر و عالی‌تر با باورهایمان در زندگی برخورد کنیم.

هدفمند زندگی کن. انسان بی‌هدف مثل مسافر بی‌مقصد می‌ماند.

اگر هدف نداشته باشی زندگی تو را هرجا بخواهد می‌برد. راهت را خودت انتخاب کن.

زمین خوردی؟

احساس ناامیدی می‌کنی؟

دوباره تلاش کن...

قوی باش...

دوباره شروع کن؛ نگذار یأس بر تو غلبه کند.

فقط استارت اولش سخت است؛ باور داشته باش که می‌توانی.

تو فقط یک بار زندگی می‌کنی... بگذار ۱۰ سال دیگر به خودت و پشتکارت افتخار کنی.

فصل چهاردهم

چگونه و از چه زاویه‌ای به زندگی‌مان نگاه کنیم؟

زندگی همیشه در صورتی با ما همراه می‌شود که ما به آن نگاه می‌کنیم. حالا اگر ما یک نگاه منفی و جدی به زندگی داشته باشیم، زندگی هم با ما به صورت منفی و جدی همراه می‌شود؛ اما اگر ما بیاییم به زندگی به چشم یک بازی و قشنگی نگاه کنیم، زندگی هم به صورت مثبت و قشنگ با ما همراه می‌شود. پس هیچ‌وقت سعی نکنید خیلی سخت به زندگی‌تان نگاه کنید؛ چون دنیا سخت پیش نمی‌رود. سعی کنید شاد باشید، سعی کنید احساس بهتری را با باورهای شادی‌آفرین در زندگی داشته باشید تا بتوانید از زندگی‌تان لذت ببرید. تعیین‌کننده نهایی زندگی شما هستید؛ اینکه می‌خواهید از زندگی لذت ببرید یا نه می‌خواهید لذت نبرید.

با ایجاد باورهای شادی‌آفرین، شما زندگی‌تان را در مسیری قراری می‌دهید که همواره انسانی شاد هستید و از لحظات زندگی‌تان نهایت شادی و لذت را می‌برید.

انسان‌های خوشبخت و شادمان، کسانی هستند که این شایستگی و توانایی را دارند که از تماشای یک لبخند زیبا، شاد شوند و احساس خوشبختی کنند.

«فرامـوش نکنیـد کـه هـدف شـما از زندگی شـادبودن اسـت»
دالایـی لامـا.

شعری زیبا در ارتباط با باورهای شادی‌آفرین

غم دنیا نخواهد یافت پایان

خوشا در بر رخ شادی‌گشایان

خوشا دل‌های خوش، جان‌های خرسند

خوشا نیروی هستی‌زای لبخند

خوشا لبخند شادی‌آفرینان

که شادی روید از لبخند اینان

نمی‌دانی دریغا چیست شادی

که می‌گویی: به گیتی نیست شادی

نه شادی از هوا بارد چو باران

که جامی پر کنی از جویباران

نه شادی را به دکان می‌فروشند

که سیل مشتری بر آن بجوشند

چه خوش فرمود آن پیر خردمند

وزین خوشتر نباشد در جهان پند

اگر خونین دلی از جور ایام

«لب خندان بیاور چون لب جام»

به پیش اهل دل گنجی‌ست شادی

که دستاورد بی‌رنجی‌ست شادی

به آن کس می‌دهد این گنج گوهر

که پیش آرد دلی لبخندپرور

به آن کس می‌رسد زین گنج بسیار

که باشد شادمانی را سزاوار

نه از این جفت و از آن طاق یابی

که شادی را به استحقاق یابی

جهان در بر رخ انسان نبندد

به روی هرکه خندان است خندد

چو گل هرجا که لبخند آفرینی

به هر سو را کنی لبخند بینی

چه اشکت همنفس باشد، چه لبخند

ز عمرت لحظه لحظه می‌ربایند

گذشت لحظه را آسان نگیری

چو پایان یافت پایان می‌پذیری

مشو در پیچ و تاب رنج و غم گم

به هر حالت تبسم کن، تبسم

چرا همه چیز باور است؟

قبول‌کردن همین نکته که همه چیز به باورهای ما در زندگی برمی‌گردد یکی از مواردی است که قبول‌کردن آن برای هرکسی می‌تواند چالش‌برانگیز باشد و قبول‌کردن آن در زندگی همواره با چالش‌های زیادی است اما ما باید یک بار به خودمان اجازه بدهیم.

- اجازه بدهیم مطالب جدید را در زندگی‌مان قبول کنیم؛

- اجازه بدهیم ساختارهای تازه‌ای را داشته باشیم؛

- اجازه بدهیم که باورهای تازه در زندگی ما خودشان را نشان بدهند.

در واقع وقتی ما به خودمان اجازه می‌دهیم آن‌وقت ما توانستیم مسیرهای تازه را برای خودمان باز کنیم. پس بهترین گزینه در این شرایط این است که ما قبول کنیم باورهای ما می‌توانند واقعیت‌های تازه‌ای را در زندگی‌مان بسازند، آن‌وقت می‌توانیم با داشتن باورهای شادی‌آفرین لحظه‌ها و واقعیت‌های شادی را برای خودمان بسازیم.

یک لبخند می‌تواند خیلی از حس‌ها را پنهان کند؛ ترس، اندوه، قلب شکسته. اما یک چیز را خوب نشان می‌دهد: قدرت! پرقدرت باشید.

شادی‌های زندگی را ببینیم

در مرحله بعدی وقتی ما این موارد را باور کردیم، منتظر لحظه‌ها و واقعیت‌های شاد زندگی‌مان باشیم و به دنبال دیدن این لحظه‌ها و واقعیت‌های باشیم؛ چون با دیدن شادی و به دنبال شادی بودن می‌توانیم شادی‌های بیشتری را دریافت کنیم. هرچند در زندگی ما می‌توانیم شرایط و موقعیت‌های مختلفی را تجربه کنیم، اما به یاد داشته باشیم که این لحظه‌ها گذرا هستند و ما باید در این لحظه‌ها صبر کنیم و به منتظر شادی‌های باشیم که آن شادی‌ها را دریافت می‌کنیم. هر قدمی که ما داریم برمی‌داریم و هر تلاشی که در زندگی داریم برای رسیدن به لذت و شادی است و ما می‌توانیم با داشتن این باورها، شادی‌ها و لذت‌ها را برای خودمان در کنار تلاش‌ها و قدم‌های که بر می‌داریم برای خودمان بسازیم.

یک شمع روشن می‌تواند هزاران شمع دیگر را روشن کند، بدون اینکه عمر خودش کم شود. خوشحالی و شادی نیز می‌تواند به اشتراک گذاشته شود، بدون اینکه کم شود.

جمع‌بندی آموزش

همین که ما درک کنیم با داشتن باورهای در مورد شادی و شادبودن می‌توانیم واقعیت‌های شادی را تجربه کنیم آن‌وقت می‌توانیم انتخاب کنیم که چه زندگی را تجربه کنیم. وقتی ما داخل دنیایی

زندگی می‌کنیم که در حال پاسخ‌دادن به افکار و باورهای ماست.

> هیچ‌کس نمی‌تواند به عقب برگردد و شروع تازه‌ای داشته باشد؛ اما هرکسی می‌تواند از الان شروع کند و یک پایان شاد بسازد.

آدم زرنگ آدمی است که بهترین باورها و بهترین افکار را برای خودش انتخاب می‌کند. مراقب افکار و باورهایتان باشید و سعی کنید همیشه بهترین افکار و بهترین باورها را برای خودتان انتخاب کنید.

> با خنده‌ات دنیا را تغییر بده. هرگز نگذار دنیا خنده‌ات را تغییر دهد.

فصل پانزدهم

افراد موفق چه اصولی را دارند؟

تمام تلاش‌هایی که ما در زندگی‌مان داشتیم و داریم، تمام کارهایی که ما در زندگی‌مان انجام دادیم، فقط و فقط به یک دلیل است؛ ما می‌خواهیم موفق شویم و دیگر افراد هم موفق شوند و در طول مسیر زندگی‌شان به موفقیت برسند تا همه با هم از زندگی که داریم شاد و خوشحال باشیم.

کیست که بگوید من یک کاری را انجام می‌دهم اما همین‌طوری کشکی، نه می‌خواهم در آن موفق شوم و نه چیز دیگر. شما حتی اگر بخواهید یک کار خیر انجام بدهید، در راه رضای خدا آن کار را انجام می‌دهید و هدفتان خارج از گود همه چیز موفق‌شدن در آن کار است. پس هدف اصلی هر کاری که ما داریم در زندگی‌مان انجام می‌دهیم و به سمتش حرکت می‌کنیم، در واقع موفق‌شدن ماست.

«در مقابل موانع خود ایستادگی کن و در موردشان اقدامی انجام بده. متوجه خواهی شد که آنها نیمی از قدرتی را که فکر می‌کنی دارند هم ندارند» نورمن وینسنت پیل.

راز الفبای موفقیت افراد موفق چیست؟

اما موفق‌شدن به تنهایی خودش یک الفبا دارد. الفبا را خیلی‌ها به زبان‌ها و روش‌های متفاوتی می‌گویند، اما ما اینجا و در این آموزش از اینکه افراد موفق چه اصولی دارند؟ می‌گوییم. افراد موفق چند کار انجام می‌دهند برای اینکه حرکت کنند به سمت موفقیت و هدف را به بها دهند نه بهانه.

یک ایده را درنظر بگیرید؛ آن ایده را تمام زندگی خود کنید، به آن فکر کنید، رؤیای آن را ببینید و روی آن ایده زندگی کنید. بگذارید مغز، ماهیچه‌ها، اعصاب و هر قسمت از بدن شما پر از این ایده شود و هر ایده دیگر را تنها بگذارید. این راه موفقیت است.

چگونه بهانه‌جویی را کنار بگذاریم؟

اولین خصوصیتی که یک فرد موفق باید در خودش ایجاد کند، این است که بهانه‌جویی را کنار بگذارد. بهانه‌آوردن یکی از کارهایی است که تقریبا تمام ما در آن استادیم. اما ما یاد نگرفتیم که ما می‌توانیم استاد چگونگی انجام یک کار باشیم به‌جای چگونگی انجام‌ندادنش. پس اولین خصوصیت را سعی کنیم در خودمان ایجاد کنیم و آن خصوصیت این است که بهانه‌جویی را کنار بگذاریم. مثلاً می‌خواهیم ورزش را شروع کنیم، اولین حرفمان این است که

از شنبه شروع می‌کنم؛ از فردا، از پس‌فردا، الان خستم، الان کار دارم، الان باید برم بیرون با بچه‌ها، الان می‌خواهم بروم میهمانی، عروسی و... . هزاران مورد برای بهانه‌تراشی داریم که آن کار را انجام ندهیم؛ درصورتی‌که به‌جای این هزار بهانه فقط یک دلیل داشته باشیم برای انجام‌دادنش بس است! و پا می‌شویم انجامش می‌دهیم.

اولین قدمش را برداریم. این شنبه‌هایی را که همیشه گفتیم و هیچ‌وقت به وقوع نپیوست، کنار بگذاریم. تا کی می‌خواهیم این روند را ادامه بدهیم و کار هر روز را به روز دیگر و هفته دیگر، ماه دیگر، سال دیگر و... بسپاریم؟

مگر ما چقدر وقت داریم که روزگارمان را داریم این‌طوری می‌گذرانیم؟ این تمرینی را که به شما می‌گوییم، امتحان کنید؛ هر کاری به ذهنتان رسید، همان موقع اولین قدمش را بردارید. می‌خواهی کتاب بنویسی، یک دفتر زیبا بیاور و شروع کن هرچقدر از آن می‌توانی همان موقع بنویس.

وقتی ۱۰، ۲۰ درصد هر کاری را انجام بدهی، دیگر این سد ذهنی شکسته می‌شود برایت که از فردا از پس‌فردا و... . عادت می‌کنی به اینکه هر کاری می‌خواهی انجامش بدهی و سریع همان موقع بلند می‌شوی و انجام می‌دهی.

آنها اول شما را نادیده می‌گیرند، بعد به شما می‌خندند، سپس با شما می‌جنگند و پس از آن شما برنده می‌شوید.

استفاده آسان از انرژی و نیرویی که دارم

مورد دوم؛ مهم‌ترین کالای افراد موفق به نظرتان چی می‌تواند باشد؟ مهم‌ترین کالای من در زندگی‌ام انرژی است و با مصرف‌کردنش در هر جایی دارم نتایج مصرف‌کردن آن را در آن مکان می‌گیرم. افراد موفق انرژی‌ای را که دارند در مسیر علاقه خود خرج می‌کنند و دوباره این انرژی چند برابرش به آنها برمی‌گردد و همین‌طور ادامه پیدا می‌کند تا جایی که به هرچه می‌خواهند در زندگی‌شان می‌رسند؛ چون همواره در مسیر خواسته‌هایشان قدم برمی‌دارند. پس بدان مهم‌ترین کالای زندگی خود را کجا مصرف می‌کنی؛ چون انرژی نه به وجود می‌آید و نه از بین می‌رود، بلکه از حالتی به حالت دیگر تبدیل می‌شود. یادت باشد مهم‌ترین کالای من و تو انرژی است. پس بدان انرژی‌ات را کجا می‌گذاری و اگر نتایجی داری که از آنها راضی نیستی، ببین انرژی خود را کجا مصرف کرده‌ای؟ بهانه اینکه این نتیجه مال من نیست را بگذار کنار و برو دنبال کالایی که قبلاً مصرف کرده‌ای.

وقتی می‌خواهیم آموزش تولید کنیم، شاید این تنبلی و تأخیر سراغ ما می‌آید و می‌گوید بگذار یک وقت دیگر. اما بعد از این همه کارکردن روی خودمان، سریع سرنخ را می‌گیریم و می‌دانیم همین الان باید آموزش را آماده کرد. به همین خاطر سریع سیستم را روشن می‌کنیم و برنامه ورد را باز می‌کنیم و شروع می‌کنیم به نوشتن. بعد از اینکه نوشتن متن آماده شد، کارهای ویراستاری آن را انجام می‌دهیم و بعد از ویراستاری، عناوین و تیترها را مناسب با متنی که نوشتیم تطبیق می‌دهیم و بعد از تمام‌شدن کارهای ورد و ویراستاری، وارد

فاز بهینه‌سازی متن می‌شویم و همین‌طور قدم به قدم مراحل را طی می‌کنیم و اصلاً متوجه گذشت زمان نمی‌شویم.

اجازه ندهید آتش درون شما خاموش شود؛ اجازه ندهید قهرمان روح شما در ناامیدی و تنهایی به خاطر زندگی‌ای که لیاقت آن را ندارید، هلاک شود و هرگز نتواند به آنچه می‌خواهد برسد.

۲۰ سال دیگر شما از کارهایی که انجام نداده‌اید بیشتر پشیمان خواهید شد تا کارهایی که انجام داده‌اید. رؤیاپردازی کنید؛ کشف کنید.

افراد موفق، یک دلیل خیلی بزرگ دارند

افرادی که می‌خواهند موفق شوند یک چرایی برای خودشان دارند تا بتوانند چگونگی انجام آن کار را پیدا کنند. چرایی یعنی انجام‌دادن یک کار بدون آوردن بهانه. پس چرایی تغییر خود را همین حالا پیدا کن و برایش قدم بردار تا تو هم مانند افراد موفق این خصوصیت را در خودت ایجاد کنی.

سفر هزارکیلومتری با یک قدم آغاز می‌شود و این نگرش شماست نه استعداد شما که سرنوشت شما را تعیین می‌کند. اگر شجاعت پیگیری رؤیاهای خود را داشته باشیم، تمام رؤیاهای ما می‌توانند به واقعیت تبدیل شوند.

افراد موفق چرایی تغییرات را درک می‌کنند

درک‌کردن از این موضوع که چرا باید تغییر کنیم؟ چرا باید از این لحظه به بعد زمانی که شاید تو لازم باشد بیدار باشی درحالی‌که همه خوابند؟ چرا باید یک زندگی امن را رها کنی و خودت را وارد چالش‌ها کنی؟ درک می‌کنند که چرا این کار را باید انجام بدهند.

درواقع آنها درک کرده‌اند که تغییر و موفقیت خودش یک چرایی دارد.

یکی از کلیدهای موفقیت، داشتن نظم در انجام‌دادن کارهایی است که باید انجام دهید؛ حتی اگر میلی به انجامش ندارید اما می‌دانید مهم هستند و باید انجام شوند.

«موفقیت اتفاقی به دست نمی‌آید، باید برای آن تلاش کنیم، استقامت به خرج بدهیم، یاد بگیریم و از همه مهم‌تر آنچه را انجام می‌دهیم دوست داشته باشیم» پله.

افراد موفق متمایز عمل می‌کنند

افراد موفق، زمانی که بقیه دست از تلاش می‌کشند، استقامت می‌کنند. اگر به هدفت نمی‌رسی، هدفت را تغییر نده، مسیرت را عوض کن. پس یادمان باشد هیچ‌وقت و هیچ‌وقت دست از تلاش برنداریم. شاید این تلاش آخرین تلاش تو برای رسیدن به موفقیت بود، پس همیشه یادت باشد این آخرین تلاش من است، اگر انجامش

ندهـم بـه آن نمی‌رسـم. افـراد خسـتگی‌ناپذیر و جـدی در مـورد چیزی که می‌خواهنـد در آن موفـق شـوند، مطالعـه می‌کننـد. مـا بـدون مطالعـه نمی‌توانیـم چنـدان موفـق شـویم. مـا همیشـه بایـد یـاد بگیریـم؛ یادگیری تخصصـی یکـی از اصـول و الفبـای موفقیـت اسـت. پـس اگـر می‌خواهی بـدون مطالعـه موفـق شـوی، فکـر ایـن موضـوع را از سـرت بیـرون بینـداز؛ چـون چندیـن نفـر هسـتند در آن حیطـه هم‌زمـان بـا تـو دارنـد مطالعـه می‌کننـد و می‌خواهنـد موفـق شـوند و بایـد تخصـص کسـب کنـی و در کارت متخصـص حرفه بشـوی.

افراد موفق باورهای درستی دارند

هـر فـردی را کـه در زندگی بـه عنوان یـک فـرد موفـق می‌شناسـیم، وقتی بـه باورهایـش نگاه می‌کنیـم، پـر از باورهـای مثبـت اسـت و همیشـه دارد بـر اسـاس آن باورهـا زندگی‌اش را پیـش می‌بـرد.

بـا نگاه‌کـردن بـه ایـن موضـوع و بررسـی آن در افـراد موفـق، بـه ایـن دیدگاه رسـیدم کـه افـراد موفـق در زندگی‌شـان باورهـای درسـتی را دارنـد و همیشـه باورهـای سـازنده‌ای را بـه همـراه خودشـان در زندگـی دارنـد. همـواره خودبـاوری و سـاختن باورهـای مثبـت باعـث می‌شـود مـا بـا انگیزه‌های تازه‌ای زندگی‌مـان را ادامـه بدهیـم و مسـیری را شـروع کنیـم کـه ایـن مسـیر در نهایـت مـا را بـه نتایـج دلخـواه می‌رسـاند. امـا بـرای رسـیدن بـه مقصـد قبلـش بایـد یک‌سـری اصل‌هـا را رعایـت کنیـم و یکـی از اصل‌هـای مهـم در موفقیـت، داشـتن باورهـای درسـت و سـازنده اسـت کـه بـا تحقیـق و نگـرش علمـی مـداوم به‌روزرسـانی شـود و هدفمنـد و عمل‌گرایـی پیـش بـرود و از شـبه‌علم و خرافات دور باشـد. جهـان، جهـان باورهاسـت؛

هـر چیـزی را بـاور کنـی وارد زندگـی‌ات می‌شود و باعـث می‌شـود تـو در راستای باورهایت، خواسته‌هایت را به زندگی دعوت کنی یا پس بزنی. کاری کـه همـواره در حـال انجـام شـدن اسـت و ایـن شـما هسـتید کـه آگاهانه یا ناآگاهانه این سیستم را در زندگی‌تان پیاده‌سازی می‌کنید کـه کـدام را به زندگی‌تان دعوت کنید. پس چه خـوب اسـت آگاهانـه بهترین‌هـا را انتخـاب کنیـد و بـرای خودتـان بسـازید.

افراد موفق تمرکز دارند

هیچ‌وقـت در زندگـی بـه دنبـال دو مسـیر نرویـد. اینکـه مـا فکـر کنیـم بـا پیش‌بـردن دو مسـیر می‌توانیـم بـه نتایـج تـازه‌ای برسـیم و می‌توانیـم در هـر دو مسـیر نتایـج را بـه وجـود بیاوریـم، یـک فکـر اشـتباه اسـت و مـا نبایـد به ایـن صـورت زندگـی و کـار خـود را پیـش ببریـم. انسـان‌های کـه مـا آنها را موفق می‌دانیم، برای موفق‌شدن و گرفتن نتایج مطلوب، یـک موضـوع را متمرکـز پیـش می‌برنـد و همـواره می‌خواهنـد بـا تمرکـز مسـیری را کـه شـروع کرده‌انـد به بهتریـن نتایـج ختـم کنند. پس اگر در زندگـی بـه دنبـال موفقیت هسـتید و می‌خواهیـد اصـول درسـتی را در پیـش بگیریـد تا به موفقیت برسـید، حتمـاً و حتمـاً تمرکـز را در اولویـت قرار بدهیـد. اگر مـا در زندگـی بـه موفقیت‌هـای خوبـی نمی‌رسـیم، ایـراد از خـود ماسـت؛ چـون در نهایـت در ایـن زندگـی مـا تعیین‌کننـده نهایـی نتایـج هسـتیم و مـا نتایـج را به وجـود می‌آوریـم.

پـس بـرای داشـتن موفقیت‌هـای مطلـوب، بهتریـن کار ایـن اسـت کـه بـه خودمـان نگاه کنیـم و همیشـه خودمـان را در جنبه‌هـای مختلـف بهبـود بدهیـم و بـاور مثبـت را در زندگی‌مـان ایجـاد کنیـم. هرچقـدر بیشـتر

بتوانیم باور مثبت را رواج بدهیم، در کنار انبوه باورهایمان، زندگی‌مان بهبود پیدا می‌کند و به مسیر لذت‌بخش‌تری قدم بر خواهیم داشت.

«احتمـال موفقیت شـما در هـر شـرایطی، رابطـه‌ای مسـتقیم بـا اعتمادبه‌نفـس و خودبـاوری شـما دارد» رابرت کالیـر.

جمع‌بندی آموزش

در آموزش افراد موفق چه اصولی را دارند؟ ما به مباحـث زیـادی اشاره کردیم و شما دوست عزیز این مطالب را بارها و بارها با خودتان درمیان بگذارید و منطقی‌اش کنیـد تـا بـه نتیجـه دلخواهتـان کـه موفقیـت در تمـام عرصه‌هـای زندگی اسـت، برسید. امیدوارم در هـر جایگاهـی کـه هسـتید، شـاد، موفق و پیروز باشید.

تمـام انسـان‌ها نابغـه هسـتند، ولـی درصورتی‌کـه بـرای سـنجش میـزان نبـوغ یـک ماهـی، توانایـی او در بالارفتـن از درخـت را مـلاک قرار دهیـد، آن ماهـی در تمـام مدت زندگـی خود احسـاس خواهد کـرد یک احمـق است.

فصل شانزدهم

انرژی مثبت چیست؟

اصل انرژی مثبت چیست را با هم درک کنیم تا بتوانیم از آن در زندگی‌مان استفاده کنیم و همواره فردی با انرژی و باور مثبت باشیم؛ چراکه در این روزگار که همه دم از ناامیدی و تنبلی می‌زنند، شما می‌توانید با داشتن انرژی مثبت و حال خوب و باور درست، بهترین افراد از نظر ذهنی، جسمی، مالی و... را در کنار خود داشته باشید؛ چراکه یک نوع ثروت محسوب می‌شود و هرکسی قادر به دست‌یافتن به این ثروت نیست. فقط کسانی که با تمام وجود می‌خواهند پر از انرژی و احساس خوب باشند، می‌توانند این ثروت بسیار تأثیرگذار را در زندگی‌شان داشته باشند.

یکی از نکاتی که برای خود ما هم جالب بود، در زندگی این است که ما می‌آییم به تعاریف مختلف و شکل‌های مختلف به موضوعاتی که در ذات خود ثابت هستند، معنا و شکل می‌دهیم.

> «لازم است که خودمان را باور کنیم تا بتوانیم بهترین فردی باشیم که می‌توانیم باشیم» کورکی گرندما.

یک مثال برای درک بهتر انرژی مثبت

برای درک بهتر این موضوع، بگذارید با یک مثال این را توضیح بدهم که خیلی قابل لمس‌تر باشد. تنها زمانی تاریکی به وجود می‌آید که ما نور را از بین ببریم. در واقع تاریکی از خودش هیچ‌گونه منبعی ندارد و تا زمانی که روشنایی هست، تاریکی وجود نخواهد داشت. وقتی ما روشنایی را از بین ببریم، تاریکی به وجود خواهد آمد. این موضوع هم درباره انرژی مثبت صدق می‌کند؛ اینکه ما فقط یک انرژی داریم و آن انرژی مثبت است و انرژی منفی تنها و تنها زمانی به وجود می‌آید که ما منبع را قطع کنیم.

> «باور کنید انجام هر کاری شدنی است. وقتی معتقدید می‌توانید یک کار را انجام بدهید، واقعاً باورش کنید، ذهن‌تان راهی را برای انجام آن پیدا خواهد کرد. باورداشتن به راه‌حل، راه‌حل را هموار و آسان می‌کند» دیوید جی شوارتز.

در جهت انرژی منفی تلاش نکنیم

پس بر اساس این توضیحاتی که تا اینجا با هم درک کردیم، ما نباید تلاش کنیم که منفی بمانیم یا منفی‌ها را از زندگی‌مان از بین ببریم. ما باید سعی کنیم انرژی مثبت را به زندگی‌مان برگردانیم و دوباره خودمان را به منبع انرژی مثبت وصل کنیم و برای این بهترین کار این است که یاد بگیریم از زندگی‌مان و از داشته‌هایی که در زندگی

داریم، لذت ببریم. با توجه کردن به نداشته‌هایی که داریم در واقع داریم انرژی منفی را به زندگی خودمان دعوت می‌کنیم.

«شما اگر به خودتان و توانایی‌هایتان ایمان دارید، زمان‌تان را به درستی مدیریت کنید و روی رسیدن به هدف تمرکز کنید؛ واقعاً می‌توانید به اهداف‌تان برسید» تئو گلد.

حال بد داشتن طبیعی است اما در حال بد ماندن اشتباه

شاید روزهایی در زندگی باشد که یک نفر ناراحت باشد و این ناراحتی خیلی زیاد باشد، اما با دیدن یا شنیدن یک مطلب جالب می‌تواند بخندد یا حتی حالش بهتر شود. در واقع خیلی راحت می‌تواند خودش را از آن حالت منفی روحی بیرون بکشد.

«دیگران همیشه به شما می‌گویند نمی‌توانید کاری را که می‌خواهید، انجام دهید؛ اما شما می‌توانید کاری را که می‌خواهید، انجام بدهید. فقط باید خودتان را باور داشته باشید. دست روزگار می‌خواهد شما را ناامید کند، اما شما می‌توانید از جایتان بلند شوید» باب مارلی.

رهاسازی انرژی منفی= به وجود آمدن انرژی مثبت

خودتان را از تلاشی که برای منفی‌ها زندگی‌تان می‌کنید، رها کنید. در واقع انرژی منفی را بی‌خیال شوید و برای یک لحظه هم که شده به داشته‌ها و نعمت‌هایی که در زندگی دارید فکر کنید. این می‌تواند یک دروغ باشد که یک نفر بگوید من داشته‌ای در زندگی ندارم؛ چون هرکسی در زندگی داشته‌ها و نعمت‌های زیادی را دارد، اما ما یاد نگرفته‌ایم این داشته‌ها را ببینیم. وقتی ما این انرژی‌های منفی را رها کنیم، انرژی مثبت در زندگی ما به وجود می‌آید؛ چون وقتی در جهت منفی حرکت نکنیم و آن را قطع کنیم، جنبه‌های مثبت زندگی‌مان خودش را نشان می‌دهد و این کار را می‌توانیم آرام‌آرام یاد بگیریم.

> «آن دسته از افرادی که بیشترین موفقیت را به دست آورده‌اند، اول آن چیزی را که می‌خواهند به دنیا ارائه بدهند، باور دارند. شما هم باید ایمان داشته باشید که دستاورد منحصربه‌فرد شما ارزشمند است» گرانت اندروز.

برای انرژی مثبت داشتن گذشته را رها کنید

یکی از مهم‌ترین عواملی که باعث می‌شود ما انرژی مثبت دریافت نکنیم، این است که خودمان را درگیر گذشته بدانیم و در گذشته زندگی‌مان بمانیم. اما این در گذشته بودن در زندگی اکثر ما انسان‌ها به همراه خاطراتی است که انرژی منفی را به همراه خود دارند؛ در نتیجه ما نمی‌توانیم انرژی مثبتی را دریافت کنیم.

برای این موضوع باید نگاه تازه‌تری را به گذشته زندگی‌مان داشته باشیم تا بتوانیم برداشت درستی را داشته باشیم. می‌توانیم این را بگوییم که هر اتفاقی در گذشته، درس‌های تلخ و شیرینی را به همراه خودش دارد. اما ما همیشه درس‌های تلخ آن را پیدا می‌کنیم و برای اینکه بتوانیم بهتر به این قضیه نگاه کنیم، باید برویم داخل آن موضوع و به دنبال درس‌های شیرین باشیم تا بتوانیم انرژی مثبت تازه‌ای را دریافت کنیم و حس منفی آن گذشته را کمرنگ کنیم. این می‌تواند یک نگاه و یک باور مثبت و سازنده در مورد گذشته باشد.

«مجذوب افکار منفی نشوید و بلاتکلیف نباشید. برنامه خودتان را دنبال کنید. خودتان را باور داشته باشید» جین جان نوانکو.

نکته کلیدی انرژی مثبت

اگر ما در زندگی تلاش کنیم که به این انرژی مثبت درونی برسیم، قطعاً بعد از رسیدن، این انرژی و ایجادکردنش به سمت ما به روش‌های مختلف برمی‌گردد. این روش‌ها می‌تواند واردشدن یک فرد به زندگی، به وجود آمدن فرصت‌های جدید، مهیاشدن شرایط مثبت در زندگی و کلی مورد دیگر باشد.

وقتی اتفاق‌های مختلف مثبتی را تجربه می‌کنیم، آن‌وقت است که فکر می‌کنیم ما خوش‌شانس هستیم. اما نکته این موضوع دقیقاً

اینجاست که ما وقتی به روش‌های درست انرژی مثبت را در درونمان و در زندگی‌مان ایجاد کنیم، به روش‌های مختلف و اتفاق‌های مختلف این انرژی مثبت به ما برمی‌گردد.

پس وظیفه ما در مورد این موضوع ایجاد آن و ثبات‌دادن به انرژی مثبت است و وظیفه این دنیا برگشت آن به زندگی ماست. برای ایجاد این انرژی درونی فقط کافی است سراغ کارهایی بروید که حس خوب و انرژی خوبی را به شما می‌دهند. مادامی‌که ما در زندگی درگیر آن کار هستیم و داریم این انرژی مثبت را در درونمان ایجاد می‌کنیم، روند درست را طی می‌کنیم و به اتفاق‌هایی که در بالاتر اشاره کردیم، می‌رسیم و احساس خوب و حال خوب بیشتری را تجربه می‌کنیم.

اما اگر مسیر را اشتباه برویم، اتفاق‌ها هم منفی خواهد بود. پس اگر می‌خواهیم ببینیم انرژی مثبت را در درونمان داریم یا نه، به‌اتفاق‌های اطرافمان بیشتر دقت کنیم. آن‌وقت درک می‌کنیم آیا در یک مسیر درست هستیم یا خیر؟

«با اینکه خوش‌بینی در شما انگیزه ایجاد می‌کند و شما را تشویق می‌کند که به خودتان ایمان داشته باشید، اما باید انگیزه را در زندگی‌تان پیدا کنید؛ یعنی همان چیزی که شما را به جلو هل می‌دهد و تحریک‌تان می‌کند تا انگیزه درونی‌تان را بیدار کرده و به موفقیت برسید» ارل براندون.

فصل هفدهم

برای داشتن انرژی مثبت در زندگی چه کار باید کرد؟

شاید این سؤال را داشته باشید که برای داشتن انرژی مثبت در زندگی راهکاری وجود دارد؟ جواب بله است. در حال حاضر راهکارهای زیادی هست. باید همه این راهکارها را انجام بدهید. شما می‌توانید از هر راهکار در شرایط مختص به خودش استفاده کنید. ممکن است داشتن روحیه‌ای مثبت بعد از اتفاقات ناگوار پی‌درپی، کار بسیار دشواری باشد؛ اما وقتی در جای مناسب از راهکار مناسب آنجا استفاده کنید، سریع‌تر به احساس خوب و انرژی مثبت خواهید رسید؛ چراکه هرچقدر انرژی مثبت درون شما کاهش پیدا کند، بدبینی شما نسبت به دنیای پیرامون نیز افزایش پیدا خواهد کرد. پس با مثبت‌اندیشی که امری ذهنی و عاطفی است و باعث افزایش احتمال موفقیت فرد و داشتن احساس خوب و حال خوب و امید به زندگی خواهد شد، بیشتر آشنا شوید.

تعریفی که می‌شود برای خوش‌بینی در نظر گرفت، به معنی نادیده‌گرفتن اتفاقات منفی نیست، بلکه به معنی پذیرش اتفاقات و رخدادهای به‌ظاهر بد و تلاش برای تغییر آنها است.

«یک انسـان می‌توانـد به همان انـدازه که می‌خواهـد فوق‌العـاده باشـد. اگر خودتـان را باور داریـد و شـجاعت، اراده، تعهـد و روحیه رقابت‌جویی داریـد و دلتان می‌خواهد چیزهای کوچک زندگی‌تان را به بهای چیزهای باارزش فدا کنید، پس می‌توانید آن کار را انجـام بدهیـد» وینـس لومبـاردی.

۱) سعی کنید از طبیعت اطراف خود لذت ببرید

اینکه ما انتخاب کنیم که به چه صورت به اطرافمان نگاه کنیم، تأثیر مستقیمی دارد روی انرژی که در زندگی تجربه می‌کنیم. اگر بتوانیم به صورتی به اطرافمان نگاه کنیم که به دنبـال موارد انرژی‌بخش باشیم و همواره لذت‌هـا و زیبایی‌هـا را پیدا کنیم، همین موضوع باعث می‌شود انرژی مثبت ما در زندگی بالا برود و بتوانیم آن را بیشتر احساس کنیم. پس به خودمان اجازه دریافت انرژی را از محیط پیرامون بدهیم. با توجه به طبیعت زیبایی که در کشورمان وجود دارد، به فاصله هر ۲۰ یا ۳۰ کیلومتر یک طبیعت بکر و زیبا وجود دارد، اگر بتوانیم یک روز در هفته را به طبیعت اختصاص بدهیم و یک روز را از سحر تا غروب را در طبیعت بگذرانیم، به دور از هرگونـه تنـش و اینترنـت و موبایـل، مطمئن باشید هفته پیش‌رو، سرحال زندگی خواهید کرد.

مـا بایـد یاد بگیریم در لحظـه زندگی کنیم و وقتی به دامـن طبیعت رفتیـم دیگـر به این فکـر نکنیـم که چنـد سـاعت می‌ایسـتیم و زود

برگردیم که به بقیه کارها برسیم و در حین طبیعت‌گردی مدام موبایل دستمان باشد و تلفن‌های کاری و... را پاسخ‌گو باشیم. همه چی را در این روز تعطیل کنید و فقط به زیبایی‌ها و آرامش فکر کنید.

تحقیقات نشان می‌دهد گذراندن وقت در بیرون از منزل و به‌خصوص در طبیعت بکر و سرسبز باعث کاهش سطح استرس، تقویت حس جوانی، بهبود عملکرد و کارایی حافظه و در نهایت افزایش سلامت انسان خواهد شد

و اینکه زندگی‌تان را مصرف کنید. بله درست متوجه شدید. ما همه مصرف‌کننده‌ایم، پس زندگی‌تان را مصرف کنید.

شما یک شیشه عطر را تا آخرین قطره مصرف می‌کنید. چرا؟ چون ارزشمند است.

زندگی خیلی ارزشمندتر از این حرف‌هاست. تلاش کنید زندگی‌تان را تا جای ممکن مصرف کنید.

فرصت زندگی، مصرف زندگی

هیچ فرصتی از زندگی را برای زندگی‌کردن از دست ندهید. منظور این نیست که فقط کار کنید یا مال‌اندوزی کنید، نه! منظور این است که لحظه‌لحظه زندگی را لمس کنید.

از زندگی‌تان زباله درنیاورید تا آنجا که جا دارد، مصرف کنید.

«تمـام اسـتعدادهایی را کـه داریـد، مصـرف کنیـد و نگذاریـد استعدادها، توانایی و پتانسیل‌تان هـدر بـرود» کارل راجـرز.

۲) با خود و دیگران بامحبت باشید

یکی از درک‌هایی کـه در زندگـی بـه آن رسـیدم، داشـتن قـدرت زیاد محبت اسـت. در واقع وقتـی بتوانیـم محبت را بـه معنـای واقعی درک کنیم، آن‌وقت می‌توانیم پی ببریم که همین محبت چقـدر می‌توانـد در جنبه‌های مختلف ما در زندگی تأثیرگذار باشد و همواره باعـث شـود مـا پرانرژی‌تـر زندگی کنیـم.

محبـت و مهربانی تضمینی‌ترین ابزار رسیدن بـه احسـاس خـوب اسـت. یافتـن راه‌هـای مناسـب بـرای محبت‌کردن بـه خـود و دیگران، حتی لبخندزدن به آنها نه‌تنها باعث ایجاد حسی خوشـایند در آنها می‌شـود، بلکه باعـث تقویـت روحیه و حس سرزندگی در شـما و طـرف مقابلتـان خواهـد شـد.

انجام هـر کـار خیـر و به‌ظاهر کوچکی کـه در تـوان خـود در حق دیگران داریـد، باعـث افزایش عزت‌نفس و اعتمادبه‌نفس شما و دیگران می‌شود و باعـث حواس‌پرتی موقتی‌تـان از مشکلات و مسائل حـال حاضر زندگی شـما خواهـد شـد و اینکه:

اگر جای دانه‌هایت را که روزی کاشته‌ای فراموش کردی، باران روزی به تو خواهد گفت کجاکاشته‌ای... «پس نیکی را بکار، بالای هر زمینی و زیر هر آسمانی... برای هرکسی...»؛ تو نمی‌دانی کی و کجا آن را خواهی یافت که کار نیک هرجا که کاشته شود، به بار می‌نشیند. اثر زیبا باقی می‌ماند، حتی اگر روزی صاحب اثر دیگر حضور نداشته باشد.

۳) سپاسگزاری کنید و سپاسگزار باشید

توجه به نعمت‌ها و چیزهای مثبت زندگی و قدردانی و سپاسگزاری به خاطر آنها، راهی بسیار عالی برای تقویت روحیه و حس مثبت‌اندیشی شما و دیگران خواهد بود؛ چراکه باعث می‌شود چرخه انرژی مثبت به جریان بیفتد و همواره انسان‌های زیادی به هم انرژی را منتقل کنند.

با شکرگزاری و سپاسگزاری به خاطر موهبت‌های زیادی که در مسائل و مشکلات به‌ظاهر سخت زندگی‌تان وجود دارد، قدردان بودن را تمرین و سعی کنید در هر اتفاق به پنج موهبتی که در داخل آن نهفته است، تفکر کنید.

سپاسگزاری را من بشخصه یکی از بهترین روش‌های بالابردن انرژی و در جریان انداختن انرژی در زندگی می‌دانم؛ چون وقتی سپاسگزار باشیم، تمام تمرکز ما در آن لحظه به دنبال داشته‌هایی است که در زندگی داریم.

وقتی بتوانیم این کار را انجام بدهیم این احساس و انرژی در ما شکل می‌گیرد که چقدر در زندگی نعمت و برکت داریم که می‌توانیم از آنها استفاده کنیم و پیداکردن این نعمت‌ها با سپاسگزاری امکان‌پذیر است. پس سپاسگزاری رابطه مستقیمی با انرژی مثبت ما دارد.

قلبت را آرام کن. یک‌وقت‌هایی بنشین و خلوت کن با روح درونت؛

بیشتر لمس و تجربه‌اش کن؛

نگاه کن به نعمت‌هایت؛

نگاه کن به اطرافت؛

به خوشبختی‌هایت؛

به کسانی که می‌دانی دوستت دارند؛

به وجود آدم‌هایی که برایت اهمیت دارند؛

و از همه مهم‌تر به حضور خدایی که تنهایت نخواهد گذاشت.

گاهی یک جای دنج انتخاب کن؛

گاهی یک جای شلوغ.

آرامش در حضور خدا را در هر دو پیدا کن؛

هم در کنار شلوغی آدم‌ها؛

هم در کنج خلوت تنهایی.

> دل‌مشغولی‌ها را گاهی ساده‌تر حس کن؛
>
> باران را بی‌چتر بشناس؛
>
> خوشحالی را فریاد بزن؛
>
> و بدان خدا همیشه با تو است.

٤) به ذهن خود استراحت دهید

ذهن ما افکار ما را شکل می‌دهد و افکار ما احساس و انرژی ما را. اگر ما به ذهنمان استراحت ندهیم و برایش برنامه‌ای نداشته باشیم که خودش را ریکاوری کند، درگیر فعالیت‌های بیش از حد و در نهایت خستگی می‌شود.

پس برای اینکه بتوانیم انرژی را مثبت نگه داریم، باید برنامه‌ای داشته باشیم که ذهن را استراحت بدهیم. می‌توانیم به مدیتیشن برای این موضوع اشاره کنیم. ذهن انسان مانند جسم انسان نیاز به استراحت دارد.

خستگی قاتل مثبت‌اندیشی است. یاد بگیرید در شرایط پرتنش و استرس‌زا و پر از مشغله ذهنی استراحت کنید و خود را سرگرم کاری کنید که به شما کمی حال بهتری را خواهد داد. کاری را انجام دهید که باعث فراموش‌کردن چالش‌ها و موانع موجود در زندگی‌تان می‌شود.

برای مثال با کودکان نوپا بازی کنید یا با موبایل یا پلی‌استیشن و... بازی جذابی را انجام دهید یا بخوابید یا موسیقی گوش کنید یا به دامنه کوه و طبیعت بروید و سعی کنید به چیزی فکر نکنید و فقط از دیدن زیبایی‌ها لذت ببرید.

در طول شبانه‌روز یک زمانی را به خودتان اختصاص بدهید و در این زمان از یک ربع گرفته تا هرچقدر که دوست دارید. این کار باعث می‌شود انرژی بیشتری پیدا کنید؛ چون آرامش بیشتری شما را فرا می‌گیرد.

گاهی انتخاب سخت می‌شود؛ ماندن در دنیای آشنای قدیمی، اما بدون رشد یا دل‌کندن و رفتن به اوج خود؛

تصمیم سخت و سرنوشت سازی است. شاید هم ما تجربه کردیم؛ دل‌کندن از گذشته، از یک انتخاب... رفتن یا هزار تصمیم دیگر. در کل خارج‌شدن از نقطه امن زندگی کمی سخت است؛ اما معمولاً موفقیت یعنی خارج‌شدن از نقطه امن و دل به دریا زدن.

۵) همواره برای داشتن تفکر مثبت تلاش کنید

فکر در ما احساس و انرژی را شکل می‌دهد و اگر افکار مثبتی را داشته باشیم به تبع احساس و انرژی مثبتی را خواهیم داشت. پس باید یاد بگیریم مثبت فکر کنیم و تفکر مثبت را در خودمان شکل بدهیم.

نکته‌ای که می‌خواهیم به شما بگوییم این است ما به خودی خود مثبت فکر نمی‌کنیم؛ مثبت فکرکردن نیاز به یادگیری و تمرین دارد. در واقع ما باید یاد بگیریم طوری به زندگی و اتفاق‌ها نگاه کنیم که جنبه‌های مثبت آن را پیدا کنیم.

تفکر مثبت را انتخاب کنید. تلاش برای ایجاد تفکرات مثبت ذهنی در میان آشفتگی‌های موجود در زندگی به تقویت روحیه و مثبت‌اندیشی کمک زیادی برای داشتن تفکر مثبت می‌کند و خودتان را در مسیر تفکر مثبت بیندازید.

به ذهن خود کمک کنید تا در شرایط دشوار و سخت به دنبال یافتن راه یا موضوعی رضایت‌بخش در زندگی خود باشد؛ این امر نه‌تنها باعث کاهش نگرانی‌هایتان می‌شود، بلکه به حل آنها نیز کمک زیادی خواهد کرد.

هر روز سه اتفاق خوشایند حتی کوچک را بنویسید و سه دقیقه شکرگزاری کنید؛ این کار را برای ۲۱ روز ادامه دهید. این کار مغز را عادت می‌دهد که بر روی مسائل مثبت تمرکز کند و باعث خوشحالی شما شود.

گران‌قیمت‌ترین رایگانِ دنیا وقت است. وقت طلا نیست؛ وقت زندگی است و هیچ چیز باارزش‌تر از زندگی نیست. قدر لحظه‌ها را بدانیم که عمر و زندگی المثنی ندارند.

٦) با افراد مثبت معاشرت کنید

رفتار و افکار ما در زندگی تأثیرپذیر از افرادی است که بیشترین ارتباط را با آنها داریم و اگر می‌خواهیم در زندگی انرژی مثبت در زندگی ما جریان داشته باشد، باید با افراد مثبت معاشرت کنیم. ما انسان‌ها تأثیرپذیر و تأثیرگذار هستیم و اگر بتوانیم تأثیر درستی را بگیریم از انسان‌های اطرافمان، آن‌وقت می‌توانیم تأثیر درستی را بگذاریم. پس حتماً اطراف خودتان را با انسان‌های مثبت‌اندیش پر کنید. فرض کنید با افراد مثبت‌اندیش و ثروتمند دوست هستید، خب اتفاقی که در شما می‌افتد این است که بعد از مدتی شما هم رفتار و مدارتان مثل آنها می‌شود.

تحقیقات دانشمندان در زمینه استرس نشان می‌دهد استرس مسری است و هرچه خود را با آن محاصره کنید، بیشتر مضطرب خواهید شد. به همان اندازه که استرس و منفی‌بافی مسری است، خوشبختی نیز مسری است؛ یعنی اگر در جمعی قرار بگیرید که استندآپ‌کمدی اجرا می‌شود، حتی با حال ناخوش، کم‌کم به حال خوب خواهید رسید.

شما ترکیبی از پنج نفر از نزدیک‌ترین افراد زندگی خود خواهید بود. به همین دلیل افراد پرانرژی و حال خوب را انتخاب کنید. نکته اصلی در این جمله تأثیر رفتار و شخصیت اطرافیان است؛ بنابراین سعی کنید با افراد مثبت‌اندیش و خوش‌مشرب بیشتر معاشرت کنید.

این «دیگران» که این‌قدر از قضاوت و داوری منفی‌شان می‌ترسیم چه کسانی هستند؟

آیا مطمئن هستیم که از سلامت روان برخوردارند؟

آیا حتم داریم که درگیر حسادت منفی ناشی از کمبودهای خودشان نیستند؟

آیا عاقلانه است که بخواهیم همه، ما را تأیید کنند، در شرایطی که آدم‌ها متفاوت فکر، عمل و احساس می‌کنند؟

مطمئن باشیم اگر بخواهیم همه ما را تأیید و تحسین کنند، تبدیل به عروسکی می‌شویم که هر دم باید به سازی برقصد.

از قدیم گفته‌اند در دروازه را می‌شود بست ولی دهان مردم را نه! پس فارغ از قضاوت دیگران، خودِ خودِ خودمان باشیم.

با خود تکرار کنیم: «لازم نیست همه من را تأیید کنند تا ارزشمند باشم».

۷) همواره بخندید و شاد باشید

خنده بر هر درد بی‌درمان دواست؛ این یکی از ضرب‌المثل‌های قدیمی است که شاید به گوش همه ما آشناست و دلیل این موضوع قدرت و نیروی موجود در لبخند و شادی است و اگر ما بتوانیم در زندگی همواره شاد باشیم و شاد زندگی کنیم، آن‌وقت انرژی مثبت در جریان خواهد بود. آن را در زندگی‌تان پیاده‌سازی کنید.

خنده بهترین دارو برای درمان بسیاری از مشکلات و مسائل زندگی است. خندیدن، سیستم ایمنی بدن و روحیه را تقویت می‌کند، درد را تسکین می‌دهد و شما را از اثرات مضر و مخرب استرس در امان نگه می‌دارد. راهی برای خندیدن با توجه به سلایق و شخصیت خود پیدا

کنید. یک فیلم کمدی یا استندآپ‌کمدی تماشا کنید یا با دوستان همسن‌وسال خود وقت‌گذرانی کنید.

شادی یک انتخاب است، شما باید انتخاب کنید که در زندگی‌تان شاد باشید. وقتی انتخاب کنید، در مسیر شادی می‌افتید و بیشترین ساعات عمر خود را به شادی می‌گذرانید. البته شاید بگویید یعنی هیچ اتفاق ناراحت‌کننده‌ای نمی‌افتد؟ جواب ساده است؛ بله، اتفاق می‌افتد ولی نسبت به بقیه مردم تعدادش خیلی‌خیلی کمتر است و مدت زمان کمتری در آن حالت باقی خواهید ماند.

برای «آدم‌ها»،

چه آنها که برایت «عزیزترند»؛

چه آنها که فقط «دوستند»؛

خاطره‌های «خوب» بساز

آن‌قدر برایشان «خوب» باش که اگر روزی هرچه بود «گذاشتی» و «رفتی»،

در «کنج قلبشان» جایی برایت باشد تا هرازگاهی بگویند: «کاش بود»؛

هرازگاهی دست دراز کنند و بخواهند «باشی»؛

هرازگاهی «دلتنگ» بودنت شوند.

می‌دانم «سخت» است ولی تو «خوب باش».

۸) نفس عمیق بکشید و در هوای آزاد و طبیعت پاک قرار بگیرید

طبیعت در درون خودش انرژی دارد و این انرژی را به افرادی که در آن قرار بگیرند، هدیه می‌دهد. این موضوع را امتحان کنید. یک بار که بیرون رفتید، چشمتان را ببندید و با تمام وجود در آرامش بروید و عمیق نفس بکشید.

کشیدن نفس عمیق نه‌تنها می‌تواند هوای مسموم موجود در بدن را دفع کند، بلکه مغز را با هوای تازه و پرانرژی و اکسیژن، تقویت کرده و ذهن را خوراک می‌دهد. نفس عمیق باعث تقویت ذهن و بهبود عملکرد مغز نیز خواهد شد.

اجازه بدهید طبیعت به شما انرژی را انتقال بدهد. وقتی این کار را انجام دادید، آن‌وقت این حرف ما را بهتر درک خواهید کرد. پس برنامه‌ای داشته باشید و خودتان را در معرض انرژی موجود در طبیعت قرار بدهید.

هرچقدر در طبیعت و هوای آزاد اکسیژن بیشتری دریافت کنید، حال و هوای شما هم بهتر خواهد شد و هزینه هم ندارد. شما می‌توانید به یک پارک نزدیک خانه‌تان بروید یا اگر اتومبیل دارید، می‌توانید به اطراف شهرتان در محیطی سرسبز بروید و چند دقیقه با خودتان خلوت کنید و قدم بزنید یا کنار چشمه و رودخانه بروید.

خدایا! آدم‌های خوب سر راهمان بگذار.

حس بسیار خوبی است هنگامی که در لحظه هجوم غم یا ناامیدی یا پریشانی، بی‌هوا کسی سر راه آدم سبز بشود و کلامش، نگاهش و حتی نوشته‌اش آرامش و شادی و امید بپاشد به زندگی‌ات.

فقط از دست خودِ خدا برمی‌آمده که آن آدم یا کلام و نگاه و نوشته‌اش را برای آن لحظه خاص سر راه زندگی ما بگذارد.

شاید یکی از دعاهای روزانه‌ام این باشد: خدایا من را نیز واسطه خوب‌شدن حال دیگران قرار بده. آمین.

۹) از غرزدن و نق‌زدن و شرایط نالیدن اجتناب کنید

کلام ما در زندگی هدایت می‌کند و احساس و افکار ما را در زندگی. اگر از این کلام در جهت درست و مثبت استفاده کنیم، در نتیجه احساس و افکار درست و مثبتی را تجربه می‌کنیم؛ اما اگر در جهت منفی مثل غرزدن و نالیدن و... استفاده کنیم، طبعاً انرژی منفی و افکار منفی را تجربه می‌کنیم.

چون کلام هر فرد در زندگی هدایت‌کننده اصلی زندگی آن فرد است، پس اگر دوست داریم در زندگی انرژی مثبت جریان داشته باشد، باید از کلاممان به درستی استفاده کنیم و به جای پرداختن به مسائل اتفاق‌افتاده در طول روز که احساس بدی را داشتیم،

می‌توانید به روزهای خوب و اتفاق‌های خوب توجه و تمرکز کنید و درباره روزهای خوب و اتفاق‌های خوب و خواسته‌هایتان صحبت کنید که انرژی ازدست‌رفته شما دوباره بازیابی شود و شرایط جدید و اتفاق‌های جدید را پدید بیاورید.

تمرکز بر روی امور منفی زندگی نه‌تنها باعث تضعیف عملکردتان در رویارویی با آنها و همچنین جذب ناخواسته‌ها می‌شود، بله باعث افزایش بدبینی و احساس ناخوشایند در شما نیز خواهد شد. از تکرار و مرور اتفاق‌های منفی در دفعات زیاد خودداری کنید و سعی در تجسم اتفاقات مثبت در ذهن خود داشته باشید.

نیمی از نگرانی‌ها و اضطراب‌های ما مربوط به «نظر دیگران» است. ما باید این خار را از بدن خود بیرون بکشیم! نظر دیگران تصوری خام یا یک وهم است که هر لحظه می‌تواند تغییر کند. نظر دیگران به نخی بند است و ما را برده آنان می‌کند؛ برده نظراتشان و بدتر برده آنچه وانمود می‌کنند به نظرشان می‌رسد.

۱۰) در مورد خواسته‌هاتان صحبت کنید

وقتی ما یا شما در مورد آن چیزی که دوست داریم داشته باشیم حرف می‌زنیم، آن‌وقت یک احساس شادی و یک اشتیاق را در درونمان احساس می‌کنیم و همین موضوع باعث می‌شود بتوانیم در زندگی به سمت آن خواسته به واسطه شکل‌گرفتن آن احساس خوب و انرژی مثبت حرکت کنیم.

پس صحبت‌کردن در مورد خواسته‌هایی که داریم، با خودمان

یا افراد مناسب، علاوه بر اینکه باعث می‌شود انرژی مثبت را در درونمان شکل بدهیم، هم‌زمان باعث می‌شود به سمت آن خواسته حرکت کنیم.

با خودتان درباره خواسته‌ها و اهدافتان صحبت کنید و بگویید که به‌زودی همه چیز به بهترین شکل ممکن به پایان خواهد رسید و من به اهدافم خواهم رسید. البته در کنارش کسب آموزش و مهارت و برنامه‌ریزی و عمل‌گرایی و داشتن مشاور دانا همراه با کلام مثبت نیز نیاز است و اینکه این جملات را با صدای بلند با خودتان تکرار کنید؛ چراکه صحبت‌کردن با صدای بلند باعث تقویت پیام و افزایش احتمال بروز آن خواهد شد.

وقتی با خودتان در حال صحبت هستید، اولین کسی که می‌شنود خود شما هستید، بعد صدای شما را دیگران دریافت می‌کنند. به جای صحبت درباره ناخواسته و مباحثی که حال شما را از بین می‌برد، به لحظات یا خواسته‌هایی فکر کنید که دوست دارید برایتان اتفاق بیفتد و با تخیل و صحبت‌کردن درباره خواسته‌ها، آنها را به زندگی‌تان دعوت کنید.

مثالی که می‌شود زد، این است که فرض کنید شما عاشق نقاشی هستید یا عاشق یک ورزش یا یک شغل خاص هستید؛ وقتی درباره موضوعات دلخواهتان صحبت می‌کنید، کلی انرژی می‌گیرید که من دوست دارم به فلان مقام و درجه در کارم برسم و... . هرچقدر بیشتر درباره خواسته‌هایتان صحبت می‌کنید، بیشتر به آنها نزدیک می‌شوید.

اجازه ندهید:

کلمات دیگران باعث دردتان شود؛

سخنان دیگران باعث رنجش‌تان شود؛

اعمال دیگران زنجیرهایی برای زندانی‌کردن‌تان شود؛

نابینایی دیگران هدف‌تان را پنهان کند؛

ناباوری دیگران عشق‌تان را لکه‌دار کند.

اجازه دهید:

کلماتتان باعث قوت قلب دیگران شود و الهام‌بخش آنها باشد و مسیرشان را روشن کند؛

اعمال‌تان زنجیرهای دیگران را باز کند؛

دست‌هایتان چشم‌بند را از دید دیگران کنار بزند؛

عشق‌تان یک نمونه درخشان برای دیگران باشد و الهام‌بخش باورشان شوید؛

و در پایان اجازه دهید محبت شما نمایشی از محبت خدا باشد.

۱۱) صحبت‌کردن با افراد مثبت‌اندیش و پرانرژی

علاوه بر معاشرت و دوستی، هم‌کلام‌شدن با افراد مثبت‌اندیش هم باعث شکل‌گیری مسیر درستی در زندگی ما خواهد شد؛ چون

وقتی با این افراد صحبت کنیم، به واسطه صحبت‌هایی که ردوبدل می‌شود، چراغ‌های تازه‌ای در ذهن ما روشن می‌شود و در قدم بعدی یاد می‌گیریم که چطور مسیر درست‌تر را طی کنیم. پس در صحبت‌کردن با افراد پرانرژی هم راهکار وجود دارد، هم ایده که هر دو این موضوعات باعث می‌شود بهتر از قبل زندگی کنیم و بتوانیم پرانرژی‌تر ادامه بدیم.

صحبت‌کرن با یک یا چند نفر از دوستان مثبت‌اندیش خود یا افرادی که می‌شناسید که از این ویژگی برخوردارند، باعث می‌شود مشکل خود را راحت‌تر پیدا کنید، احساسات خودتان را بپذیرید و در رابطه با آن بحث کنید و خودتان را به چالش بکشید.

صحبت‌کردن با دوستان به شما امکان بهره‌مندی از ایده‌های متفاوت سایر افراد را می‌دهد و این امر به حل مسئله مورد نظر کمک خواهد کرد. این امر همچنین باعث می‌شود شما از حمایت سایر افراد در حل مشکلات خود بهره‌مند شوید.

از قدیم گفته‌اند دو مغز از یک مغز بیشتر کار می‌کند که در آموزش خلاقیت تضمینی این را توضیح دادیم که بارش ایده داشته باشید. وقتی شما با افراد مثبت‌اندیش مراوده دارید، حالتان خودبه‌خود خوب می‌شود و به حال خوب می‌رسید و بالطبع آن احساس خوب تا زمانی که بتوانید ذهنتان را خوب نگه دارید، پابرجا خواهد بود.

فرض کنید شما با دوستانتان که افراد شاد و مثبت‌اندیشی هستند، به یک میهمانی یا مسافرت دعوت شده‌اید و اتفاقی که می‌افتد این است که همواره شاد هستید، می‌گویید و می‌خندید، بازی می‌کنید

و...، این حس وحال تا پایان آن مراسم یا تفریح با شما خواهد بود.

این متن را همیشه سرلوحه زندگی تان قرار بدهید:

«راضی باش» به هرچه اتفاق افتاد که اگر خوب بود، زندگی ات را «قشنگ» کرده و اگر بد بود تو را «ساخت».

«مدیون باش» به همه آدم های زندگی ات که خوب های آنها بهترین «حس ها» را به تو می دهند و بدها بهترین «درس ها» را.

«ممنون باش» از کسی که به تو یاد داد همه شبیه «حرف هایشان» نیستند و همیشه همان طور که می خواهی «پیش نمی رود».

۱۲) قدم زدن و پیاده روی در هوای آزاد

یکی از برنامه های خوبی که می توانیم برای خودمان بریزیم، پیاده روی و استفاده از هوای آزاد است. به این صورت که در زمان پیاده روی که برای خودمان می ریزیم فقط به دنبال لذت بردن از پیاده روی باشیم و هم زمان ذهنمان را آرام کنیم. هر اقدامی که باعث شود احساس بهتری در ما شکل بگیرد، باعث می شود انرژی مثبت بیشتری را تجربه کنیم و پیاده روی درست باعث شکل گیری این احساس بهتر در ما خواهد شد.

دانشمندان معتقدند یکی از بهترین راه های کاهش استرس، قدم زدن و پیاده روی است. پیاده روی باعث تحریک سلول های عصبی و

ایجاد آرامش ذهنی در فرد خواهد شد. این راهکار هیچ هزینه مالی هم نخواهد داشت و شما در هر شرایطی روحی و ذهنی می‌توانید آن را پیاده کنید.

قدم‌زدن و پیاده‌روی در هوای آزاد باعث می‌شود هورمون آدرنالین در بدن ترشح شود و با ترشح این هورمون جنب‌وجوش و هیجان به حال‌وهوای جسمی و روحی فرد وارد می‌کند و باعث می‌شود انرژی و احساس به جریان بیفتد و فرد شادتر و سرحال‌تر به نظر برسد.

بهترین کاری که می‌شود در این مواقع انجام داد، این است که یک هدفون داشته باشید و یک آهنگ بی‌کلام انرژی‌بخش یا یک سخنرانی درباره خودشناسی و همین موضوعات را پلی کنید و هم‌زمان که در حال پیاده‌روی هستید به این جملات یا آهنگ‌ها توجه کنید. این کار باعث می‌شود انرژی شما چند برابر شود.

احساسات منفی هرچند کوچک در درازمدت سیستم ایمنی بدنتان ضعیف می‌کنند و احتمال بروز سرطان را افزایش می‌دهند؛ بنابراین از حسادت، خودخواهی‌های جزئی، اوقات‌تلخی‌ها، انتقادها و کنایه‌ها دوری کنید.

۱۳) ورزش منظم و ادامه‌دار

وقتی اسم ورزش می‌آید، یکی از تصاویری که در ذهن ما شکل می‌گیرد، ورزش‌های سخت و حرفه‌ای است؛ اما منظور دقیقاً این نیست. منظور داشتن یک برنامه برای انجام ورزش به صورت روزمره و مداوم است. سبک‌بودن و سنگین‌بودن آن مهم نیست؛ مهم داشتن

یک تفریح سالم است. برای این موضوع ببینید به چه ورزشی علاقه دارید و بعد از پیداکردن علاقه‌تان به دنبال ورزش‌کردن باشید، هرچند سبک. مهم منظم‌بودن و ادامه‌داربودن است.

عرق‌کردن نه‌تنها برای قلب بلکه برای ذهن نیز مفید خواهد بود؛ زیرا تحقیقات دانشمندان بر روی ورزشکاران نشان می‌دهد که ورزش‌کردن باعث کاهش اضطراب و استرس و تقویت روحیه افراد خواهد شد. هنگام انجام تمرینات ورزشی، ماده‌ای شیمیایی به نام اندورفین که باعث ایجاد حس آرامش در فرد می‌شود، در مغز ایجاد خواهد شد که این امر باعث افزایش حس خوش‌بینی و کاهش بدبینی می‌شود. با یک برنامه‌ریزی منظم و درست، حدود یک ساعت الی دو ساعت را برای ورزش‌کردن در روز اختصاص بدهید.

ورزش منظم یکی از بهترین فعالیت‌هایی است که علاوه بر اینکه جسم را پرورش می‌دهد، روح را هم پرورش می‌دهد. اگر شما در زندگی‌تان مشغله و فشار روحی و روانی زیادی را دارید، حتماً ورزش را در برنامه روزانه خود قرار بدهید؛ چراکه لذتی که در ورزش‌کردن هست واقعاً تحسین‌برانگیز است.

ورزش‌کردن هم اعتمادبه‌نفس را بالا می‌برد و هم حال خوب و تندرستی را به شما هدیه می‌دهد؛ چراکه با داشتن فعالیت، سلامتی اعضای بدن هم تأمین می‌شود و بدن چابک‌تر در فعالیت‌های عملی ظاهر می‌شود. وقتی جسم سالم باشد، بالطبع ذهن و تفکر سالم‌تری نیز خواهید داشت.

وقتی شما جسمتان در حال فعالیت است، ذهن هم به سمت

کارهای فیزیکی که در حال انجام هستید می‌رود و به صورت ناخودآگاه شما تمرکزتان از روی افکار و اتفاق‌های منفی برداشته می‌شود و به انجام حرکت‌های جسمی میل پیدا می‌کند.

وقتی تلاش می‌کنی همه چیز را کنترل کنی، هیچ لذتی نمی‌بری. آرام باش، نفس بکش، رها کن و فقط در لحظه زندگی کن.

زندگی هیچ‌گاه بی‌مشکل نخواهد بود. مشکل جزئی از دنیای مادی است. در واقع همه چیز مسئله است نه مشکل. فقط روح متعالی است که فارغ از رنج و مشکلات است. به رنج‌هایتان اهمیت ندهید تا کمرنگ شوند.

۱۴) نوشتن درباره خواسته‌ها و موضوعاتی که دوست دارید

نوشتن یک روش عالی برای مقابله با احساسات بیش از حد است. این کار یک خروجی سالم را فراهم می‌کند

که در آن می‌توانید خواسته‌های خود را ابراز کرده و احساسات و سلامت روانی‌تان را مدیریت کنید. نگه‌داشتن این نوشته‌ها نیز در شناسایی و ردیابی دلایل وجود تفکرات منفی و بهبود آن کمک زیادی به شما خواهد کرد.

وقتی بنویسیم، علاوه بر نوشتن هم زمان ما داریم به آن ایده فکر می‌کنیم و تصویر سازی آن ایده در ذهن‌مان شکل می‌دهیم. برای مثال شما به این کلمه فکر کنید «هندوانه»؛ وقتی این کلمه را دیدید، طعم، رنگ، شکل و کلی موضوع دیگر در ذهنتان سریع شکل گرفت. پس وقتی بنویسیم، هم‌زمان به آن در ذهنمان شکل می‌دهیم و همین

موضوع باعث می‌شود انرژی ما بالا برود و انرژی مثبت را احساس کنیم. پس برنامه‌ای داشته باشید در طول روز و در مورد خواسته‌هایی که دارید بنویسید و فکر کنید تا تمرکز و توجه شما در جهتی باشد که دوست دارید.

نوشتن یکی از کارهایی است که واقعاً احساس خوب و سطح انرژی شما را بالا می‌برد. یک مثال می‌زنیم؛ فرض کن به شما گفته می‌شود درباره علایق خودتان توضیح بدهید و بنویسید. وقتی شروع به نوشتن می‌کنید، به کلی موضوعات خوبی که هست اشاره می‌کنید و همین نوشتن باعث می‌شود فکر مثبت هم ضمیمه نوشتن شود و چند حس شما مشغول می‌شود؛ مثلاً حس لامسه، حس بینایی، حس شنوایی فعال می‌شوند و این کار باعث می‌شود که بیشتر در حافظه شما حک شود.

گاهی دست خودت را بگیر و به خرید برو؛

برای آخر هفته برنامه سینما و تئاتر بچین؛

خودت را به نوشیدن یک قهوه در کافه‌ای که دوست داری دعوت کن؛

چشمانت را ببند و برای خودت یک موزیک آرام بگذار؛

بی‌خیال ماشین و اتوبوس و مترو، مسیر تکراری هر روز را قدم بزن؛

کتابی را که دوست داری به خودت هدیه کن؛

برای گلدان اتاق خوابت گل‌های خوشبو بگیر؛

در دفترچه روزانه‌ات بنویس: تو قرار است از لحظاتی که می‌گذرد لذت ببری؛

خلاصه به خودت و به علایقت احترام بگذار.

می‌دانی چیست رفیق؟

عشق زیباست؛

دوست باید باشد؛

اما حال زندگی وقتی خوب می‌شود که هوای خودت را داشته باشی.

۱۵) خوابیدن و استراحت کافی

خواب کافی باعث می‌شود شما سرحال باشید و خواب ناکافی باعث می‌شود کل یک روز را از دست بدهید و کسل باشید. حتما در طول یک شبانه‌روز هفت ساعت را بخوابید تا بتوانید سرحال به سراغ ادامه کار و زندگی‌تان بروید.

استراحت کافی و خوابیدن بخش مهمی از حفظ نگرش مثبت است.

مطالعات پژوهشگران نشان می‌دهد که حتی کم‌خوابی جزئی نیز تأثیر قابل توجهی بر وضعیت روانی و روحی دارد. محققان به این نتیجه رسیده‌اند که داشتن خواب کمتر از پنج ساعت در طول شبانه‌روز باعث تشدید عصبانیت و فشار روحی و روانی و غم و اندوه می‌شود و بنابراین از خواب و استراحت کافی همواره بهره‌مند شوید.

مادامی که ما درست نخوابیم و خواب به‌اندازه‌ای نداشته باشیم، بی‌انرژی، بی‌حوصله و کسل هستیم. پس هیچ‌وقت از این موضوع غافل نشویم که خواب به‌اندازه ما می‌تواند جهت انرژی ما را در یک روز مشخص کند و باید آن را کاملاً جدی بگیریم.

بعضی مواقع هم به دلیل زیاد خوابیدن و زیاد استراحت‌کردن، بدن واکنش نشان می‌دهد و بازم خسته به نظر می‌رسد؛ به همین خاطر همواره حفظ اعتدال به داشتن انرژی مثبت کمک می‌کند که زندگی بهتری را تجربه کنید.

در مواقعی که انرژی ندارید یا نجواهای فکری خیلی اذیتتان می‌کند، بهترین کار خوابیدن است و باعث آرام‌شدن شما می‌شود. همواره به خودتان زیاد فشار نیاورید.

قانونی داریم که همیشه ثابت است؛ «ما به محیطمان عادت می‌کنیم».

اگر با آدم‌های بدبخت نشست و برخاست کنید، کم‌کم به بدبختی عادت می‌کنید و فکر می‌کنید که این طبیعی است.

اگر با آدم‌های غرغرو همنشین باشید، عیب‌جو و غرغرو می‌شوید و آن را طبیعی می‌دانید.

اگر دوست شما دروغ بگوید، در ابتدا از دستش ناراحت می‌شوید ولی در نهایت شما هم عادت می‌کنید به دیگران دروغ بگویید و اگر مدت طولانی با چنین دوستانی باشید، به خودتان هم دروغ خواهید گفت.

اگر با آدم‌های خوشحال و پرانگیزه دمخور شوید، شما هم خوشحال و پرانگیزه می‌شوید و این امر برایتان کاملاً طبیعی است.

تصمیم بگیرید به مجموعه افراد مثبت ملحق شوید؛ وگرنه افراد منفی شما را پایین می‌کشند و اصلاً متوجه چنین اتفاقی هم نمی‌شوی.

۱۶) خودتان را به کارهای مورد علاقه‌تان مشغول کنید

در علاقه، احساس خوب وجود دارد و اشتیاق و همین موضوع باعث بالارفتن سطح آن در ما خواهد شد. به همین دلیل است که ما توصیه می‌کنیم به دنبال کارهایی باشید که به آن علاقه دارید؛ چون آن‌وقت دقیقاً می‌توانید با اشتیاق به سراغ انجام آن کار بروید و به نتیجه برسید.

انجام فعالیت‌های سرگرم‌کننده و شادی‌بخش که به شما هیجان و احساس زندگی می‌دهد، نقش زیادی در تقویت حس سرزندگی و بازیابی انرژی دارد. مهم نیست چه کاری باعث بهبود روحیه شما می‌شود، تنها کافی است که به انجام فعالیت مورد علاقه خود بپردازید و آن را همواره انجام دهید.

وقتی بتوانیم با اشتیاق کار را انجام بدهیم و به نتیجه برسیم، آن‌وقت احساس خوبی را نسبت به خودمان و زندگی‌مان داریم و دقیقاً مادامی که ما احساس خوبی را نسبت به خودمان و زندگی‌مان داریم، انرژی مثبت هم همراه ماست. پس باید جرئت داشته باشیم به سراغ کاری برویم که علاقه داریم.

وقتی شما کاری را که دوست دارید انجام می‌دهید، گذر زمان را متوجه نمی‌شوید و بعد از اتمام کار اصلاً نام‌ونشانی از خستگی و... نیست؛ چون کاری را که عاشقش هستید، انجام می‌دهید. به همین خاطر در طول روز کارهایی که شور و اشتیاق انجامش را دارید، انجام بدهید تا همواره انرژی در شما ماندگار باشد.

تخیل، آغاز خلقت است.

ما چیزی را که دوست داریم در خیال می‌آوریم،

بعد آنچه را که در خیال آورده‌ایم آرزو می‌کنیم

و در نهایت چیزی را که آرزویش را داریم، خلق می‌کنیم.

آرامش یعنی:

تجربه دیروز، استفاده امروز، امید به فردا؛

ولی ما با سه عبارت زندگی می‌کنیم:

حسرت دیروز، اتلاف امروز، ترس از فردا.

درحالی‌که خدای مهربان گذشته را عفو، امروز را مدد و فردا را کفایت می‌کند.

۱۷) به خودتان هدیه دهید

هدیه‌دادن به خود دقیقاً ارتباط مستقیمی با عزت‌نفس و ارزشمندی ما دارد و هر چقدر این عزت‌نفس را رشد بدهیم، احساس و انرژی مثبت بیشتری را تجربه می‌کنیم. بعد از اینکه توانستیم یک قدم درست برداریم یا یک کار را به نتیجه مطلوبی برسانیم و خودمان لذت ببریم. پاداش‌دادن به خود و تشویق خود به خاطر تمام زحماتی که در طول زندگی‌تان کشیده‌اید، تأثیر بسزایی در تقویت روحیه مثبت و جلوگیری از منفی‌بافی دارد. به همین خاطر با توجه به کاری که انجام می‌دهید به خودتان یک هدیه بدهید تا همواره به خودتان احترام بگذارید.

بهتر است به خودمان یک هدیه بدهیم تا ارزشمندبودن خودمان

و مسیرمان برایمان پررنگ‌تر شود. پس برنامه داشته باشیم و هـر موقع احساس کردیم کـه خیلـی خـوب پیـش رفتیم، به خودمان یک هدیه مناسب بدهیم و به خودمان یادآوری کنیم که چقدر ارزشمند هستیم.

ایـن هدیه‌دادن باعـث می‌شـود یک انـرژی در مـا بـه وجود بیایـد و کارهای نیمه‌تمام را تمام کنیم؛ کارهایی کـه سال‌هاست می‌خواهیـم انجامشـان بدهیم اما به دلیل نبود انرژی یا تـرس یا... عقب افتاده‌اند و هیـچ امیـد و انگیـزه‌ای بـرای انجام آنها نداریم.

پنهان‌ترین ویژگـی اخلاقـی آدمیزاد، «ظرفیت» است. ظرفیت آدم‌هـا به مرور زمان مشـخص می‌شـود. وقتی صبر نداشته باشی برای شناخـت آدم‌هـا، در اندازه ظرفیت آنها اشتباه می‌کنی؛ آن‌وقت به کسـی کـه فقط ظرفیت نگاه دارد، لبخنـد می‌زنی. آن‌وقت به کسی کـه فقط ظرفیت ترحـم دارد، محبـت می‌کنی. آن‌وقت بـا کسی کـه فقط ظرفیت یک سـلام‌وعلیک دارد، رفاقت می‌کنی و.... .

هـر جای زندگی احساس کردید کسی بی‌دلیل رفتارش بـا شـما تغییر کرده، بدانیـد بیشـتر از ظرفیتش بـا او رفتـار کرده‌ایـد و بیشـتر از چیزی کـه هست به او بهـا داده‌ایـد. یادتان باشد قبل از اینکه خودتان را، احساستان را، زندگی‌تان را برای کسی خرج کنیـد، اول ظرفیتش را بشناسید.

۱۸) تمرکز خودتان را بالا ببرید

یکی از مهم‌تریـن موضوعاتـی کـه می‌توانیـم بـه آن اشـاره کنیم، تمرکز است؛ چون تمرکز به زندگی هـر آدمی جهت می‌دهد و هر چیزی کـه جهت‌دهنده باشـد، تعیین‌کننـده است. مادامی کـه یـاد بگیریـم

تمرکزمان را کنترل و از آن در جهت درست استفاده کنیم، جهت مسیر زندگی ما هم درست خواهد بود.

نگرانی و استرس باعث تضعیف تمرکز شما در انجام فعالیت‌های روزمره می‌شود. زندگی آگاهانه مستلزم تصمیمات آگاهانه و زندگی‌کردن در لحظه حال است. وقتی همه تمرکز و توجه و انرژی خود را به انجام فعالیت مورد نظرتان معطوف کنید، فرصتی برای پرداختن به افکار منفی و نگرانی‌هایتان وجود نخواهد داشت؛ چراکه در آن واحد فقط می‌توانید روی یک موضوع تمرکز کنید.

در واقع تمرکز در زندگی ما مثل یک مسیریاب است و در هر جهتی استفاده شود، ما را به آن مسیر هدایت می‌کند. پس اگر به دنبال زندگی مثبتی هستیم باید تمرکز مثبتی را داشته باشیم و برای خودمان بسازیمش و آرام‌آرام تمرکزمان را روی مثبت‌های زندگی بیشتر و بیشتر کنیم تا انرژی مثبت بیشتری را تجربه کنیم.

همواره مثالی که می‌شود زد که اکثرا با آن آشنایی داریم، نور لیزر است؛ چون به یک نقطه خاص معطوف می‌شود، بسیار باکیفیت قابل دیدن است و به وضوح مشاهده می‌شود. یا نقطه کانونی ذره‌بین را وقتی جلوی آفتاب می‌گیریم، نقطه بسیار با تمرکز بالاتری اعمال می‌شود و خیلی نتایج به بار می‌آورد.

وقتی ما بتوانیم با تمرکز بالا کارهای روزمره خود را انجام بدهیم، انرژی بیشتری در طول روز خواهیم داشت. از تمرکز به عنوان شاه‌کلید موفقیت نام برده می‌شود.

لطفاً اُرجینال باشید و اصلِ اصل.

با خودتان صادق باشید.

جودی گارلند گفته است: «همیشه بهترین ورژن خودتان باشید به جای اینکه ورژن دوم یک نفر دیگر باشید».

با این جمله زندگی کنید. جای تنها کسی که می‌توانید باشید، خودتان هستید.

و لطفاً از خودتان بپرسید: اگر آنچه را هستید دوست ندارید، چرا بقیه باید دوستتان داشته باشند؟

این اصالت و «خودبودن» باعث می‌شود علاوه بر داشتن حال خوب، مؤثر و محبوب باشید.

۱۹) از روح خودتان مراقبت کنید

احساس‌های ما همگی در بعد درونی ما تشکیل می‌شود و روح ما هم یک بعد درونی و معنوی است و وقتی یاد بگیریم هماهنگی ایجاد کنیم بین ذهن و روحمان، آن‌وقت می‌توانیم تأثیر این هماهنگی را ببینیم.

توجه‌کردن به نیازهای روح و مراقبت از آن، یکی از مواردی است که بسیار از مردم از آن غافل می‌شوند. همه ما در طول روز برای تأمین انرژی جسمی غذا می‌خوریم.

تمام کارهای لازم برای بهبود عملکرد ذهن و سلامت جسمی‌مان را انجام می‌دهیم. اما قسمت اعظم داشتن روحیه مثبت، ریشه در سلامت روح ما و رساندن غذای روح است. با انجام فعالیت‌های مرتبط با تقویت روح مانند شرکت در جلسه‌های یوگا و مدیتیشن،

دعاکردن، خواندن مطالب معنوی و توحیدی و احساس خوب دادن به خود و... به سلامت روح خود توجه و روی آن تمرکز کنید.

لازمه این موضوع، شناخت روح و شناخت ذهن و درک رابطه بین این دو است. برای آنکه از روح خودتان مراقبت کنید، هر چیزی را نبینید و هر کاری را انجام ندهید. برای مثال، یک صحنه تصادف دردناک وجود دارد و شما وقتی از کنار این صحنه تصادف گذر می‌کنید، حتی‌الامکان از توجه‌کردن و دیدن صحنه تصادف اجتناب کنید؛ چراکه دیدن این صحنه روح شما را آزار خواهد داد. یا یک‌سری کارها هست که باعث می‌شود عذاب وجدان بگیرید؛ مثل دادزدن سر پدر و مادر و...، چنین کارهایی دور از شأن و منزلت پدر و مادر است و حتی‌الامکان با وجود شرایط سخت هم نباید بی‌احترامی به پدر و مادر صورت بگیرد.

> خوشبخت‌ترین مخلوق خواهی بود اگر امروزت را چنان زندگی کنی که گویی نه فردایی وجود دارد برای دلهره و نه گذشته‌ای برای حسرت.

۲۰) از موفقیت‌های کوچک خود خوشحال شوید و لذت ببرید

موفقیت اصلاً بزرگ و کوچک ندارد، همین که ما یک کار را درست پیش ببریم و به نتیجه مطلوب برسیم یعنی ما موفق هستیم و باید بابت آن خوشحال باشیم. حالا در اوایل مسیر چون سرعت رشد کم

است، موفقیت‌ها هم کوچک هستند؛ اما در ادامه بزرگ‌تر خواهند شد. مهم این است که موفق می‌شویم و اینکه نتوانیم از موفقیمان خوشحال شویم، در آینده هم از این موضوع ضربه خواهیم خورد و قدر موفقیت‌های بزرگ‌تر را نمی‌دانیم. وقتی من درک کنم که موفقیتی را به دست آورده‌ام و از داشتن آن خوشحال باشم، باورهای خودم را نسبت به خودم تقویت می‌کنم و احساس بهتری را نسبت به خودم دارم و همین موضوع باعث می‌شود انرژی مثبت را به جریان بیندازم. پس از موفقیت‌های خود اصلاً غافل نشویم.

از موفقیت‌های هرچند کوچک خود لذت ببرید و خوشحال شوید؛ چراکه یکی از سریع‌ترین راه‌ها برای دورکردن تفکرات منفی از خود، توجه به موفقیت‌های ریز و درشت زندگی روزمره است. به جای تمرکز بر روی نقاط ضعف و مشکلاتتان از موفقیت‌های کوچک خود در حوزه‌های مختلف زندگی‌تان لذت ببرید و به خود افتخار کنید که توانستید همچین دستاوردهایی هرچند کوچک به دست آورید.

> هیچ‌وقت برای شروع دیر نیست؛ از طبیعت بیاموز که هیچ‌گاه ثابت نمی‌ماند. چرا تو باید بمانی؟

۲۱) از قدرت کلام در کمال ادب و متانت بهره بگیرید

اینکه کلام ما خط فکری و احساس ما را هدایت می‌کند، موضوعی بود که به آن اشاره کردیم. اما از کلام‌مان باید درست استفاده کنیم و

به صورتی کلمات را بیان کنیم که خط فکری درستی را به ما بدهند.

استفاده از ادبیات گفتاری مؤدبانه و بامتانت راهی برای افزایش انرژی مثبت است. اگر شما هنگام حرف‌زدن با دیگران بر لحن گفتار خود دقت کنید و کلماتی صمیمانه و مؤدبانه را به کار ببرید، می‌توانید انرژی مثبت جذب کنید. بفرما، بتمرگ و بشین سه کلمه هستند، اما خیلی در معنا و احترام با هم فرق دارند.

برای شادبودن و انرژی مثبت داشتن باید در بدترین شرایط که گستاخی یا سخن ناپسند و رکیکی به شما گفته می‌شود، دوری کنید. برای احترام به وجدان خود با ادبیات شایسته و فاخر پاسخ طرف مقابل را بدهید یا سکوت کنید و محل را ترک کنید.

اگر از چیزی نفرت دارید، سعی کنید این نفرت را از بین ببرید.

تمرکز خود را بر روی کارها و چیزهایی قرار دهید که به شما احساس خوبی می‌دهند. نفرت در ذهن شما اثر منفی می‌گذارد و باعث می‌شود شما به سمت چیزهایی بروید که منفی هستند.

یک دفترچه بردارید و کارهایی را که دوست دارید، بنویسید. در پایان ایده‌هایی را بنویسید که به شما کمک می‌کنند تأثیر این عوامل را در میان بگذارید و همچنین شما را به سمت کارهایی که دوست دارید سوق می‌دهند.

۲۲) برای خودتان گل بخرید

یکی از هدیه‌هایی که می‌توانید به خودتان بدهید، گل است. واقعاً چند بار به خودتان گل هدیه داده‌اید؟ دلیل اینکه می‌گوییم برای

خودتان گل بخرید یا به خودتان گل هدیه بدهید، حس سرزندگی و شادابی است که در گل وجود دارد و بعد از خریدن و بوییدن گل، آن حس به شما منتقل می‌شود و در یک مقطع زمانی احساس خوبی را نسبت به خودتان و زندگی‌تان دارید.

سنگریزه ریز است و ناچیز، اما اگر در جوراب یا کفش باشد، ما را از راه‌رفتن بازمی‌دارد. در زندگی هم بعضی مسائل ریز هستند و ناچیز، اما مانع حرکت ما به سمت خوبی‌ها و آرامش می‌شوند.

کم‌احترامی یا نامهربانی به والدین؛

نگاه تحقیرآمیز به فقرا؛

تکبر و فخرفروشی به مردم؛

منت‌گذاشتن هنگام کمک‌کردن؛

نپذیرفتن عذر خطای دوستان

بخشی از سنگریزه‌های مسیر تکامل ما هستند.

آنها را به‌موقع کنار بگذاریم تا از زندگی لذت ببریم.

---

۲۳) خواندن و دنبال کردن مطالب مثبت

ما همواره با مطالبی که در طول روز در شبکه‌های اجتماعی دنبال می‌کنیم یا می‌خوانیم در حال خوراک‌دادن به ذهن و مغزمان هستیم؛

چون ذهن و مغز ما هم نیاز به خوراک دارد و خوراک ذهن ما به این صورت تأمین می‌شود. اگر در زندگی خوراک مناسبی را به ذهن و مغزمان ندهیم، افکار و احساس درستی را تجربه نخواهیم کرد. در طول روز بهتر است دنبال مطالبی باشید که به شما کمک می‌کنند و احساس بهتری را در شما شکل می‌دهد.

پیشنهاد می‌دهیم این موضوع را کاملاً جدی بگیرید؛ چون در طول روز ما توسط مطالب زیادی در شبکه‌های اجتماعی و جامعه محاصره شده‌ایم و اگر مطالب را به درستی انتخاب نکنیم، قطعاً ساختار فکری را از هم خواهد پاشید و مسیر را اشتباه طی می‌کنیم.

۲۴) از پرداختن به مسائل کوچک و بی‌ارزش اجتناب کنید

به هر چیزی در زندگی به اندازه‌ای که ارزش دارد، بها بدهید و سعی کنید یاد بگیرید که هر چیزی را در جای خودش در ذهنتان قرار بدهید. یک‌سری از افراد از یک موضوع کوچک، یک بحران بزرگ می‌سازند و همین موضوع باعث می‌شود انرژی خودشان را نابود کنند. پس باید یاد بگیریم افکار و مسئله‌هایی را که در زندگی‌مان هستند، مدیریت کنیم و به هر چیزی در اندازه خودش بها بدهیم. بزرگ‌نمایی می‌توانند در بلندمدت به ساختار احساسی و فکری ما ضربه بزنند و این یک کار کاملاً اشتباه است.

۷ نکته مهم برای رسیدن به آرامش:

۱. با گذشته خود کنار بیایید تا حال شما را خراب نکنند.

۲. آنچه دیگران در مورد شما فکر می‌کنند، به شما ارتباطی ندارد.

۳. گذشت زمان تقریبا داروی هر دردی است؛ به زمان کمی فرصت دهید.

٤. کسی دلیل و مسئول خوشبختی شما نیست، بلکه خودتان مسئول هستید.

۵. زندگی خود را با دیگران مقایسه نکنید؛ ما هیچ خبر نداریم که زندگی آنها چگونه است.

٦. زیاد فکر نکنید؛ اشکالی ندارد که جواب بعضی چیزها را ندانیم.

۷. لبخند بزنید؛ شما مسئول حل تمام مشکلات دنیا نیستید.

۲۵) داشتن آرزوها و اهداف منطقی

من همیشه می‌گویم اگر یاد بگیریم اهداف را برای خودمان درست بچینیم، می‌توانیم به هر هدفی در زندگی دست پیدا کنیم؛ اما اگر این را یاد نگیریم، هر چقدرم هدف‌گذاری کنیم باز از اهدافمان دور می‌شویم. برای این موضوع بهتر است اهداف را به صورتی برای خودمان تنظیم کنیم که با تلاش بیشتر از قبل به آن برسیم و بعد از رسیدن به آن هدف، به سراغ هدفی برویم که نیاز به تلاش بیشتری دارد. همین بیشتر و بیشترشدن‌ها باعث می‌شود در بلندمدت ما به اهداف بزرگی دست پیدا کنیم. اما باید قبلش آرام‌آرام به اهداف قبلی دست پیدا کنیم تا بتوانیم رشد کنیم.

عاشق کاری که می‌کنی باش؛ نتیجه‌ها خودشان می‌آیند.

۲۶) به طرز فکر دیگران درباره خود اهمیت ندهید

ما در دنیایی زندگی می‌کنیم که انسان‌ها برای همه کس و همه چیز حرف درمی‌آورند. من همیشه می‌گویم در دنیایی که آدم‌ها برای همه حرف درمی‌آورند اینکه در مورد من چی فکر می‌کنند، اصلاً مهم نیست؛ چون آنها آزادی دارند و منم هم آزادی دارم. این حرف دلیل بر بی‌بندوباری نیست؛ در واقع می‌خواهیم به این موضوع اشاره کنیم که انرژی خود را صرف قانع‌کردن یا جلب رضایت بقیه نکنیم؛ چون در هر صورت انسان‌ها ما را قضاوت می‌کنند و در مورد ما حرف می‌زنند. پس بهتر است بی‌خیال و بدون توجه به این افراد به زندگی‌مان ادامه بدهیم و تلاش کنیم احساس و انرژی بهتری را همراه خودمان داشته باشیم.

> تا زمانی که جرئت رهاکردن ساحل را نداشته باشید، نمی‌توانید از اقیانوس رد شوید.

۲۷) توانایی‌های خود را به خاطر بیاورید

هر انسانی ذاتاً دارای توانایی‌هایی است که یا آنها را فراموش کرده یا از یاد برده است. می‌خواهم به شما بگویم توانایی‌هایی را که دارید، به یاد بیاروید و کشف کنید. برای اینکه بتوانید توانایی‌هایتان را پیدا کنید به این سؤال فکر کنید: چه کاری را بهتر از بقیه بدون آموزش کم انجام می‌دهید و از انجامش لذت می‌برید؟ کارهایی که به این

صورت انجام می‌دهید، می‌شود توانایی‌های شما در زندگی و وقتی به دنبال توانایی‌هایتان بروید، خودتان را توانمندتر از بقیه می‌بینید و همین باعث می‌شود احساس بهتری نسبت به خودتان و نسبت به بقیه داشته باشید.

> به سرزمین رؤیاهایت نمی‌رسی، اگر طاقت توفان نداشته باشی؛ پس دلت را به دریا بزن.

۲۸) در انجام کارها خلاقیت داشته باشید

همیشه گفتیم چارچوب را بشناسید، اما خارج از چارچوب فکر کنید. حالا هم طلب کنید کارهای روزمره زندگی را به صورت خلاقانه انجام بدهید. به این موضوع فکر کنید که کارهای زندگی را چطور می‌شود خلاقانه‌تر انجام داد یا در حیطه کاری که فعالیت دارید چه خلاقیت‌هایی الان می‌شود به خرج داد.

از خلاقیت و پیاده‌سازی خلاقیت اصلاً ترسی نداشته باشید. نهایتش اشتباه می‌شود و یاد می‌گیرید که باید چطور درست انجام بدهید.

ما باید در زندگی از این موضوع بپرسیم که خلاقیتمان را خفه کنیم یا تلاش کنیم یا سرپوش بگذاریم روی تمام کارهایی که می‌توانیم انجام بدهیم یا شکوفا کنیم آنچه لیاقتش را دارید.

«اکثر چیزهای مهم در جهان توسط کسانی به دست آمده‌اند که در حین ناامیدی، به تلاش و کوشش خود ادامه داده‌اند» دیل کارنیج.

۲۹) از دیگران هیچ انتظاری نداشته باشید

انتظارداشتن یعنی انتقال باور به اینکه ما توانمند نیستیم و دورکردن احساس توانمندی و ارزشمندی از خودمان. کمک‌گرفتن از بقیه اصلاً چیز بدی نیست و اتفاقاً خیلی هم عالی است؛ اما انتظارداشتن از بقیه کار کاملاً اشتباهی است.

اگر در زندگی به دنبال داشتن انرژی مثبت و در جریان بودن آن هستید، یاد بگیرید از هیچ‌کسی انتظار نداشته باشید. تنها کسی که مجاز هستید از او انتظار داشته باشید، خودتان هستید. انتظارداشتن دقیقاً عملکرد ما را ضعیف می‌کند و خلاقیت ما را کم می‌کند و خودباوری ما را تضعیف می‌کند. پس یاد بگیرید که انتظار نداشته باشید و در صورت لزوم کمک بگیرید.

> «چیزهـای بـزرگ و عالـی از کار و تـلاش و پشتکار حاصـل می‌شـوند. هیـچ بهانه‌ای قابل قبـول نخواهـد بـود» کوبی برایان.

۳۰) استفاده بسیار زیاد از کلمه «نمی‌دانم»

هیـچ فردی در زندگی همـه چیـز را در روز اول ندونسته و هیچ‌کسی حرفه‌ای نبـوده است؛ تمـام مهارت‌هـا و می‌دانم‌هایی کـه در زندگی در جریان است، به دنبـال یادگیری و تمریـن ایجاد شـده است. پس اگر موردی هست کـه در زندگی نمی‌دانیم اصلاً مهم نیست؛ چون با یادگیری و تمرین ما می‌توانیم آن را درک کنیم. پس دیگر از نمی‌دانم‌ها

در زندگی استفاده نکنید. اگر موضوعی هست که نمی‌دانید، به خودتان بگویید مسئله‌ای نیست، درست است الان این را نمی‌دانم، اما خیلی زود می‌توانم آن را یاد بگیرم و درک کنم؛ چون گفتن این موضوع به خودمان که نمی‌دانم و تکرارش باعث شکل‌گیری باور و احساس ناتوانی می‌شود و دقیقاً این نقطه مقابل انرژی مثبت است پس از این کلمه استفاده نکنید و هر چیزی را که لازم بود یاد بگیرید و تمرین کنید تا بتوانید از آن در زندگی استفاده کنید.

> «در پایان روز، شما تمام تلاش خود را کرده‌اید و در نهایت، نتیجه آن را خواهید دید. ممکن است یک سال طول بکشد، ممکن است ۳۰ سال طول بکشد؛ در نهایت کار و تلاش شما نتیجه خواهد داد» کوین‌هارت.

۳۱) از دیگران همواره تعریف و تمجید کنید

تعریف از بقیه نشان‌دهنده عزت‌نفس و خودباوری ما در زندگی است؛ چراکه زمانی که ما از یکی تعریف می‌کنیم، زمانی است که خودمان را باور داشته باشیم که می‌توانیم موفق شویم و رشد کنیم. پس اگر فردی هست که قابل تحسین است، او را تحسین کنید.

اگر فردی هست که قابل تعریف است، از او تعریف کنید؛ چون این انرژی به خود ما هم برمی‌گردد و باعث می‌شود در زندگی درست پیش برویم و مسیرمان را درست طی کنیم. پیاده‌سازی هرکدام از این نکات باعث بیشترشدن انرژی مثبت خواهد شد.

۲۰ سال بعد، بابت کارهایی که نکردی بیشتر افسوس می‌خوری تا بابت کارهایی که کردی؛ پس روحیه تسلیم‌پذیری را کنار بگذار، از حاشیه امن خود بیرون بیا، جست‌وجو کن، بگرد، آرزو کن، کشف کن، عشق و محبت بورز. مهربان باش، انسانیت داشته باش و به دنبال رضای خدا و خدمت به خلق خدا باش و بخند به دنیا تا دنیا برایت بخندد.

جمع‌بندی آموزش

نکته‌هایی که در این آموزش انرژی مثبت چیست به شما ارائه دادیم، نکته‌هایی بودند که شما را نسبت به انرژی مثبت چیست آگاه می‌کنند و وقتی به این موضوعات فکر کنید، خیلی راحت‌تر می‌توانیند انرژی مثبت چیست را وارد زندگی‌تان کنید؛ چون افراد خیلی زیادی هستند که در زندگی انرژی مثبت دارند و هیچ تکنیک و ابزاری را برای داشتن آن انرژی استفاده نمی‌کنند و فقط نسبت به این موضوع آگاه هستند و یاد گرفته‌اند که مثبت زندگی کنند و زندگی‌شان را پیش ببرند.

نه تو می‌مانی و نه اندوه
و نه هیچ‌یک از مردم این آبادی
به حباب نگران لب یک رود قسم
و به کوتاهی آن لحظه شادی که گذشت
غصه هم خواهد رفت

آنچنانی که فقط خاطره‌ای خواهد ماند
لحظه‌ها عریانند
به تن لحظه خود جامه اندوه مپوشان هرگز
تو به آینه، نه! آینه به تو خیره شده‌ست
تو اگر خنده کنی او به تو خواهد خندید
و اگر بغض کنی
آه از آینه دنیا که چه‌ها خواهد کرد
گنجه دیروزت، پر شد از حسرت و اندوه و چه حیف!
بسته‌های فردا همه ای‌کاش ای‌کاش!
ظرف این لحظه ولیکن خالی‌ست
ساحت سینه پذیرای چه کس خواهد بود
غم که از راه رسید، در این خانه بر او باز مکن
تا خدا یک رگ گردن باقی‌ست
تا خدا مانده، به غم وعده این خانه مده

فصل هجدهم

موفقیت تنها مسیر آرامش‌بخش زندگی

اول از همه یک تعریف ساده را از موفقیتی که داشتیم با هم بررسی می‌کنیم. تعاریف خیلی زیادی برای موفقیتی که انسان‌ها به دست می‌آورند وجود دارد، اما موفقیت به زبان خیلی ساده یعنی انجام کاری که دوست داری و از انجام‌دادنش لذت می‌بری و می‌دانی که نتیجه این اعمال تو را به موفقیتی که می‌خواهی می‌رساند.

همین که انسان به این درجه برسد که بداند از چه کاری لذت می‌برد و انجامش بدهد، یک فرد موفق خواهد بود. جدایی از تمام جنبه‌های دیگر زندگی، پیداکردن همین نیاز به پشتکار و شجاعت دارد که در آموزش‌ها به بسیاری از عوامل درونی که می‌توانند به حال خوب و موفقیتی که شما می‌خواهید کمک کند، اشاره کردیم و اینکه:

«اگرچه کسی نمی‌تواند برگردد به عقب و شروعی عالی داشته باشد، اما هرکسی می‌تواند از الان شروع کند و یک پایان عالی داشته باشد» کارل بارد.

بررسی توصیه‌های موفقیتی

تو هم می‌توانی موفق شوی و به موفقیت برسی؛ اگر اصولش را یاد

بگیری. چون جهان دارای قوانین ثابتی است و اگر تو هم مثل بقیه افراد موفق از این قوانین استفاده کنی، تو هم موفق خواهی شد.

هیچ‌وقت اجازه نده مسئله و چالش‌های زندگی تو را عقب بیندازند؛ کاری که انسان‌های انجام می‌دهند که از زندگی همیشه عقب هستند. هر رؤیایی در ذهنت داری بدان که می‌توانی به آن دست پیدا کنی که این رؤیا باید با تحقیق و نگرش به واقعیت و علمی باشد و در کنارش مشاور دانا داشت و مدام در حال به‌روزرسانی علمی باشید و به دور از شبه‌علم و خرافات ساخت و عمل‌گرایی و مهارت لازم رسیدن به رؤیا را آموخت و ادامه داد. من باور دارم هرکسی که رؤیایی در سر دارد حتماً خدا لیاقتش را در آن شخص دیده که آن رؤیا را به او داده، پس تصمیم بگیر و اقدام کن و آن رؤیا را به واقعیت تبدیل کن و نگذار آن رؤیا، رؤیا بماند. اصلاً و اصلاً نگران اشتباهات گذشته‌ات نباش؛ همه ما اشتباه می‌کنیم و این یک امر عادی است. اما اگر تکرار کنی و بخواهی بهش فکر کنی، تو داری انتخاب می‌کنی که این را تکرار کنی.

پس دوباره تلاش کن و بدان یک آتش از عشق و موفقیتی درون توست و شعله‌ور است. پس نگذار دیگران یا این مسئله‌ها آن را خاموش کنند. برای رسیدن به اهدافت تلاش کن. ببین درونت به تو چه می‌گوید؛ آن را دنبال کن و حرکت کن. مطمئن باش آخر این مسیر خوشبختی در تمام جنبه‌ها منتظرت است؛ فقط کافی است یک بار برای همیشه جرئت داشته باشی و این کارهایی را که به تو گفتم، انجام بدهی، دنبال کنی تا به موفقیتی که برسی و اینکه بزرگ فکر کن.

«تقدیر» تقویم افراد عادی است و «تغییر» تدبیر افراد عادی.

نگذار ذهن‌های کوچک متقاعدت کنند که رؤیاهایت زیادی بزرگ‌اند.

موقع خسته‌شدن به دو چیز فکر کن:

آنهایی که منتظر شکست تو هستند تا «به» تو بخندند

آنهایی که منتظر پیروزی تو هستند تا «با» تو بخندند.

به خودت افتخار کن

تو صمیمی‌ترین دوست و منتقد خودت هستی؛ هیچ‌کسی به اندازه خودت نمی‌تواند درست به تو افتخار کند یا انتقادت کند. پس وقتی به خودت افتخار می‌کنی باانگیزه می‌شوی و سعی می‌کنی با قدرت بیشتری حرکت کنی. سعی کن خودت را کمتر انتقاد یا سرکوب کنی.

سعی کن وقتی اشتباهی را می‌کنی، اشتباهت قبول کنی و تصمیم بگیری آن اشتباه را دیگر انجام ندهی و به کارهایی که کردی افتخار کنی. این به این معنی نیست که غرور داشته باشی یا فخر بفروشی، نه به این معنی است که به عنوان به فرد الهی و اشرف مخلوقات ارزش قائل شی.

همه ما بی‌عیب و نقص نیستیم، اما سزاوار احترام هستیم. سزاوار افتخارکردن به خودمان هستیم. سعی کن به خودت و خدای خودت

افتخار کنی. تو نویسنده کتاب زندگی خودت هستی پس قلم را در دست بگیر و قصه زندگی خودت را بنویس. موفقیتی را که می‌خواهی به دست بیاور.

امروز را دریاب و غم دیروز و ترس از فردا را فدای امروزت نکن.

امروز بهترین لحظه‌هاست، پرتوان و پرانرژی امروزت را بساز.

امروز که جوان‌تر از فردایی برای تلاش بهتر است.

تلاش برای آینده‌ای که تو را در خود زنده نگه می‌دارد، تو را در خود می‌میراند و بزرگ و کوچکت می‌کند و این سرنوشتی است که به اختیار تو رقم خواهد خورد.

پس بهترین‌ها را برای خودت طلب کن و تا فرصت هست امروز را بساز..

خودت عامل تغییر و تحول هستی

همیشه این را گفتم که فقط و فقط تو تعیین‌کننده تغییرکردن یا نکردنت هستی و این دلیلی قدرت اختیاری است که ما داریم. پس به تو سفارش می‌کنیم هر کاری را انجام می‌دهی، تغییر و تحول و مثبت‌اندیشی ایجاد کن. سعی کن علاوه بر اینکه خودت داری مثبت زندگی می‌کنی و تغییر می‌کنی، کارهایی را انجام بدهی که به تغییر و مثبت‌شدن دیگران نیز کمک می‌کند و این را موفقیتی برای خودت بدان.

چون وقتی در زندگی دیگران تأثیر مثبتی داشته باشی، جهان هستی به این عمل خوب تو پاسخ مثبتی می‌دهد، درست است که من و تو یک نفریم اما اگر بدانیم دنیا از همین یک نفرها شکل گرفته، آن‌وقت قشنگ‌تر حرکت می‌کنیم و موفقیتی که به دست می‌آید بسیار ارزشمندتر می‌شود.

به‌خاطر متفاوت‌بودن‌تان ناراحت نباشید. همین تفاوت‌ها می‌توانند شما را به یک ستاره تبدیل کنند. شخصیت خودتان را بپذیرید و نیروی درونی‌تان را رها کنید. فراموش نکنید ویژگی مشترک همه افراد موفق این است که با افراد دیگر اطراف‌شان متفاوت بوده‌اند.

سرحال و شاکر باش

شادی در وجود همه ماست و ما فقط با طرز فکرمان این را تعیین می‌کنیم که شادی‌آفرین باشد یا نه. دنیای تو فقط با تغییر نگاهت و باورت شروع به تغییر می‌کند. ما باید اول از درون شروع به تغییر خودمان و دنیا بکنیم.

یکی از کارهایی که می‌توانیم انجام بدهیم این است که شکرگزار باشیم. شاکربودن به شادی ما هم کمک می‌کند. اگر فکر می‌کنی بابت چی شاکر باشی الان، همین الان چشمت را ببند و یک نفس عمیق بکش و بابت همین اکسیژن که تنفسش کردی، شکرگزار و

سپاسگزار خداوند باش که به تو این قابلیت را داده که بهترین هوا را نفس بکشی و لذت ببری از بوهای خوب و انرژی‌بخش اطرافت.

اگر یدکی به نام «اراده»، موتوری به نام «استقامت» و راننده‌ای به نام «خدا» داشته باشی، به جایی خواهی رسید که «موفقیت» نامیده می‌شود.

قدر اوقات خودت را بدان

باارزش‌ترین دارایی هر انسانی زمانش هست و فکر نکنم دارایی باارزش‌تری از آن داشته باشد. در واقع زمان با ارزش‌ترین مؤلفه زندگی است. پس هر جایی که داری زمان و انرژی‌ات را می‌گذاری، منتظر برداشت همان محصول هم باش.

بهتر است بدانیم که زمان مجانی است، اما نمی‌توانی آن را صاحب شوی، ولی می‌توانی از آن به بهترین شکل استفاده کنی. زمان را می‌توانی خرج کنی اما نمی‌توانی آن پیش خودت نگه داری و زمان کوتاه است پس از همین لحظه بدانیم که زمان را چطور و در کجا هزینه می‌کنیم.

انگیزه زندگی‌ات را پیدا کن و با قدرت به سمت اهدافت حرکت کن. سعی کن همیشه در زندگی‌ات رؤیاهایت بزرگ‌تر از ترس‌هایت باشد و اقداماتت پرسروصداتر از کلامت و به موفقیتی که می‌خواهی بسیار نزدیکی.

و اینکه:

یا به اندازه بزرگی آرزوهایت تلاش کن، یا به اندازه بزرگی تلاشت آرزو کن.

با خودت روراست باش

تو تنها کسی هستی که می‌توانی بهترین صداقت را در مورد خودت داشته باشی. در رابطه با هر چیزی که می‌خواهی بهبود بدهی و آن را تغییر بدهی، با خودت کاملاً روراست باش. بدان در چه رفتارهایی باید تغییر ایجاد کنی و آنها را بهبود بدهی تا به موفقیتی که می‌خواهی نزدیک‌تر بشی و اینکه:

شکست خوردن و زمین خوردن یک اتفاق است.
تسلیم شدن و بلند نشدن یک انتخاب است.
نگذار انتخاب‌هایت اسیر اتفاق‌ها شود.

در رابطه با دیگران با محبت باش

ما وقتی اول محبت به خودمان را درک کنیم، می‌توانیم آن را هم به بقیه هدیه بدهیم. در رابطه با یک فرد مسافت مهم نیست، عاطفه و

محبت، نقش اساسی را دارد. دیدیم که خیلی از افراد هر لحظه کنار همدیگرند و هیچ محبتی و لذتی وجود ندارد و اینکه

> آن‌قدر سرگرم دوست‌داشتن زندگی‌ات باش که وقتی برای نفرت، حسرت و ترس نداشته باشی.

عشق بی‌قیدوشرط را احساس کن

وقتی خودت را دوست داشته بشی و عاشق خودت باشی، عشقی را که به بقیه می‌دهی یک عشق بدون قید و شرط است. وقتی زندگی را در پیش می‌گیری که عشق بی‌قیدوشرط داخلش است، آن‌وقته مسیر شادی و دلخوشی واقعی را در زندگی‌ات درک می‌کنی و عشق به خودت باعث می‌شود یک انرژی قوی در درون تو زنده شود.

> زندگی پر از زیبایی است، به آن توجه کن؛
>
> به زنبور عسل، به کودک کوچک و چهره‌های خندان دقت کن.
>
> باران را نفس بکش و باد را احساس کن
>
> زندگی‌ات را زندگی کن و برای رؤیاهایت مبارزه کن.

کسانی را که به تو لطمه زده‌اند، ببخش

رنجش و کینه باعث می‌شود ما زیبایی‌های زندگی را از دست

بدهیم. بخشش یعنی آزادکردن زندانی که آن زندانی خودت بودی. هرکسی که به تو هر بدی کردی اندازه و مقیاسش مهم نیست، مهم بزرگی قلب خودت است که توانایی بخشیدن کل بدی‌ها و رفتارای دلسردکننده را دارد. دوست من کافی است تو تصمیم بگیری و از ته قلبت بخواهی آن را ببخشی؛ مطمئن باش می‌توانی و به همین اندازه که تلاش می‌کنی دیگران را ببخشی به موفقیتی که می‌خواهی نزدیک می‌شوی و دو حالت دارد: یک فرصت مجدد به آن بدهی برای جبران اشتباهش و مرحله دوم حذفش کنی از زندگی‌ات که برایش حتی فکر نکنی و با بخشش ذهن خودت را آزاد کردی و کینه و غم را از قلب خودت دور کردی.

وقتی گرسنه‌ای یک لقمه نان خوشبختی است؛

وقتی تشنه‌ای یک قطره آب خوشبختی است؛

وقتی خوابت می‌آید یک چرت کوچک خوشبختی است.

خوشبختی یک مشتی از لحظات است؛

یه مشت از نقطه‌های ریز که وقتی کنار هم قرار می‌گیرند، یک خط را می‌سازند به اسم زندگی.

قدر خوشبختی‌های خود را بدانید.

در سراسر زندگی‌ات مسئول باش

یکی از مهم‌ترین عواملی که باعث می‌شود یک فرد عامل موفقیتی

درون زندگی‌اش به دست بیاورد، مسئولیت‌پذیری تمام زندگی‌اش است و انسانی که شجاعت این کار را دارد، بدان که بهترین هدیه زندگی را به خودش هدیه داده است. تو همواره این حق را داری اشتباه کنی، اما می‌توانی با تصمیم‌گیری‌های درست درصد اشتباه را کمتر کنی. باید این را بدانیم که اگر ما مسئولیت زندگی‌مان را قبول نکنیم، این اجازه را می‌دهیم که یکی دیگر مسئول زندگی ما باشد و زندگی ما را کنترل کند.

این ضرب‌المثل را نپذیر که انسان جایزالخطاست؛ چون با این ضرب‌المثل اجازه انجام هر کاری را به خودت می‌دهی. در واقع انسان ممکن‌الخطاست؛ یک وقت‌هایی از سر سهل‌انگاری و نادانسته یک اشتباهی را انجام می‌دهد.

بعد از تجربه اشتباه آن اشتباه را دیگر نباید انجام بدهی؛ چون آن‌وقت دیگر نمی‌شود اسمش را اشتباه گذاشت. در واقع دیگر انتخاب است. پس مسئولیت تمام جنبه‌های زندگی‌ات را قبول کن تا بتوانی تمام جنبه‌های زندگی‌ات را کنترل کنی و به هر موفقیتی که لایقشی برسی و اینکه:

یک راند دیگر مبارزه کن؛

وقتی پاهایت چنان خسته‌اند که به زور راه می‌روی.

یک راند دیگر مبارزه کن؛

وقتی بازوهایت آن‌قدر خسته‌اند که توان گاردگرفتن نداری.

یک راند دیگر مبارزه کن؛

وقتـی خـون از دماغـت جـاری اسـت و چنـان خسـتهای کـه آرزو می‌کنـی حریـف مشـتی به چانـه‌ات بزنـد و کار تمـام شـود.

یک راند دیگر مبارزه کن؛

و بـه یـاد داشـته بـاش مـردی کـه تنهـا یـک رانـد دیگـر مبـارزه می‌کنـد، هرگـز شکسـت نخواهـد خـورد.

از جای خود بلند شو و سعی کن فوق‌العاده باشی.

پشیمان نباش

بـه‌جای پشیمانی بـا خـودت روراسـت بـاش و هر کاری کـه از دسـتت برمی‌آید، بـرای شـادی داخـل زندگـی‌ات انجام بده و بـا افرادی معاشرت کـن کـه بـه شـادی و خوشـحالی تـو کمـک می‌کننـد. بـه انـدازه‌ای کـه نفـس می‌کشـی بخنـد و تـا مادامـی کـه زنـده هسـتی بـه دیگـران عشـق بـورز و تا آنجایـی کـه می‌شـود کمک‌حـال دیگـران بـاش. دیگـران را شـاد و خوشـحال کـن. حتـی بـا یـک لبخنـد روی صورتـت می‌توانـی کلـی انـرژی بـه دیگـران هدیـه بدهـی.

حـالا شـما دیگـر می‌دانیـد بـا کمتریـن چیزهـا می‌شـود دیگـران را شـاد کـرد. در هـر لحظـه خدا را شـاکر و سپاسـگزار بـاش و از اشـتباهاتت درس بگیـر و هـر چیـزی را کـه نمی‌توانـی کنتـرل کنی، رهـا کـن.

امیـد یعنـی بـدان تـا هسـتی می‌توانی تغییر کنی و دنیـا را تغییر
بدهی.

امیـد یعنـی بـدان خداونـد دوسـتت دارد و اگـر بـه تـو زمـان داده،
معنـی‌اش ایـن اسـت کـه در ایـن فرصـت می شـودیک کارهایـی کـرد.

امیـد یعنـی اینکـه همیشـه بخشـش خداونـد را از اشتبـاه خـود
بزرگ‌تر بدانیم.

امیـد یعنـی اینکـه اگـر دانـه زندگـی صـد بـار از دسـتمان رهـا شـد،
بـاز هـم بـرای برداشـتن و بـه مقصـد رسـاندن آن بـه ابتـدا برگردیـم و
ایـن بـار محکم‌تر گام برداریـم.

عمل‌گرایی را در زندگی بیار

تمـام ایـن دانسته‌هایـی کـه تـا الان و داخـل ایـن آمـوزش بـه شـما انتقـال
داده شـد، نیـاز دارد بـه اینکـه بـه آنهـا عمـل کنیـد و بـرای ایـن موضـوع
بهترین کار ایـن اسـت کـه اقدامـات اولیـه و سـاده‌ای را شـروع کنیـد کـه
آرام‌آرام در ایـن رونـد شـما یـک شـخصیت جدیـد را بـرای خودتـان بسـازید
و تبدیـل بـه یـک شـخصیت عمل‌گرا شـوید، هـر خواسته‌ای را کـه داریـد
بـه راحتـی بـه دسـت بیاوریـد.

همیـن کـه مـا در حـال حرکـت هسـتیم و پیشـرفت می‌کنیـم، می‌توانیـم
خودمـان را موفـق بدانیـم و از ایـن موفـق بـودن بایـد احسـاس خوشبختی
را داشـته باشـیم. موفقیـت یـک عامـل نیسـت کـه کسـی آن را داشـته

باشد و کسی آن را نداشته باشد، موفقیت یک انتخاب است و ما با انتخاب‌هایی که در طول زندگی‌مان داریم به این احساس و شخصیت می‌رسیم و خودمان را موفق می‌کنیم. پس الان انتخاب کن که می‌خواهی موفق باشی یا نباشی؛ چون همه ما در قسمت‌هایی از زندگی‌مان موفق بودیم ولی چون آگاهانه این را انتخاب نکردیم به صورت موقت بوده، اما از الان ما می‌خواهیم موفق‌بودن و موفق‌شدن را انتخاب کنیم، پس شما هم این انتخاب را داشته باشید.

الان تصمیم بگیر و اقدامات اولیه را برای موفقیتت بردار تا خودت را در دسته افراد موفق قرار بدهی و آرام‌آرام به تمام موفقیت‌های زندگی‌ات برسی. امیدوارم شما هم جزء این افراد باشید که موفقیت را در زندگی‌شان انتخاب کردند. اگر ما این انتخاب را داشته باشیم، به موفقیت‌ها و خواسته‌هایی که داریم هدایت می‌شویم؛ چون همیشه باید در تمام جنبه‌های زندگی یادمان باشد که دنیای ما دنیای قانونمندی است و با انتخاب‌هایی که داریم به ما کمک خواهد کرد. هرکسی مرکز جهان خویشتن است.

مولانا چقدر زیبا فرمودند:

ای نسخه نامه الهی که تویی‌ای

آینه جمال شاهی که تویی

بیرون ز تو نیست آنچه در عالم هست

از خود بطلب هر آنچه خواهی که تویی

جمع‌بندی آموزش و کلام پایانی

تا اینجا این ۱۱ مورد را با هم بررسی کردیم که بتوانیم زندگی قشنگ‌تری را به خودمان هدیه بدهیم و با رعایت‌کردن این موارد می‌توانیم موفقیتی که می‌خواهیم را در تمام جنبه‌ها برای خودمان پوشش بدهیم. کافی است که بتوانیم با خود درونی‌مان هماهنگ شویم و دوست باشیم.

اگر بتوانیم بین ذهن و روح‌مان هماهنگی ایجاد کنیم، آن‌وقت ما می‌توانیم به هر آنچه به عنوان موفقیت از آن یاد می‌کنیم، برسیم و احساس پرحضور خداوند را نزدیک‌تر کنیم. چون شما لایق بهترین‌ها و عالی‌ترین نعمات هستید. پس با وقت گذاشتن و انرژی زیاد گذاشتن در این مسیر هم خودتان و هم خانوادتان و هم نسل‌های بعد از خودتان را همواره به سمت احساس خوب و موفقیتی که می‌خواهید بیشتر سوق دهید که در مسیر علم و دانش و تحقیق علمی واقعیت زندگی‌تان را بسازید و تا می‌توانید به دور باشید از شبه‌علم و خرافات و نگرش‌های قدیمی که سال‌های سال بدون تحقیق علمی وعده خوشبختی و موفقیت و ثروت با گرفتن زمان باارزش‌تان و سوختن فرصت‌های زندگی‌تان که می‌توانستید با تحقیق علم، دانش، مهارت و عمل‌گرایی و داشتن مشاور دانا که علمش دارد، به جایگاه عالی برسید. یک موضوع در کل دنیا اکثرا افراد سودجو برای کسب ثروت و قدرت وعده‌های پوشالی می‌دهند و صداقت در گفتار و رفتار و عملشان نیست و فقط نقش آدم خوب‌ها را بازی می‌کنند؛ درصورتی‌که ذات پلید، نامرد و مردم‌آزاری دارند و

سرنوشت خوشبختی مخاطبشان بازیچه سودجویشان می‌شود. در جهان هستی انسانیت و مهربانی و پندی که می‌گوید آنچه به خود می‌پسندی به دیگران هم بپسند و راه راست که رضای خدا و خدمت به خلق باشد، به قدری ارزشمند است که به نیکی در تاریخ جهان هستی ثبت خواهد شد و یاد شده است. و اینکه:

«تا توانی دلی به دست آور دل شکستن هنر نمی‌باشد» سعدی.

در باب انسانیت و به فکر همدیگر بودن سعدی و مولانا اشعار زیبایی دارند.

بنی‌آدم اعضای یکدیگرند

که در آفرینش ز یک گوهرند

چو عضوی به درد آورد روزگار

دگر عضوها را نماند قرار

تو کز محنت دیگران بی‌غمی

نشاید که نامت نهند آدمی

(سعدی)

ای قوم به حج رفته کجایید کجایید

معشوق همین‌جاست بیایید بیایید

معشوق تو همسایه و دیوار به دیوار

در بادیه سرگشته شما در چه هوایید

گر صورت بی‌صورت معشوق ببینید

هم خواجه و هم خانه و هم کعبه شمایید

(غزلیات مولانا)

طواف کعبه دل کن اگر دلی داری

دل‌ست کعبه معنی تو گِل چه پنداری

طواف کعبه صورت حَقت بدان فرمود

که تا به واسطه آن دلی به دست آری

هزار بار پیاده طواف کعبه کنی

قبول حق نشود گر دلی بیازاری

بده تو مُلکت و مال و دلی به دست آور

که دل ضیا دهدت در لحد شب تاری

هزار بَدره‌ی زر گر بری به حضرت حق

حقت بگوید دل آر اگر به ما آری

(غزلیات مولانا)

باز هـم برایتـان بهترین‌هـا را می‌خواهـم؛ چـون شـما لایـق بهترین‌هـا هسـتید. در هـر جایـی هسـتید، در پنـاه ایـزد منـان شـاد و موفق و پیـروز باشید.

فصل نوزدهم

تأثیر ثبات شخصی در زندگی شما

خداشناسی و موفقیت به این معنی می‌شود نگاهش کرد که انجام کارهایی که در راستایی این اهداف است، به صورت روزانه و استحکام و پایداری‌بخشیدن به مسیری که داخل آن را ثبات شخصی دامن می‌زند و راه را برای ادامه‌دادن مسیر و حفظ آرامش و انگیزه با ثبات شخصی امکان‌پذیر است.

ثبات شخصی یعنی داشتن هدف برای رسیدن به خواسته دلخواه. اگر ثبات شخصی در زندگی‌ات جایی ندارد، به

این دلیل است که هدف تو این‌قدر بزرگ نیست برایت که بتواند در تو آن شور و شوق را ایجاد کند. اگر می‌خواهی ثبات شخصی داشته باشی، هدف داشته باش و این آموزش را تا انتها دنبال کن و اینکه

«شما با حفظ‌کردن قواعد راه‌رفتن را یاد نمی‌گیرید، بلکه با انجام‌دادن و زمین‌خوردن است که می‌آموزید» (ریچارد برانسون).

یادگیری ثبات شخصی در مسیر موفقیت

موضوع ثبات شخصیتی:

وقتی ما یاد بگیریم چطور در زندگی‌مان ثبات شخصی داشته باشیم، راحت‌تر در مسیر موفقیت قدم برمی‌داریم؛ به همین خاطر آموزش ثبات شخصی یکی از بهترین آموزش‌ها برای رسیدن به خواسته‌هایت است.

> «هر شخصی استعدادها و توانایی‌های مخصوص به خودش را دارد. وظیفه ما این است که در خودمان آنها را پیدا کنیم و به بهترین شکل به کار بگیریم» (جان تمپلتون).

چرا ثبات شخصی ارزشمند است؟

حالا چرا ثبات شخصی مهم و ارزشمند است و من و تو چرا باید شروع کنیم به داشتن ثبات شخصی؟

شاید یکی از مهم‌ترین مواردی که من و تو نیاز داریم برای اینکه بتوانیم به خودشناسی و موفقیت برسیم، همین نیاز ساده به ثبات شخصی است که شاید خیلی‌ها با نظم آن را اشتباه بگیرند و ثبات شخصی و نظم هرکدام در جای خودش عالی و درست است، اما اینها یکی نیستند.

نظم و ثبات: خیلی‌ها که حتی دارند در مسیر موفقیت حرکت

می‌کنند و حتی هم آموزش می‌دهند، شناخت درستی از یکی از مهم‌ترین اصل‌ها ندارند و آن را درست درک نکرده‌اند.

ثبات شخصی شامل چه کارهایی می‌شود؟

ثبات شخصی یعنی انجام کارهایی برای مسیری که می‌خواهی طی کنی و هدفی که می‌خواهی به آن برسی به صورت روزانه و هر روز چه خوشت بیاید چه خوشت نیاد، چه وقت داشته باشی چه نداشته باشی، یعنی انجام آن کارها مثل نفس‌کشیدن موفقیتت باشد.

حالا چرا باید ثبات شخصی داشته باشیم؟ همان‌طور که گفتم با جرئت می‌گویم که ثبات شخصی نبض و تنفس مسیری است که من و تو می‌خواهیم در آن موفق شویم و وقتی آن را قطع کنیم، حیات مسیر قطع کرده‌ایم.

ثبات شخصی است که آرام‌آرام نتایج را به وجود می‌آورد و در دراز‌مدت یک نتیجه بزرگ را برای شما خلق می‌کند و هرکسی که خواستار موفقیت است، باید این کار را انجام بدهد تا بتواند آرام‌آرام نتایج را به وجود بیاورد.

«فرقی نمی‌کند کارتان چیست، حتی اگر کارتان جاروکردن خیابان باشد، باید چنان دقیق و با سلیقه این کار را انجام دهید که هرکس از آن خیابان عبور کرد، بداند این کار شما بوده» مارتین لوترکینگ.

ثبات شخصی و رسیدن به خودشناسی

ثبات شخصی در این حیطه خودشناسی و خداشناسی یعنی همین‌طوری که غذا می‌دهیم به جسم‌مان، به ذهن هم باید هر روز غذا بدهیم؛ با یک تفاوت که ذهن مثل جسم ضعف نمی‌کند، بلکه می‌آید جایگزین می‌کند.

وقتی یکی نمی‌آید هر روز رشدش بدهد در جنبه‌ای که می‌خواهد، ذهن خودش می‌آید خودش را در جنبه‌های مخالف رشد می‌دهد و بر اساس ورودی‌های که دریافت کرده شروع می‌کند به خودش خوراک‌دادن، فکرکردن و رشددادن.

مثل زمین کشاورزی، شما برای اینکه بخواهی یک زمین کشاورزی را مورد بهره‌برداری قرار بدهی، همین‌طوری بدون مقدمه نمی‌توانی که شروع به کاشت محصول کنی. اول می‌آیی موقعیت زمین را بررسی می‌کنی و پستی و بلندی‌های آن را برطرف می‌کنی و بعد از برطرف‌کردن پستی و بلندی‌ها زمین یکدست می‌شود.

بعد از یکدست‌شدن زمین گام بعدی چیدن علف‌های هرز از درون زمین است. بعد از اینکه زمین آماده شخم‌زدن شد، آن را شخم می‌زنی، بعد بر اساس متراژ زمین بذر خریداری می‌کنی و بعد خرید بذر کود خریداری می‌کنی و بعد از بذرپاشی و کوددهی، سم‌پاشی و الی آخر.

> «مسئولیت زندگی‌تان را بر عهده بگیرید. این را بدانید فقط شما هستید که می‌توانید خودتان را به جایی که می‌خواهید برسانید، نه هیچ‌کس دیگر» لِس براون.

ثبات شخصی در کنترل ذهن

حالا ما برای ذهن هم همین کار را انجام می‌دهیم. باید همیشه بهش بپردازیم و توجه لازم را داشته باشیم و به باورهای و افکار و عقایدمان بنگریم و بدانیم آیا آن باور و اعتقاد به ما انرژی مثبت و سوخت کافی را می‌رساند یا نه.

به همین خاطر می‌آییم فیلتر می‌گذاریم برای ورودی‌ها و باورهایمان و حتی افکار و توجهمان. برای فیلترگذاری ابتدا باید از تلویزیون شروع کنیم. دیدن تلویزیون و سریال‌ها و فیلم‌ها و اخبار و... را بکاهیم و هر برنامه را گوش ندهیم. هر فیلمی را نگاه نکنیم. هر سریالی را نبینیم و آرام آرام از تلویزیون فاصله بگیریم. یاد حرفی از مدیرعامل شرکت رولزرویس افتادم که می‌گوید از مدیرعامل شرکت رولزرویس پرسیدند: چرا تبلیغات شما در تلویزیون به چشم نمی‌خورد؟

گفت: کسانی که می‌توانند رولزرویس را بخرند وقت نشستن پای تلویزیون را ندارند. اما برای جایگزین‌کردن تلویزیون می‌شود از کتاب و مقالات آموزشی، آموزش‌های تخصصی در زمینه کسب‌وکار خودتان استفاده و سعی کنید هر روز ۲۰ صفحه مطالعه داشته باشید. وقتی که برای دیدن تلویزیون می‌گذارید به دیدن مطالب آموزشی اختصاص دهید و این‌طوری هم حالتان خوب است و هم پرانرژی‌تر در زندگی‌تان ظاهر می‌شوید.

«افرادی که صبر خوبی دارند، اتفاقات خوبی برایشان رخ می‌دهد و اتفاقت عالی برای افرادی است که اتفاقات عالی را خودشان با تلاش خودشان محقق می‌کنند» جورج فورمن لوکاس.

ثبات شخصی در انجام تغییرات ذهنی

وقتی ما نتوانیم هـر روز یک قدم بـرای تغییر افکار و باورهـا برنداریم و ثبـات نداشـته باشـیم، ذهن خـودش بر اسـاس افکار و باورهـا قدم برمی‌دارد بـرای خـودش، بـرای درک ایـن موضـوع وقتـی یک فکر مثل حساسیت یا دلهره از ذهن یکی عبـور می‌کنـد و آن شخص چون یاد نگرفته در راسـتای بهبودش قدمـی برنمی‌دارد.

ذهـن شـروع می‌کنـد آرام‌آرام رشـددادن آن موضـوع؛ چون ذهن خـوراک می‌خواهـد یا در واقع هـر لحظه بایـد خـودش را در گیـر کنـد و رشـد بدهـد، بـرای آن حساسـیت قـدری آرام‌آرام رشـد می‌کنـد کـه شـخص حسـش نمی‌کند. امـا بعد از یک مـدت می‌فهمـد که تبدیل بـه یک شـخص استرسـی یا حسـاس شـده اسـت.

امـا خـلاف ایـن هـم وجـود دارد و یک شـخص می‌آیـد شـروع می‌کنـد بـه قدم‌برداشـتن بـرای ذهنـش و خودبـاوری و خلاقیـت و آرام‌آرام رشـد می‌کنـد و بعد از مدتـی یک شـخص خـلاق و بـا عزت‌نفس به وجـود می‌آیـد. در کل بخواهـم به شـما بگویـم، بررسـیش ایـن اسـت که ببینیـد ورودی اطلاعاتتان در طـول روز چقـدر اسـت و چقدر داریـد بهش عمل می‌کنیـد.

«تنهـا راه انجـام‌دادن کارهـای عظیـم، دوست‌داشـتن کاری اسـت که می‌کنیـد. اگـر تا الان آن را پیـدا نکردید، به گشتنتان ادامه دهید و تا زمانی که آن را پیدا نکردید، متوقف نشـوید» اسـتیو جابز.

اثرات پایبندبودن به ثبات شخصی

عمل‌کردن و خروجی‌دادن به یادگیری‌ها یعنی ثبات شخصی یعنی آن‌قدری از درون شخص قوی می‌شود که خودش را موظف به انجام کارهای روزانه‌اش می‌کند و باور دارد این پایداری و ثبات نتایج را خلق می‌کنند. دقیقاً هم همین‌طور است؛ اگر یک نگاه ساده به زندگی افراد موفق بیندازیم و بررسی کنیم اگر یک روز حرکت نکنند و کارهایی را که باید انجام ندهند، عقب می‌افتند و پسرفت می‌کنند. مثال ساده و قابل لمس مثلاً آقای کریستین رونالدو با اینکه همواره جزء اولین و بهترین بازیکن‌های حال حاضر دنیاست، اما هر روز تمرینات و ثبات شخصیتش را حفظ می‌کند.

نکته مهم دقیقاً اینجاست که قبل از رسیدن به خواسته‌ها، ثبات شخصی لازم است و برای حفظ آن هدف و ادامه‌دادن باز هم ما ثبات می‌خواهیم. پس یک بار با هم یاد بگیریم که ثبات شخصی تعیین می‌کند که ما رشد کنیم یا نکنیم.

چطور ثبات شخصی داشته باشیم؟

در این آموزش دوست داشتیم به شما اهمیت ثبات شخصی را بگوییم و تأثیر آن را در موفقیت اشاره کنیم. اما برای اینکه چطور ثبات شخصی داشته باشیم ما برای اینکه ثبات شخصی را رعایت کنیم در دو مورد باید این را درک و رعایت کنیم؛ یکی ثبات شخصی در ذهن و یکی در خواسته.

ذهن نیاز به ثبات شخصی دارد و ثبات شخصی ذهن رشددادن

و آمورش‌دادن آن است. حالا آموزش‌دادن می‌تواند خوندن هر روز کتاب، گوش‌دادن فایل صوتی، دیدن ویدئو آموزش و... باشد، اگر ثبات شخصی را در این مورد رعایت نکنی، فکر اینکه بتوانی مهارت و قدرت ذهنت را بشناسی از ذهنت بیرون کن.

روزی یک ساعت کسی برای ذهنش وقت نگذارد، قدرت آن را پیدا نخواهد کرد. برای این قسمت تمرین، این است که هر روز یادگیری و تکرار و انجام‌دادن تمرین‌ها را برای ذهنتان داشته باشید و هر روز صبح به خودتان بگویید امروز دقیق چه آموزش را می‌بینید؟ و اینکه:

> موفقیت یا شکست هیچ‌کدام پایان کار نیستند، چیزی که مهم است جسارت شما برای ادامه‌دادن به مسیر است.
>
> با اعتمادبه‌نفس در مسیر رؤیاهای خود گام بردارید. آن‌گونه که فکر می‌کنید، زندگی کنید.
>
> به جای عبور از جاده‌ای که همه از آن عبور می‌کنند، به جایی برو که جاده‌ای ندارد و برای بقیه ردپای خود را بر جای بگذار!

ثبات شخصی در خواسته‌ها

سنگ خیلی محکم است، اما قطره آب خیلی نرم. اما قطره آب باثباتش سنگ را سوراخ می‌کند، برنده بازی در این دنیا کسی است که ثبات شخصی را در خواسته‌ها درک کرده و آنها را انجام می‌دهد و تبدیل به بهترین خودش همیشه بهترین خودت باش تا زیبا زندگی کنی توضیح دادیم، هر روز یک قدم در راستای خواسته‌هایت بردار.

اگر ما روزی یک قدم برداریم، در سال ۳۶۵ قدم را برداشتیم و نتیجه این قدم‌ها بزرگ خواهد بود. اما اگر بخواهیم با هم برشان داریم، نه وقت داریم، نه توان و انرژی و نه حوصله و به همین خاطر نه‌تنها نمی‌توانیم بلکه دلسرد هم می‌شویم برای انجام قدم‌های کوچکمان.

پس دوست من برای اینکه بتوانی به موفقیت‌های بزرگ برسی از کارهای کوچک شروع کن و آرام‌آرام روی خودت کار کن. برای همین منظور یک تمرین برای شما قرار دادیم تا وقتی تمرین را انجام ندادی بقیه آموزش را دنبال نکن چون وقتی عمل پشت کارامان نباشد.

فقط می‌شود اطلاعات اضافی که نتیجه هم نخواهد داشت. پس خودت را متعهد کن که تمرینات را با جدیت تمام انجام بدهی تا به نتیجه دلخواهت برسی. هرچه با تمرکز و شور و شوق و علاقه بیشتری تمرینات را انجام بدهی، به همان اندازه رسیدن به خواسته‌هایت آسون‌تر و دست‌یافتنی‌تر می‌شود.

تمرین: هر روز صبح که از خواب بیدار می‌شوید، بین ۱ تا ۳ کاری را که باید در طول روز انجام دهید، بنویسید و آنها را انجام دهید.

اگر نمی‌توانید کارهای بزرگ انجام دهید، چیزهای کوچک را با روش عالی انجام دهید. اگر خواهان رسیدن به بزرگی هستی منتظر اجازه‌اش نباش.

اگر شما کاری را می‌کنید که به آن نیاز دارید، شما زنده می‌مانید. اگر شما آنچه را دوست دارید انجام دهید، شما زندگی می‌کنید!

چرا ثبات شخصی مهم است؟

موفقیت زمانی برای ما انسان‌ها خیلی سخت می‌شود و غیر قابل دسترس که فقط نتایج آن شخص را می‌بینیم و درکی از مسیری که رفته نداریم، اما زمانی که می‌آییم و مسیری که طی‌شده را درک می‌کنیم، می‌بینیم، ما باید خیلی عادی زندگی کنیم و آرام‌آرام حرکت کنیم و فقط باید روند رفتاری و باوری را تغییر بدهیم. ما وقتی این کارها را نکنیم، به جای موفقیت شکست می‌خوریم یا تجربه کسب می‌کنیم که وقتی یک شخص می‌آید به آن تجربه ما نگاه می‌کند، می‌گوید خیلی واضح بوده و نباید این کارها را می‌کرد.

اما درک نمی‌کند که مجموعه‌ای از رفتارها و باورها و اعمال آرام‌آرام باعث شده که آن شخص به آنجا برسد و آن‌قدری آرام بود که شخص درکش نکرده. اگر کسی درک کند خب از انجامش جلوگیری می‌کند. خودشناسی و خداشناسی و موفقیت هم دقیقاً همین‌طور است.

پس دوست داریم این را با هم درک کنیم که آموزش درست همیشه برای شما برد دارد و همیشه برایتان مفید است. آموزشی که کمک می‌کند. پس آموزش را جدی بگیریم تا بتوانیم زیبا زندگی کنیم، با آموزش ما خودمان و بعد خدایمان را می‌شناسیم.

خدایی که وقتی یک کوچک بهتر درکش کنیم، نمی‌توانیم عاشقش نشویم. اول خودتان را بشناسید و بعد خدا را. وقتی خدا را بشناسیم و درکش کنیم، عاشقانه حرکت می‌کنیم.

و چه عاشقانه خدا مسیر را برای ما باز می‌کند و ما را کمک می‌کند که برسیم به آن چیزهایی که لیاقتش را داریم و آن‌وقت ما درک

می‌کنیم که چرا اشرف مخلوقاتیم. دوست دارم همه این را حس کنیم که خدا برای ما بهترین‌ها را می‌خواهد، اما این ما هستیم که با اختیارمان تصمیم می‌گیریم که بهترین‌ها را دریافت کنیم یا نکنیم.

هنگامی که توفان‌های زندگی بر ما وارد می‌شود -و همه ما آنها را تجربه خواهیم کرد- می‌توانیم با هدایت ذهن و ایمان خود به خدا از آنها بالاتر برویم. توفان نباید ما را غرق کند. ما می‌توانیم اجازه دهیم که قدرت خدا ما را بالاتر از آنها قرار دهد.

وقتی توفان زندگی به سراغ ما می‌آید و بدون شک همه ما آنها را تجربه خواهیم کرد، می‌توانیم با ایمان به خدا بر آن غلبه کنیم. توفان نباید ما را غرق کند. ما می‌توانیم اجازه دهیم که قدرت خدا ما را بالاتر از آنها هدایت کند.

ثبات + باورسازی = واقعیت‌های جدید

ما برای تغییر باور باید آن را تکرار کنیم و در کنار تکرارکردن به دنبال نشانه‌هایی باشیم که هم‌راستا با باورهای جدید است.

این پروسه‌ای که به شما گفتم نیاز به ثبات دارد و ما باید یک ثبات مشخص را برای آن در نظر بگیریم و بیاییم به‌صورت روزانه این کار را انجام بدهیم که در اثر هم تکرار و انجام روزانه واقعیت‌های جدیدی را در زندگی تجربه خواهیم کرد.

و این دقیقاً می‌شود تأثیر ثبات شخصی که حتی نتایج و واقعیت‌های ما را در زندگی از هم جدا می‌کند و مشخص می‌کند که در زندگی ما به خواسته‌هامون برسیم یا نرسیم. پس این نکته را از این لحظه، به بعد

در مـورد باورهـا یادتـان باشـد کـه باورهایـی کـه می‌خواهیـد در زندگـی بـه صـورت واقعیـت آنهـا را تجربـه کنیـد، نیـاز بـه ثبـات دارد و بـا ثبـات داشـتن آن باورهـا تبدیـل بـه یـک قسـمت کاملاً عـادی و ثابـت زندگـی مـا خواهـد شـد. امـا بـرای اینکـه بـه آن نقطـه برسـیم، داشـتن باورهـا و ثبـات در باورهـا را بایـد بـه همراهمـان داشـته باشـیم.

تـو یـک آدم مهمـی. یـک شـخصیت استثنائی. تـو بـزرگ فکـر می‌کنـی، پـس رؤیاهـای بـزرگ داشـته بـاش. از انجـام کارهـای بـزرگ برمی‌آیـی. تـو توانایـی زیـادی بـرای انجـام موفقیت‌آمیز کارهـا داری. تـو در سـطح عالـی کار می‌کنـی. بـه خوشـحالی، پیشـرفت و موفقیـت ایمـان داری، پـس فقـط از خوشـحالی بگـو، فقـط از پیشـرفت بگـو، فقـط از موفقیـت بگـو.

تـو انگیـزه خیلـی زیـادی داری، انگیزهـا را در مسـیر کار بینـداز. هیـچ چیـز نمی‌توانـد تـو را متوقـف کنـد. هیـچ چیـز. تـو فوق‌العـاده‌ای، تـو دلگرمـی، تـو شـور و شـوق داری، تـو ظاهـر عالـی داری، تـو احسـاس عالـی داری، همین‌طـور بمـان. تـو هـر کاری اراده کنـی می‌توانـی انجـام بدهـی. دیـروز حسـابی گل کاشـتی، ولـی امـروز می‌خواهـی بیشـتر گل بـکاری (منظـور بـه هـدف زدن سـت) حـالا ایـن تـو و ایـن هدفـت؛ بـرو جلـو.

جمع‌بندی آموزش

دنیـا جـای قشـنگ‌تری می‌شـود وقتـی تـو شـروع می‌کنـی بـه قشـنگ‌ترکردن خـودت و قشـنگ‌تردیدن زیبایی‌هـای جهـان هسـتی و ایـن زیبادیـدن از همـان عاشـق‌بودن نشـئت می‌گیـرد.

پـس بـه خـدا و همـه مخلوقـات جهـان هسـتی عشـق بورزیـم و بـه حکمـت

و رحمت خداوند احترام بگذاریم و سپاسگزار خداوند باشیم که این همه آسمان‌ها و زمین را مسخر ما کرده تا ما بتوانیم لذت ببریم و احساس شادی و نشاط و عالی داشته باشیم و اینکه

هرگز تسلیم نشوید، امروز سخت است و فردا سخت‌تر، اما فردا روز بزرگی برای شما خواهد بود.

شعر سهراب سپهری

نه تو می‌مانی

نه اندوه

و نه هیچ یک از مردم این آبادی

به حباب نگران لب یک رود قسم

و به کوتاهی آن لحظه شادی که گذشت

غصه هم خواهد رفت

آن چنانی که فقط خاطره‌ای خواهد ماند

لحظه‌ها عریانند

به تن لحظه خود جامه اندوه مپوشان هرگز

تو به آینه، نه، آینه به تو خیره شده است

تو اگر خنده کنی او به تو خواهد خندید

و اگر بغض

آه از آینه دنیا که چهها خواهد کرد

گنجه دیروزت

پر شد از حسرت و اندوه و چه حیف!

بستههای فردا، همهای کاش،ای کاش...

ظرف این لحظه ولیکن خالیست

ساحت سینه پذیرای چه کس خواهد بود

غم که از راه رسید

در این سینه بر او باز مکن

تا خدا یک رگ گردن باقیست

تا خدا هست،

به غم وعده این خانه مده...

فصل بیستم

رازهایی که موفقیت شما را تضمین می‌کند

راز موفقیت در دنیای امروز که پر شده از اطلاعات و داده‌های پیچیده‌ای که تمام این داده و اطلاعات برای رشد و موفقیت ما طراحی شده شاید اگر کسی بخواهد یک راه را پیدا کند که بداند آسون است و درست کمی سخت باشد، وقتی درون را اوکی کنیم، آن‌وقت یادگیری اصول می‌توانند خیلی سریع به ما کمک کند تا به موفقیت و خواسته‌ای که داریم برسیم. نکته‌های که در ادامه می‌گوییم برای موفقیت می‌توانند به ما کمک کنند.

۱۰ راز تضمینی برای رسیدن به موفقیت پایدار

برای اینکه موفقیت‌های چشمگیر و منحصربه‌فردی کسب کنیم باید این ۱۰ نکته را در خاطر داشته باشیم همیشه و به آنها جامه عمل بپوشانیم و درباره این ۱۰ راز تحقیق کنیم و دامنه اطلاعات خودمان را گسترش بدهیم تا به خواسته‌هایمان برسیم.

اولین راز برای موفقیت ندای درونت است

اولین راز موفقیت این است که به ندای درون خود گوش بدهیم. وقتی من و تو شروع به حرکت می‌کنیم به سمت چیزهایی که می‌خواهم در طول مسیری که در حال طی‌کردن آن هستیم، ندای

درون به کمک ما می‌آید و می‌خواهد ما را به سمت مسیر بهتری ببرد.

این ندا این‌طوری خودش را نشان می‌دهد. با راحتی یا ناراحتی، خوشی یا ناخوشی، چه احساسی درباره آن مسیری که طی می‌کنیم داریم؟ اگر حس به هر نحوی منفی بود پس آن را کنار بگذاریم؛ اگر مثبت بود آن را ادامه بدهیم و رشد بدیم، این بحث خیلی می‌تواند به ما کمک کند که ما از ندای درونمان برای مسیرمان کمک بگیریم و اینکه:

> یکی از شجاعانه‌ترین کارهایی که می‌توانید انجام دهید، این است که خودتان را بشناسید بدانید چه کسی هستید، به چه چیزی اعتقاد دارید و به کجا می‌خواهید بروید.

دومین راز برای موفقیت در لحظه زندگی کنید

دومین راز موفقیت این است که در حال زندگی کنیم. چگونه؟ تنها لحظه‌ای که من و شما در اختیار داریم همین لحظه است و همین الان را باید با تمام تمرکز و توجه را روی همین حالا بگذاریم و در جست‌وجوی این موضوع باشیم که چطور تکامل را طی کنیم و به کارهایی که باید در آینده بکنیم فکر نکنیم. مثلاً شما به یک جشن تولد دعوت شده‌اید، وقتی از در وارد می‌شوید دیگر فکر و خیال اتفاقات آینده و مباحث کاریتان را پشت در جا بگذارید و با تمام وجود از جشن و میهمانی‌تان لذت ببرید و نگران آینده و فرداتان نباشید.

بیشتر به خودت باور داشته باش، بیشتر از آنکه می‌توانی
به خودت اعتماد کن، بیشتر به خودت اطمینان کن، کمتر
خودت را با دیگران مقایسه کن.

چگونه در همین لحظه بهترین باشم؟

چطور این کار را بهتر انجام بدهم؟ هر چیزی که پیش می‌آید به
صورت کامل قبول کنیم، وقتی این را قبول کنیم می‌توانیم ازش لذت
ببریم، درس‌هایش را یاد بگیریم و بتوانیم مواردی که آزاردهنده است
رها کنیم و درس‌هایش با خودمان بیاوریم.

وقتی کسی این کار را می‌کند، می‌شود همان آدمی که ما آن را به
عنوان یک فرد عاقل می‌شناسیم.

زمان حال من و هرکسی در این لحظه درست همان‌طور است که
هست و باید باشد؛ چون قوانین دنیا و بی‌نهایت عامل دست به دست
هم داده‌اند که این لحظه را به وجود بیاورند، پس من و هرکسی که
دوست داریم موفق شویم نباید با بی‌نهایت عوامل و قوانین مقابله
کنیم، بلکه باید با تغییرکردن خودمان با آنها همسو و هم‌راستا بشویم.

قانون جهان هستی هدفش آشتی و نزدیکی شما و دیگر انسان‌ها
با معنویت و خداوند است و تنها زمانی به درستی و به نفع شما کار
می‌کند که شما از درون معنوی شده باشین منظور از معنویت در
قوانین کیهانی موفقیت این است که به خداوند نزدیک شوید و با او

و هستی و مخلوقات او در صلح و آشتی و هماهنگی باشید تا دومین راز موفقیت را قشنگ‌تر و بهتر درک کنید.

سومین راز تضمینی موفقیت مراقبه است

و اما به سومین راز موفقیت رسیدیم و آن مراقبه است. حالا مراقبه یعنی چی؟ یعنی یک وقت‌های را برای استراحت و آرام‌کردن ذهن بگذاریم، سعی کنیم به یک جایی برویم که به ما آرامش می‌دهد و با خودمان و درونمان تنها باشیم و بتوانیم خلوت کنیم. وقتی این کار را می‌کنیم و با درونمان هماهنگ میشیم و خلوت می‌کنیم در واقع درون ما شروع به کمک‌کردن و هدایت‌کردن ما می‌کند. چون وقت‌های برای کمک گرفتن و ایده داشتن باید سکوت کنیم و استراحت کنیم و بگذاریم درونمان از این آرامش و خلوت استفاده کند تا بتواند آن کاری را که لازم است به ما بگوید.

این مکان برای هر شخصی متفاوت است؛ یکی درون اتاقش است، یکی در محل کارش، یکی در پارک، یکی در کوهستان یکی در کنار یک رودخانه و... ملاک این است که شما در جایی که به شما احساس خوب و حس خوب به شما دست می‌دهد مراقبه کنید و اینکه:

> من رفاه خواستم و خداوند به من عقل و بازو داد تا کار کنم.
>
> من لطف و مرحمت خواستم و خداوند به من فرصت زندگی داد.
>
> من عشق خواستم و خداوند مردمی را سر راهم قرار داد تا بتوانم مشکلاتشان را حل کنم.

من شجاعت خواستم و خداوند قدرت غلبه بر خطرات را به من داد.

من خرد خواستم و خداوند مشکلاتی به من داد تا حل کنم.

من قدرت خواستم و خداوند سختی‌هایی سر راهم قرار داد تا من را قوی‌تر کند.

چهارمین راز موفقیت منتظر تأیید دیگران نباشیم

چهارمین راز موفقیت این است که منتظر تأییدیه و تحسین دیگران نباشیم؛ یعنی تنها کسی که می‌تواند شما را خوب قضاوت کند، آن یک نفر است و آن خودتان هستید و این مهم‌ترین راز موفقیت به شمار می‌آید. هدف ما در مسیر موفقیت کشف ارزش‌ها و توانایی‌هایی است که در درون ماست و مسیری که در حال طی‌کردن آن هستیم، با نهایت احترام برای دیگران هیچ ربطی به دیگران ندارد و نظرشون نباید روی مسیری که در حال طی‌کردن آن هستیم تأثیری بگذارد.

وقتی نظرات دیگران را بی‌تأثیر بدانیم در تمام زندگی ما توانسته‌ایم یک آزادی خیلی بزرگی را به خودمان هدیه بدهیم و نه کسی را قضاوت کنیم و نه به قضاوت‌های دیگران و تحسین و تمجید آن‌ها گوش بدهیم و اینکه:

مهم نیست که تا حالا چقدر آسیب دیدی؛ روزی به عقب برمی‌گردی و می‌بینی این اتفاقات چطور باعث شده که زندگی بهتری داشته باشی.

پنجمین راز موفقیت قبول خود است

به پنجمین راز موفقیت یعنی قبول توانایی‌ها و مهارت‌های خودمان رسیدیم. وقتی در مسیر موفقیت به هر دلیل و تحت هر عنوانی در درون احساس خشم یا مخالفت با یک شخص و وضعیت داشتیم، باید بدانیم که ما فقط داریم با خودمان مبارزه می‌کنیم. وقتی ما این را قبول کنیم که تنها کسی که از این کار تأثیر می‌گیرد و ضربه بهش وارد می‌شود، خودمان هستیم و با دست‌کشیدن از این طرز برخورد در مسیر به بهبود حال خودمان کمک می‌کنیم و هم هماهنگ می‌شویم با دنیای که داریم داخلش زندگی می‌کنیم، انس می‌گیریم و اینکه:

اگر دانی که دنیا غم نیرزد

بروی دوستان خوشباش و خرم

غنیمت دان اگر دانی که هر روز

ز عمر مانده روزی می‌شود کم

منه دل بر سرای عمر سعدی

که بنیادش نه بنیادی‌ست محکم

برو شادی کن ای یار دل‌افروز

چو خاکت می‌خورد چندین مخور غم

(سعدی)

ششمین راز موفقیت جهان آینه درونی ماست

ششمین راز موفقیت این است که جهان آینه باورهای درونی ماست. دنیای خارج انعکاس دنیای درون ماست. هر واکنشی که ما در طول زندگی داریم بازتابی از دنیای درون ماست. هر چیزی که در بیرون ما شروع به حس تنفرداشتن به آن می‌کنیم در واقع آن چیزی است که در درون آن را بیشتر از همه انکار می‌کنیم و هر چیزی که بهش عشق می‌دهیم آن چیزی است که در درون بیشتر از همه چیز آرزوی آن را داریم.

اتفاقات و واقعیت‌های که ما در دنیای بیرون آن را تجربه می‌کنیم در واقع تمام آن مواردی است که در درون بهش باور داریم و آنها را قبول داریم گفتیم دنیای هستی برای لحظه حال من و شما کلی عامل را کنار هم قرار داده. عامل‌هایی که کنار هم قرار دارند بر اساس باورهای ما کنار هم قرار دارند. چون یک انسان این قدرت اختیار را دارد که انتخاب کند زندگی و واقعیت‌هایی را که دوست دارد در زندگی تجربه کند. پس بیاییم به زیبایی‌های زندگی توجه کنیم و آنها را به زندگی‌مان دعوت کنیم.

زندگی یک آینه است که آنچه را که فرد به آن می‌اندیشد، در خود منعکس می‌کند.

شما برنده به دنیا نیامده‌اید...

همچنین بازنده هم به دنیا نیامده‌اید...

شما با قدرت انتخاب به دنیا آمدید.

هفتمین راز موفقیت قضاوت‌نکردن است

هفتمین راز موفقیت این است که قضاوت نکنیم. من همیشه می‌گویم کسی که می‌آید افراد را قضاوت می‌کند آنها را باارزش‌تر از خودش می‌داند در آن لحظه که عمر و زندگی‌اش را برای قضاوت‌کردن آنها می‌گذارد و دارد خودش را از موفقیت دور می‌کند. هر چیزی در زندگی قابل بخشش است. اما ما وقتی شروع به قضاوت می‌کنیم آن فرایند بخشش و عشق را قطع می‌کنیم؛ چون در حال قضاوت هستیم و در جایی که قضاوت هست عشقی وجود ندارد. این را به یاد داشته باشیم با بخشیدن هرکسی ما به عشق خودمان اضافه می‌کنیم.

در کتاب آیین دوستیابی از دیل کارنگی جمله قشنگی در مورد قضاوت‌کردن بیان می‌کند. می‌گوید خود خدا هم تا وقتی نرویم آن دنیا ما را قضاوت نمی‌کند، چطور ما دیگران را سریع قضاوت می‌کنیم؟ از این لحظه به بعد سعی کنیم که قضاوت‌کردن را کنار بگذاریم، آرام‌آرام روی خودمان کار کنیم تا به جایی برسیم که دیگر کسی را قضاوت نکنیم.

از کسانی که دوستت دارند قدردانی کن...

به کسانی که به تو نیاز دارند کمک کن...

کسانی که آزارت دادند ببخش...

کسانی که تو را تنها گذاشتند فراموش کن ....

هشتمین راز موفقیت حفظ سلامتی بدن

هشتمین راز موفقیت جسمی سالم و ذهنی مثبت است. انسان با داشتن یک بدن سالم می‌تواند سریع‌تر و باانگیزه‌تر حرکت کند. در واقع با حفظ سلامتی در تمام جنبه‌های زندگی می‌شود لذت بیشتری را تجربه کرد. ضرب‌المثلی هست که می‌گوید عقل سالم در بدن سالم.

وقتی ما به ورزش و تندرستی و سلامتی جسمی خود بپردازیم، ذهن فعال‌تر و آماده‌تری را برای قبول مسائل زندگی‌مان داریم. اما این را من می‌دانم که شاید این را شرط اصلی را ندانم چون عزیزانی در تمام دنیا هستند که سلامتی بدنی و جسمی درستی ندارند، اما با قدرت ادامه می‌دهند و لذت‌هایی را تجربه کرده‌اند که انسان‌های سالم نتوانسته‌ان آن را تجربه کنند. اما می‌خواهم بگویم مراقبت از سلامتی باعث سریع‌ترشدن حرکت انسان می‌شود و منظور اصلی ما این است که ورزش کنیم و مراقب سلامتی‌مان باشیم. شاید معلول جسمی باشند بعضی‌ها، اما این به آن معنی نیست که مراقب خودشان نباشند و ورزش را کنار بگذارند. خیلی‌ها در نهایت معلولیت به عناوین بالایی دست پیدا کرده‌اند؛ مانند سیامند رحمان که در اوج معلولیت توانست رکوردهای پرس سینه پارالمپیک و جهانی را به نام خودش ثبت کند و به عنوان یکی از پرافتخارترین مدال‌آوران عرصه ورزش کشورمان به حساب بیاید. معلولیت محدودیت نیست؛ چیزی که ما را محدود می‌کند باورهای محدودکننده و سقف‌های کوتاه ذهنی‌مان است.

از منطقه امن و راحتی خود خارج شوید. شـما فقـط زمانی می‌توانیـد رشـد کنیـد کـه مایـل باشـید سـختی بکشـید و تـلاش کنیـد تـا چیـزی جدیـد را امتحـان کنیـد.

نهمین راز موفقیت داشتن انگیزه است

نهمیـن راز موفقیـت داشـتن انگیـزه اسـت. انگیـزه در اصـل یـک عامـل درونـی اسـت، رفتارهـای بـا انگیـزه تـرس را بـا رفتارهـای بـا انگیـزه عشـق جایگزیـن کنیـم.

امـا بـه صـورت کلـی تـرس ناشـی از خاطرات گذشـته انسـان اسـت کـه بـا فکرکردن به آنها انرژی خودمان را به سمتی می‌بریم که مطمئن شـویم یک آسـیب قدیمی دوباره تکرار نشـود. به همین دلیلی می‌ترسـیم چون بـر اسـاس منطـق ذهنـی احتمـال تکـرار وجـود دارد.

امـا گفتـم ایـن فقـط یـک احتمـال اسـت کـه بـا بهره‌گیـری از درس‌هـای زندگـی می‌شـود ایـن درصـد را از بیـن بـرد. امـا بـرای داشـتن انگیـزه بایـد مجموعه کارهـا و رفتارهایـی را در زندگی‌مـان انتخـاب کنیـم کـه دوسـت داریـم. بـه انـرژی درون و خدایـی کـه در درون ماسـت بیشـتر نزدیـک شـوید و بـا انگیـزه بـه راه خودتـان ادامـه دهیـد.

«خیـلی از شکسـت‌هـای زندگـی نصیـب کسـانی می‌شـود کـه وقتـی تسـلیم شـدند، نمی‌دانسـتند چقـدر بـه موفقیـت نزدیک‌انـد» توماس ادیسـون.

دهمین راز موفقیت شناخت قوانین جهان هستی

دهمیـن راز تضمینـی موفقیـت مـا آگاهـی و درک و شـناخت قوانیـن حاکـم بـر جهان هسـتی اسـت. ایـن را درک کنیـم و بدانیـم کـه دنیـای بیـرون تنهـا یـک آینـه از خـرد عمیـق جهـان هسـتی اسـت کـه بـه خواسته و باورهـای مـا پاسـخ می‌دهـد. مـا بخشـی از ایـن جهـان هسـتی هسـتیم و بـه صـورت جدایی‌ناپذیـری بـه ایـن جهـان هسـتی وصلیـم. پـس افکار مثبـت و منفـی مـا بـر کار هوشـمندی دنیـا اثـر می‌گـذارد و زندگی‌کـردن در حالتـی کـه مـا هماهنگـی داریـم بیـن ذهـن و روحمـان باعـث می‌شـود دنیـا را جـای بهتـری بـرای زندگـی کنیـم.

یـک شـخص عاقـل یـک بـار گفـت: «زندگـی بـرای شـما اتفـاق نمی‌افتـد، زندگـی در حـال پاسـخ‌گویی بـه شـما اسـت». ایـن جملـه کامـلاً درسـت اسـت. «شـما تعییـن می‌کنیـد کـه زندگـی چـه چیـزی را بـه شـما تحویـل دهـد و چـه رفتـاری بـا شـما داشـته باشـد. اگـر بـرای موفقیـت تصمیـم بگیریـد، احتمـالاً چنیـن خواهیـد بود» آس مک‌کلـود.

آیا ما از همه چیز آگاه هستیم؟

داخـل ایـن آمـوزش از کلمـه راز اسـتفاده کردیـم تـا بـه اهمیت ایـن موضوع تأکیـد کنیـم امـا در واقـع مـا خودمـان در درونمـان همه چیـز را می‌دانیـم و آگاهی‌هـای کاملـی را داریـم کـه بـا یادآوری‌کـردن آن آگاهی‌هـا بـرای شـما

زنـده می‌شـود و تمـام ایـن موضوعـات را شـما بایـد در زندگی‌تان بـه کار ببندیـد تا یادآوری شـود و در واقعیـت راز اصلـی موفقیـت و راز اصلـی زندگـی بـود، مـا هسـتیم کـه وقتـی بـرای خودمـان و شـکوفاشدن وقت می‌گذاریم.

آن‌وقت به این نقطه می‌رسیم که خود ما راز زندگی و معجزه زندگی هسـتیم. پس ایـن رازها را که آگاهـی دارید از آن‌ها را در زندگی‌تان بـه کار ببندیـد و از آن‌هـا اسـتفاده کنیـد تا خودتـان را بـه موفقیـت نزدیک‌تـر از هر زمانی بکنید و اینکه:

> «هـر روز کـه بیـدار می‌شـوید بـه ایـن فکـر کنیـد کـه امـروز مـن خوش‌شـانس بـودم کـه زنـده شـدم. با خـود بگوییـد مـن یـک زندگـی ارزشـمند دارم، قصـد نـدارم آن را هـدر دهـم. مـن قصـد دارم از تمـام انـرژی خود بـرای توسـعه خـودم، بـرای گسـترش قلبم اسـتفاده کنم. بـرای دسـتیابی به روشن‌فکری نسـبت بـه اطرافیانم در مـورد دیگران افکار خوبی خواهـم داشـت، عصبانی نمی‌شـوم یا در مورد دیگران بد فکر نمی‌کنم. من تا جایی کـه می‌توانـم به نفـع دیگران کاری خواهـم انجـام داد» دالایلامـا.

چگونه عمل‌گرا باشیم؟

خیلـی خیلی مهم اسـت که این نکته عمل‌گرا بودن را جا بیندازم و بر آن تأکیـد کنم؛ چـون تا زمانی کـه ما عمل‌گرابودن را یـاد نگیریم و یک

شخصیت عمل‌گرا را برای خودمان نسازیم، هر چیزی که بلدیم و هر چیزی که یاد گرفتیم صرفاً برایمان اطلاعات هستند و اطلاعات باقی خواهند ماند و زمانی که ما عمل‌گرایی را یاد بگیریم،

این اطلاعات در زندگی ما غالباً خودش را به دانش و تجربه تغییر می‌دهد.

موفقیت دقیقاً در جایی قرار دارد که یک فرد دانش و تجربه داشته باشد و این دانش و تجربه در اثر عمل‌کردن و اقدام‌کردن به وجود می‌آید، پس به این دانسته‌ها و دانسته‌های دیگری که در زندگی یاد می‌گیرید، عمل کنید تا دانش را به دست بیاورید. یک فرد عمل‌گرا ارزش‌ها و دستاوردهای خیلی بیشتری را نسبت به یک فرد مطلع دارد و در زندگی مطمئناً دستاوردهای کاملاً متفاوتی را خواهند داشت. پس نترس و انجامش بده.

گر دوست دارید موفق باشید و موفق باقی بمانید، باید با تمرکز بالا سخت تلاش کنید. بهترشدن کار سختی است و هزاران بار تمرین و تلاش می‌خواهد. یادتان باشد به جای اینکه حواستان را به موارد منفی دهید، به اهداف و تمام چیزهای خوبی که در زندگی دوست دارید به دست بیاورید متمرکز باقی بمانید. کارها را نیمه‌تمام نگذارید. استراحت‌کردن در زمان اوج‌گرفتن جایز نیست. باید همیشه مثل روزهای اول کار کنید. اگر اجازه دهید که پیروزی حواستان را از کار پرت کند، مطمئن باشید که دارید بذر شکست را در باغچه زندگی می‌کارید.

جمع‌بندی آموزش

این نکاتی کـه گفتـه شـد بـرای ایـن بـود کـه در مسـیر موفقیـت بایـد این نکات و راز موفقیت را یا کنار گذاشت یا در خودمان نهادینـه کنیم پس بهتر است، ایـن ۱۰ راز موفقیـت را همیشـه بـا خودمـان همـراه داشته باشیم؛ چون با رعایت‌کردنش خیلـی از جنبه‌هـای دیگر زندگی درست می‌شود.

«بـرای رسـیدن بـه جایـی کـه در زندگی می‌خواهیـم، بایـد آن را حفظ کنیـم. ما بایـد یک چشم‌انـداز ایجاد کنیـم، بر اساس آنچه مـا را بـه سـرعت بـه سـمت اهـداف خود سـوق می‌دهـد، انتخـاب کنیـم و بـا عـزم و قاطعیت بـه دنبـال آنها برویم» استدمن گراهـام.

فصل بیست و یکم

اعتمادبه‌نفس چیست؟

اعتمادبه‌نفس را می‌شود یک شرایط روحی دانست که انسان به‌خاطر تجربه‌های گذشته و شناختی که به توانایی‌ها و استعدادهایش دارد خودش را در انجام کارهاش موفق می‌داند. چرا؟ چون وقتی ما بدانیم و درک کنیم که گذشته درس‌های مفیدی برای ما داشته و بتوانیم به شناختی از خودمان و دنیای اطرافمان برسیم.

آن‌وقت شما دارای روحیه قوی‌تری برای انجام کارها هستید یا شما اعتمادبه‌نفس انجام آن کار را خواهید داشت. اگر بخواهیم برای اعتمادبه‌نفس یک فرمول در نظر بگیریم، آن را می‌شود در سه قسمت تقسیم کرد و آن را مثلث اعتمادبه‌نفس دانست:

۱- باور

۲- رفتار

۳- احساس.

«یکی از تمرین‌های مسئولیت‌پذیری این است که خود را نه به عنوان یک عامل،، انتخاب‌کننده، حل‌کننده مشکل و یادگیرنده در روابط متقابل پیچیده زندگی خود بدانیم تا بتوانیم بهتر با مردم و جهان ادغام شویم. وقتی این کار را می‌کنیم، از شیوه بهتر و پربارتر برای زندگی و رهبری لذت می‌بریم» کریستوفر اوری.

اشتباه رایج در مورد اعتمادبه‌نفس

یکی از عواملی که شاید در مطالب و آموزش‌هایی که می‌خوانم و در آموزش‌ها به آن برخورد می‌کنم، آن موضع این است که اعتمادبه‌نفس که در مواردی هم می‌بینیم، با عزت‌نفس اشتباه می‌گیرند و تعریف عزت‌نفس را برای اعتمادبه‌نفس به کار می‌برند، اما این دوتا با هم کاملاً متفاوت هستند. وقتی به این تعریف نگاه می‌کنیم، می‌بینیم که قدرت تفکیکی از اینکه به اعتمادبه‌نفس اشاره دارد یا عزت‌نفس نداریم.

ریشه اعتمادبه‌نفس چیست؟

خیلی از دوستان معانی خوبی برای تعریف اعتمادبه‌نفس ارائه می‌دهند و خیلی زیباست، اما معنی اعتمادبه‌نفس یعنی باور و اعتقادی که فرد به خودش دارد. خودت را چطور می‌بینی؟ اگر خودت را قوی می‌بینی پس قوی هستی. اگر خودت را ضعیف می‌بینی، پس ضعیف هستی. اگر خودت را در ریاضی قوی می‌بینی، پس تو در ریاضی قوی هستی. اگر در زبان خودت را ضعیف می‌دانی، پس تو در زبان ضعیف عمل می‌کنی. در واقع هر دیدگاهی که نسبت به خودت داری اعتمادبه‌نفس تو را دارد بیان می‌کند.

اگر فکر می‌کنی دیگران دوستت دارند، پس دیگران دوستت دارند و اگر فکر می‌کنی بقیه ازت متنفر هستند بقیه از تو تنفر دارند. اگر باور داری به توانایی‌هایت به خلق یک بیزنس بزرگ، به برگزاری یک کنفرانس مهم و... پس تو می‌توانی و برعکس این مسئله هم صادق است؛ یعنی اگر این باور را داری که شخص بی‌ارزشی هستی پس

بی‌ارزش هستی و دیگران تو را بی‌ارزش می‌دانند. پس هر باوری به خودت داری به قدرت‌هایت و به توانایی‌هایت، به خدایی که قبول داری تو را موفق می‌کند و این باورها را باید بسازی، اینکه چقدر از خودت رضایت داری و از خودت خوشنود و خوشحالی و اینکه چقدر خودت را می‌شناسی، همان‌قدر تو را تعریف و اعتمادبه‌نفست را مشخص می‌کند. همان‌قدر که از خودت راضی هستی و خودت را می‌شناسی، همان‌قدر اعتمادبه‌نفس تو را می‌برد بالا.

چقدر به نقاط ضعفت آگاهی؟ همه ما نقاط ضعف و قوت زیادی داریم. خیلی از آدم‌ها وجود دارند و تعدادشان هم خیلی زیاد است که نمی‌توانند نقاط ضعف خود را بگویند و اینکه:

> خوب، بهتر، عالی؛ این مسیر زندگی درست است. تا زمانی که خوب را به بهتر و بهتر را به عالی تبدیل نکرده‌اید، متوقف نشوید.

شروع آسان بالابردن اعتمادبه‌نفس

در واقع اگر ما بخواهیم یک نقطه شروع برای اعتمادبه‌نفس در نظر بگیریم، آن نقطه باورهای مثبت داشتن نسبت به خود و زندگی است. اما این سه مورد مثل یک مثلث هستند که هر ضلع آن روی ضلع‌های دیگر تأثیر می‌گذارد و در واقع هر طرز فکر و باور مثبت به دنبال خود یک رفتار مثبت به همراه دارد و وقتی این رفتار شکل بگیرد، احساس مثبتی در شخص ایجاد می‌شود و در نهایت روی

رفتار خودش را ظاهر می‌کند و شما می‌بینید که دارید تغییر می‌کنید و احساس و رفتارتان در جهت مسیرتان قرار می‌گیرد و با حس خوب و مهربانی و محبت و پرقدرت به ادامه راهتان می‌پردازید. برای اینکه اعتمادبه‌نفس خودتان را بالا ببرید، به تمرین زیر دقت کنید و آن را انجام دهید.

تمرین: ۱۰ دقیقه در مورد توانایی‌ها و کارهایی که می‌توانید انجام دهید، بنویسید.

شاید بگویید هیچ چیزی نتوانیم بنویسیم و اتفاقی که می‌افتد و در سمینارهایی که برگزار کردیم به دوستانی که حضور داشتد گفتیم، پنج دقیقه در مورد توانایی‌هایت همین الان بنویس و توضیح بده و اتفاقی که می‌افتاد در اکثر موارد این بود که طرف ما را نگاه می‌کرد و هیچ حرفی برای گفتن نداشت. ولی وقتی ما باور و دیدگاهشان را نسبت به خودشان عوض کردیم و توضیحات بیشتری دادیم، شروع کردند به نوشتن و آن توضیحات این است:

واقعا تو مشق‌هایت را خوب‌تر از بقیه نمی‌نوشتی، دست‌خطت بهتر نبود، واقعاً در هیچ درسی شما آن درس را بهتر از بقیه یاد نمی‌گرفتید؟ در ورزش؟ در موسیقی؟ در هنر؟ واقعاً نمی‌توانی یک بچه را ساکت کنی یا یک املتی چیزی درست کنی؟

اینها توانایی است، اینها همش توانایی محسوب می‌شود. اعتمادبه‌نفس توانایی مواجهه با چالش‌های سخت زندگی است. چقدر می‌توانی با مسائل و روزهای سخت زندگی کنار بیایی؟ همه ما روزهای خوب و سخت در زندگی‌مان داریم و اینکه

به خودت حالی کن ما قوی می‌شویم از همان‌جا که ضعیف شدیم و رشد می‌کنیم از همان‌جایی که زخم خوردیم.

به خودت حالی کن که هر چیزی در جهان ممکن است مشابهی داشته باشد، اما از تو فقط یکی در جهان هست. خودت را دوست داشته باش، با ساده‌ترین اتفاق‌ها و رفتارها نرنج و برای رشد و تعالی اخلاق و باور و هویتت بجنگ.

چگونه رفتارمان را تغییر بدهیم؟

احساس خوب باعث تقویت باورها و باورها هم باعث تغییر رفتارها می‌شوند؛ پس بر اساس گفته‌هایی که تا الان گفتیم، اعتمادبه‌نفس واقعی در درون شما تولید می‌شود. اعتمادبه‌نفس واقعی زاییده تعهد شما نسبت به خودتان است و این تعهد باعث می‌شود هر کاری که لازم است، انجام بدهیم تا به خواسته‌ای که داریم برسیم. در واقع می‌شود گفت اعتمادبه‌نفس یک باور نسبت به روحی که در درون انسان وجود دارد به عنوان یک انسان است.

اعتمادبه‌نفس نترسیدن نیست، بلکه بدانیم با وجود ترس‌هایی که هست، با ایمان دست به عمل و اقدام بزنیم و بدانیم که در آن مورد موفق خواهیم شد با آگاهی و شناخت از خودمان در مسیر قدمی مصمم برداریم.

حالا اگر درک کنیم اعتمادبه‌نفس چیست و چطور می‌شود آن را

به کار برد، برای اینکه بتوانیم آن را به کار ببریم باید راه‌های افزایش و قدرتمندکردن آن را بدانیم که در این قسمت به راه‌های افزایش اعتمادبه‌نفس می‌پردازیم.

اینکه ما در برخورد با مشکلات و سختی‌ها چه برخورد و رفتاری از خودمان نشان می‌دهیم، تمایز ما را نشان می‌دهد. خیلی تفاوت هست بین انسان‌های بااعتمادبه‌نفس و انسان‌های بی‌اعتمادبه‌نفس آدم‌های کمی می‌توانند از شرایط سخت زندگی سالم بیرون بیایند.

زندگی هر روزش یک درس است. در هر شکستی که می خوری یا در هر موفقیتت، درس‌هایی یاد می‌گیری که تو را می‌سازد. اینکه شکست بخوری و همان‌جور بمانی، انتخاب تو است؛ اما اگر بلند شی و ادامه بدهی، تو شکست نخوردی بلکه یک درس گرفتی و از نو شروع کردی.

تقسیم‌بندی انواع اعتمادبه‌نفس

اعتمادبه‌نفس به سه دسته تقسیم می‌شود: عاطفی، معنوی و رفتاری. البت این راه هم عنوان کنیم که اعتمادبه‌نفس این نیست که ما اعتمادبه‌نفسمان را بالا ببریم و همیشه آن بالا بمونَد؛ نه، این‌طوری نیست، بلکه بعضی وقت‌ها اتفاقاتی می‌افتد و باعث می‌شود که اعتمادبه‌نفس ما تضعیف یا گاهی از بین برود در آن مورد خاص و این بدان معناست که ما باید همیشه روی خودمان کار کنیم

و تمرینـات خـود را انجـام بدهیـم تا حالت پایدار را در خودمان ایجاد کنیـم و همیشـه بـا اعتمادبه‌نفس در زندگی و کارامان ظاهر بشیم.

مـا در ادامه این سـه دسـته را کامل برای شـما عزیزان توضیح می‌دهیم تـا درک شـما نسـبت به این مطالب بهتـر و باکیفیت‌تر شود و شـما بیشـتر بـا ایـن مباحـث آشـنا شـوید تا بدانیـد اعتمادبه‌نفس می‌توانـد گونه‌هـای متفاوتی داشـته باشـد.

۱) اعتمادبه‌نفس رفتاری

ایـن نـوع اعتمادبه‌نفس رفتـاری یعنی کارهایـی کـه مـا بتوانیم انجام بدهیـم؛ چـه کارهـای خیلـی کوچـک، چـه کارهـای خیلـی بـزرگ یا کارهـای آسـان، کارهـای سـخت؛ یعنـی توانایـی عمل‌کردن، یعنـی مـا می‌دانـم کـه فیزیکمـان خیلـی قـوی اسـت و معمـولا اتفاقـی کـه رخ می‌دهـد ایـن اسـت کـه مـا فقـط در گروهـی کـه در مـورد فیزیـک اسـت قـوی عمـل می‌کنیـم و اعتمادبه‌نفسـمون بالاسـت؛ در باقـی مـوارد مثلاً در هنـر آن اعتمادبه‌نفس را نداریـم و در جمعی کـه همـه هنرمنـد هسـتند نمی‌توانیـم صحبـت کنیـم و آن اعتمادبه‌نفـس را از خودمـان بـروز بدهیـم.

در واقـع وقتـی مـا می‌آییـم هدف‌گـذاری می‌کنیـم و در راسـتای خواسـته‌هایمان قـدم برمی‌داریم، بـه ایـن اعتمادبه‌نفس رفتـاری می‌گوینـد و بـه خواسـته‌هایمان جامـه عمل بپوشـانیم و خودمـان را در جهت رسـیدن بـه خواسـته‌ها و اهدافمان قـرار بدهیـم و بـه موفقیت برسـیم و اینکـه:

این زندگی قشنگی‌های خودش را دارد. کافی است با چاله و چوله‌هایش راه بیایی.

این‌قدری خدا همه چیز را برایت قشنگ می‌کند که متوجه نمی‌شوی این همه چیزهای قشنگ در زندگی‌ات از کجا آمده.

فقط یکم راه بیا؛ می‌دانم سخت است، می‌دانم خسته شدی، ولی چاره‌ای نیست، تو یک حرکتی بکن، قدمی بردار، بقیه راه هم جلوی رویت باز می‌شود. بقیه راه برایت سبز می‌شود. امید را می‌بینی در راهت و آن را تو چشم‌های هدف می‌خوانی.

۲) اعتمادبه‌نفس عاطفی

اعتمادبه‌نفس عاطفی یا احساسی؛ یعنی بدانیم چه احساساتی داریم و احساسات خودمان را درک کنیم و در این میان خیلی‌ها هستند که متوجه این موضوع نمی‌شوند که چه احساساتی دارند؛ مثلاً می‌دانند حالشان بد است، ولی نمی‌دانند چرا حالشان بد است؟

نمی‌دانند این احساسشان که احساس غم، رنج، درد، افسردگی است، چیست. درک نمی‌کنند که چه نوع احساسی دارند؟ در واقع اینکه ما بدانیم چه احساسی داریم و چطور می‌توانیم احساسمان را خوب کنیم یا چطور احساسمان را خوب نگه داریم و چطور بتوانیم با دیگران روابط خوب برقرار کنیم. بدانیم طرفمان حالش خوب است یا بد و با او نسبت به حال و هوایش باهاش ارتباط برقرار کنیم.

در مورد خودمانم همین قضیه برقرار باشد. مثلاً وقتی ناراحت و عصبانی هستیم، برخورد خوبی را نسبت به خودمان ارائه بدهیم و خودمان را کنترل کنیم و خودمان را محکوم نکنیم و با خودمان در صلح و آشتی باشیم و اینکه:

جا نزن!

کلمه من که به خودم بعد از هر هزار دفعه‌ای که خراب کردم، بعد از هر بار گریه و زاری، وقتی دلت شکست، بعد از هر بار ناامیدشدن و خط خطی‌کردن نوشته‌هایت؛ کلمه امیدبخشی که می‌گفتم:

«جا نزن» بود.

کلمه‌ای که به من می‌گفت هدفت سخت است ولی تو سخت‌تری! تو قوی‌تری! حتی اگر زمین خوردی و زانوهایت زخمی شد، ولی نمی‌خواهم زمین بمانی! نمی‌توانی زمین بمونی.

بالاخره یک جا باید بلند شوی؛

چه بهتر که الان بلند شوی، نه وقتی دیگر کار از کار گذشته!

الان که خسته‌ای ادامه بده، نه وقتی خستگیت در رفت؛ آن‌موقع دیگر ارزش ندارد؛ «آن‌موقع دیگر همه به تو رسیدن».

تو که تا اینجا آمدی؛

تو که آن روزهای سخت و طولانی را داشتی،

آخرش هم قشنگ تمام کن.

اینجا دیگر دور آخر دوی ماراتن است.

اینجـا دیگـر زور آخـر اسـت؛ هرچـه تـوان داری بگـذار، هرچـه انـرژی داری در پاهایـت جمـع کـن و هـر قدمـت را محکـم بـردار.

مطمئنـم، مطمئنـم همـان عشقـی کـه تـو را تـا اینجا رسانده از اینجا به بعـد هـم کمکـت می‌کنـد و بـه تـو بـال و پـر می‌دهـد.

واسه بقیه نه!

واسه تک‌تک سلول‌هایـی کـه در بدنـت دارنـد برایـت زحمـت می‌کشـند، بجنـگ و خوشحال‌شـان کـن.

تو می‌توانی رفیق. یادت باشد.

۳) اعتمادبه‌نفس معنوی

و امـا بهتریـن و مهم‌تریـن نـوع اعتمادبه‌نفس معنـوی اسـت. اینکه مـا خدا را در زندگی‌مـان حـس کنیـم و قبولـش داشـته باشـیم و بـا او ارتبـاط برقرار کنیـم و همـواره از ایـن رابطـه زیبـا لـذت ببریـم و سپاسگزار خداوند باشـیم.

بـه خاطـر داشـته باشـیم چنیـن خداونـد بـزرگ و بلندمرتبـه‌ای داریـم و اینکـه بـاور کنیـم کـه همـه چیـز آخـرش خـوب می‌شـود و بـر وفـق مراد ما خواهـد شـد. بـاور بـه اینکـه جهـان هسـتی در مسـیر بزرگ‌شـدن و تکامل اسـت و هـر روز دارد بـه سـمت خوبی‌هـا و لذت‌هـای بیشـتر سـوق پیـدا می‌کنـد و شـرایط دارد عالی‌تـر می‌شـود و ایـن بـاور کـه مـن به‌خاطـر انجـام رسـالتی در ایـن جهـان هسـتی وجـود دارم. اینکـه خداونـد و فرشـتگان همـواره مـن را حمایـت و حفاظت می‌کننـد و همـه چیـز تحت کنترل خداونـد اسـت و اگـر خداونـد ناخـدای کشـتی ماسـت، نگـران دریا نباشـیم.

من به فرداهای نو، به آبی آسمان، به سبزی نگاه باران، من به روزی که دوباره کوچه‌ها می‌خندند، من به آغازی بر یک پایان یقین دارم.... .

تنها راز اعتماد‌به‌نفس در چیست؟

این راز خیلی مهم است و ما همیشه باید در نظرمان باشد و به یاد داشته باشیم و آن این است که اعتماد‌به‌نفس را به نتیجه ربط ندهیم؛ چون در صورتی که آن کار نتیجه ندهد، ما اعتماد‌به‌نفسمان را از دست می‌دهیم و احساسمان بد می‌شود.

همچنین فارغ از هر نتیجه، ما باورهای درست و صحیح را برای داشتن اعتماد‌به‌نفس بالا برای خودمان همواره به دست بیاوریم و بسازیم و این را یادمان باشد که یک کاری را شروع می‌کنیم، در ابتدا نتیجه خوبی را شاید به دنبال نداشته باشد و نیازمند صبر و باور و ایمان و پشتکار دارد که هر روز تلاش بیشتری کنیم تا به نتیجه دلخواهمان برسیم. ما باید حرکت کنیم و همواره فعال باشیم و در این مسیر امکان اشتباه و شکست و اتفاقات پیش‌بینی‌نشده وجود دارد و وقتی ما اعتماد‌به‌نفسمان را به نتیجه گره بزنیم، وقتی به نتیجه دلخواهمان نرسیم، انگیزه و انرژی خود را از دست خواهیم داد و دیگر درون مسیر تلاشی نمی‌کنیم و دست از کار می‌کشیم. پس دوست قدرتمند من، با تلاش و انگیزه و با ایمان در دل ترس‌هایت قدم بردار

و به ترس‌هایت حمله‌ور شـو و بدان شکستشـان می‌دهی و اینکه:

اگر از جایی که الان هستی راضی نیستی، غلت بزن و جایت را عوض کن. آب هـم کـه یک جا راکد بماند، می‌گندد.

تفاوت بین غرور و تکبر و اعتمادبه‌نفس

غـرور و تکبـر بـا اعتمادبه‌نفس معنـی کامـلاً مجـزا دارنـد و اکثر مـردم غرور را بـا اعتمادبه‌نفس یکی می‌داننـد؛ درصورتی‌که غـرور یعنـی خودت را در تو می‌خواهی ثابت کنی کـه از بقیه بهتری، غرور یعنی اینکه مـن خـودم را قبول دارم و بقیه وجـود نـدارد کـه بخواهـم قبول داشته باشـم یا نداشته باشـم؛ درصورتی‌کـه اعتمادبه‌نفس یعنـی اینکـه مـن خـودم را دوست دارم و در عیـن حـال بـه بقیـه هـم احتـرام می‌گذارم و ایـن دیدگاه را دارم کـه مـن بنـده بی‌نظیـر خداونـد هسـتم و دیگران هـم بنـدگان بی‌نظیر خداونـد هسـتند.

تو خوب باش؛ کسی ندید، خدا می‌بیند دیگر.

تفاوت بین پررویی و اعتمادبه‌نفس

پررویی بـا اعتمادبه‌نفس فـرق دارد؛ چون فـردی کـه پررو اسـت در واقـع دارد نشان می‌دهد از درون تهی است و چیزی برای عرضه ندارد

و با تحقیرکردن دیگران و پرروبازی می‌خواهد ضعف‌ها و نواقص خودش را کمرنگ جلوه بدهد؛ درصورتی‌که فردی که اعتمادبه‌نفس دارد شخصیت متواضعانه و خاضعانه دارد و دنبال عیوب و فخرفروشی به دیگران نیست و دنبال تحقیرکردن دیگران نیست و مشغول انجام کارهای خودش است و به کسی کاری ندارد.

در واقع نیازی ندارد خودش را به کسی ثابت کند. نیازی ندارد قدرت‌های خودش را به رخ کسی بکشد و خودنمایی کند. آنها به توانایی‌ها و ارزشمندبودن خودشان اذعان دارند و به همین خاطر نیازی ندارند که خود را به کسی اثبات کنند.

یک زندگی خوب و درخشان مجموعه‌ای از هزاران تلاش و ایثاری است که هیچ‌کس از آن باخبر نیست.

«مردان بزرگ از ارتفاعاتی که فتح کرده‌اند حفاظت می‌کنند؛ جاهایی که یک شبه به آن نرسیده‌اند. اما هنگام شب درحالی‌که همراهانشان خفته‌اند، باز هم به تلاش خود برای پیشروی ادامه می‌دهند» برایان تریسی.

فصل بیست و دوم

۹ راهکار شگفت‌انگیز تقویت اعتمادبه‌نفس

برای اینکه ما نیروی اعتماد به خودمان را بالا ببریم و نفسمان را بزرگ کنیم و به آن پر و بال بدهیم و پرقدرت در زندگی‌مان ظاهر شویم، به شش ابزار تأثیرگذار و شگفت‌انگیز در این مطلب اشاره می‌کنیم و افزایش اعتمادبه‌نفس در زنان و مردان را با هم بررسی می‌کنیم.

هر چقدر در دنیای امروز پیش می‌رویم، اهمیت ارتباط در زندگی ما انسان‌ها بیشتر می‌شود و در ارتباط و زندگی درست اعتمادبه‌نفس نقش خیلی مهم و پررنگی را دارد و اگر نتوانیم اعتمادبه‌نفس درستی را برای خودمان شکل بدهیم، مطمئناً در خیلی از جنبه‌های زندگی عقب می‌مانیم و خیلی وقت‌ها ضربه‌های زیادی را از نبود اعتمادبه‌نفس می‌خوریم.

درواقع اعتمادبه‌نفس باعث می‌شود که ما ارتباط‌های درستی را بگیریم، از توانایی‌هایمان درست استفاده کنیم و همواره فرصت‌های درستی را برای خودمان بسازیم که داخل این آموزش و در ادامه باهم یاد می‌گیرید چطور اعتمادبه‌نفس درستی را داشته باشیم.

همان‌طور که اشاره کردیم اعتمادبه‌نفس یعنی باور داشتن به خود بر اساس توانایی‌های که در گذشته داشتیم و به واسطه این باور ما بتوانیم به سمت کارهای جدید و اقدام‌های جدید برویم. در این

موضوع ما باید مراقب باشیم که درگیر اعتمادبه‌نفس کاذب نشویم؛ چون اگر اعتمادبه‌نفس را به‌صورت درست و واقعی درک نکنیم نمی‌توانیم به یک خروجی مناسب برسیم.

اعتمادبه‌نفس کاذب را می‌شود از اینجا شناخت که ما بیاییم خودمان را بزرگ‌تر از آن چیزی که هستیم نشان بدهیم و در اصل در آن اندازه‌ای که خودمان را توانا نشان می‌دهیم، نباشیم و هدف جلب توجه کردن و خوب نشان‌دادن خودمان در زندگی باشد، ولی اعتمادبه‌نفس درست به این صورت نیست.

به توضیح کامل هر یک از این راهکارها می‌پردازیم و شما هم این راهکارها را بارها و بارها با خودتان تمرین و تکرار کنید و در ذهنتان بهش فکر کنید تا نتایج شما پررنگ‌تر شود و نسبت به راه‌های افزایش اعتمادبه‌نفس در خود آگاهی پیدا کنید.

همان‌طور که از عنوان آموزش مشخص بود، قرار است با هم ۹ راهکار را بررسی کنیم که این ۹ راهکار در نهایت باعث شوند اعتمادبه‌نفسمان افزایش پیدا کند یا در حالت دیگر تقویت شود و بتوانیم بهره مناسبی را دریافت کنیم.

راهکارهایی که قرار است با هم بررسی کنیم، اساسی و مهم هستند که می‌توانند در اعتمادبه‌نفس هر انسانی نقش سازنده‌ای را داشته باشند. پس این راهکارها را در زندگی پیاده‌سازی کنید.

راهکار اول) اعتماد به خود

واژه اعتمادبه‌نفس همان‌طور که از خود واژه مشخص است، منظور

باورداشتن و اعتمادکردن به خودمان هست و بر اساس آن اعتماد ما قدم برداریم و پیش می‌رویم، اما یکی از نکات مهم در زندگی این است که انسان‌هایی که به خودشان باور دارند، به همین دلیل در موقعیت‌هایی که مسائل و چالش‌هایی به وجود می‌آید، انسان‌ها خودشان را می‌بازند و نمی‌دانند باید چه کاری را انجام بدهند. در حالت بعدی انسان‌ها به خودشان اعتماد ندارند؛ به همین دلیل به سراغ انجام کارهای تازه نمی‌روند یا اگر بخواهند بروند باید یک همراه داشته باشند.

درواقع تنهایی نمی‌توانند کاری را انجام بدهند و همین موضوع باعث می‌شود که ما اعتماد به خودمان و اعتمادبه‌نفسم نداشته باشیم. خودتان را باور کنید و در راستای اهدافتان قدم بردارید تا باور به خودتان بیشتر شود.

خوب است آدمی جوری زندگی کند که آمدنش چیزی به این دنیا اضافه کند و رفتنش چیزی از آن کم.... حضور آدمی باید وزنی در این دنیا داشته باشد، باید جای پایش در این دنیا بماند. آدم خوب است که آدم بماند و آدم‌تر از دنیا برود؛ نیامده‌ایم تا جمع کنیم، آمده‌ایم تا عشق را، ایمان را، دوستی را با دیگران قسمت کنیم و غنی برویم. آمده‌ایم تا جای خالی‌ای را پر کنیم که فقط و فقط با وجود ما پر می‌شود و بس! آمده‌ایم تا بازیگر خوب صحنه زندگی خود باشیم. پس بهترین بازی خود را به نمایش بگذاریم.

اما چرا باید به خودمان اعتماد داشته باشیم؟

اولیـن نکتـه‌ای کـه می‌خواهـم بـه شـما بگویـم ایـن اسـت کـه همـه مـا انسـان هسـتیم و هیـچ برتـری نسـبت بـه هـم نداریـم. تنهـا موضوعـی کـه باعـث می‌شـود انسـان‌ها نسـبت بـه هـم قوی‌تـر باشـند، یادگیـری و تمرین‌هایـی هسـت کـه انجـام می‌دهنـد. درواقـع مـا هرچقـدر یـک موضـوع را بهتـر درک کنیـم و بـرای آن وقـت بگذاریـم مـا در آن موضـوع قـدرت بیشـتری را بـه دسـت می‌آوریـم.

پـس بـه همیـن دلیـل مـا هـم می‌توانیـم بـه آن جایـگاه برسـیم فقـط بایـد در قـدم اول بـه خودمـان اعتمـاد داشـته باشـیم و بـرای آن موضـوع قـدم برداریـم شـما در زندگـی نیـاز بـه همـراه نداریـد بـرای اینکـه خیلـی از کارهـا را انجـام بدهیـد و مـا خیلـی راحـت بـه آدم‌هـا اعتمـاد می‌کنیـم و به‌واسـطه اعتمـادی کـه بـه آن‌هـا داریـم حرکـت می‌کنیـم.

مـن می‌خواهـم بگویـم آن اعتمـاد را به‌جـای اینکـه بـه بقیـه بدهیـم بهتـر اسـت بـه خودمـان بدهیـم؛ چـون ممکـن اسـت در طـول مسـیر انسـان‌هایـی کـه مـا اعتمادمـان را بـه آن‌هـا دادیـم مـا را رهـا کننـد، امـا وقتـی اعتمـاد را بـه خودمـان بدهیـم در هـر لحظـه خودمـان در کنـار خودمـان هسـتیم و می‌توانیـم بـه واسـطه آن اعتمـادی کـه داریـم همیشـه حرکـت کنیـم.

در قـدم اول بـه خودمـان اعتمـاد داشـته باشـیم و ایـن را همیشـه در ذهنمـان داشـته باشـیم مـا هـر آگاهـی و هـر مهارتـی کـه لازم داشـته باشـیم، می‌توانیـم یـاد بگیریـم و بـا تمریـن داخـل آن به‌صـورت حرفـه‌ای عمـل کنیـم، امـا قبـل از تمـام اینهـا خودمـان را بـاور کنیـم کـه مـا می‌توانیـم در یـک مسـیر قـدم برداریـم و می‌توانیـم آن را بـه نتیجـه برسـانیم آن‌وقـت مـا یـک قـدم درسـت را برداشـته‌ایـم.

برای انجام کارهایی که تا حالا انجام ندادهای باید آدمی باشی که تا حالا نبودی و برای این کار به ارادهای محکم احتیاج داری. علم به اینکه تو برترین مخلوق خداوند هستی و اینکه هیچ چیز برای انسان غیرقابل دسترسی نیست، ارادهای محکم به تو خواهد بخشید. پس محکم باش همچون عظیمترین کوهها و جاری همچون پرخروشترین رودها.

راهکار دوم) دیدن نقاط قوت

هر انسانی نقاط قوت و نقاط ضعفی دارد که ما برای اینکه بتوانیم اعتمادبهنفسمان را افزایش بدهیم، باید نقاط قوت خودمان را پیدا کنیم و برای آنها وقت بگذاریم؛ چون مادامیکه ما داریم برای نقاط قوتمان وقت میگذاریم، در حال شکلدادن یک ساختار ذهنی برای خودمان هستیم که من فرد توانایی هستم و من هم میتوانم به دستاوردهای بهتری برسیم.

هر چقدر برای این موضوع وقت بگذاریم برای رشد اعتمادبهنفسمون وقت گذاشتیم. درواقع باید ما عادت کنیم در روند زندگی عادی همواره به دنبال نقاط قوت باشیم و آن نقاط قوت را برای خودمان آنالیز کنیم و یادآوری کنیم که ما چه نقاط قوتی داریم، اما شاید این سؤال پیش بیاید که چطور نقاط قوتمان را پیدا کنیم؟

همیشه سؤالهای درست منجر به جوابهای درست میشود

و برای پیداکردن نقاط قوت ما می‌توانیم با فکرکردن به سؤال‌های درست، به نتایج درست برسیم. سه سؤال را برای شما آماده کردیم و در ادامه در مورد این سؤالات بیشتر صحبت می‌کنیم.

سؤال اول: چه‌کاری را خوب انجام می‌دهید؟

سؤال دوم: اطرافیان شما را در چه زمینه‌ای توانا می‌دانند؟

سؤال سوم: به چه دستاوردی در زندگی افتخار می‌کنید؟

وقتی به سؤال‌های بالا جواب‌های درستی بدهیم، آن‌وقت ما نقاط قوتمان را پیدا کردیم و همواره می‌توانیم برای رشد آن نقاط قوت وقت بگذاریم. یادمان باشد که نقاط قوت را نباید با التزام اشتباه بگیریم. وقت‌هایی در زندگی هست که ما باید بر اساس لزوم یک تخصص را یاد بگیریم یا یک موضوع را رشد بدهیم، درواقع توانایی آن قسمتی از زندگی ماست که ما داخل آن خوب هستیم و خوب عمل می‌کنیم و اینکه:

> اگر تمام شب را برای از دست دادن خورشید گریه کنی، لذت بودن ستاره‌ها را هم از دست می‌دهی.

راهکار سوم) خود را با بقیه مقایسه نکنیم

نکته‌ای که همیشه سعی کردم به آن اشاره کنم این است که برای زندگی‌مان چرتکه نیندازیم و حساب‌وکتاب نکنیم زندگی خودمان را

با بقیه. وقتی ما داریم حساب می‌کنیم و مقایسه می‌کنیم، دو حالت دارد: یا ما برنده‌ایم یا بازنده.

اما از آنجایی که ساختار ذهن ما آدم‌ها به این صورت است که به دنبال منفی‌ها هستیم، در اکثر اوقات در مقایسه‌کردن بازنده هستیم و همین عامل باعث می‌شود اعتماد به خودمان و اعتمادبه‌نفسمان را از دست ندهیم.

مقایسه درست مقایسه‌ای است که ما در آن خودمان را با خودمان مقایسه کنیم و با این مقایسه بخواهیم میزان پیشرفتمان را مشخص کنیم یا در حالت‌های دیگر خودمان را ارزیابی کنیم تا به واسطه آن ارزیابی بتوانیم خودمان را بهبود بدهیم.

پس اگر در زندگی به این صورت عمل کنیم که مقایسه نکنیم و رفتار مقایسه‌گر را کنار بگذاریم، آن‌وقت ما می‌توانیم اعتمادبه‌نفسمان را تقویت کنیم که در ادامه دلیل مقایسه‌نکردن را برای شما کامل توضیح می‌دهیم و اینکه:

یاد بگیر از هر دقیقه زندگی خود لذت ببری. همین الان شاد باش و منتظر نباش چیزی خارج از تو در آینده تو را خوشحال کند. به این فکر کن که زمانی که باید چه در محل کار و چه در کنار خانواده ات صرف کنی، چقدر ارزشمند است. باید از هر دقیقه آن لذت برد و لذت برد.

"ارل نایتینگل"

دلیل مقایسه‌نکردن چیست؟

وقتی ما در حال مقایسه‌کردن هستیم طبعاً نقاط ضعف خودمان و زندگی‌مان را پیدا می‌کنیم و وقتی این نقاط را پیدا کردیم شروع می‌کنیم به سرکوفت‌زدن و سرزنش‌کردن خودمان و یک احساس بد و ناتوانی را تجربه می‌کنیم. این در حالی است که در اعتمادبه‌نفس ما احساس خوب و احساس توانا بودن را تجربه می‌کنیم.

پس این عامل یکی از دلایل محکم برای این موضوع است که ما تصمیم بگیریم خودمان را مقایسه نکنیم؛ چون با مقایسه هم عزت‌نفس و هم اعتمادبه‌نفسمان کاهش پیدا می‌کند و حتی در بعضی جاها سبب تخریب کامل می‌شود.

تمام افکار خود را روی کاری که دارید انجام می‌دهید، متمرکز کنید. پرتوهای خورشید تا متمرکز نشوند نمی‌سوزانند.

آیا اعتمادبه‌نفس اکتسابی است؟

من همیشه به این نکته اشاره می‌کنم اگر در زندگی ما مسئله‌ای داریم و می‌توانیم با یادگیری و تمرین آن مسئله را حل کنیم، نباید نگران آن باشیم؛ چون می‌توانیم با انجام یک‌سری اقدام‌های درست به یک خروجی مناسب برسیم و آن موضوع را حل کنیم.

پس اگر در زندگی حس می‌کنید اعتمادبه‌نفس مناسبی ندارید، اصلاً نگران این موضوع نباشید؛ چون با یادگیری و تمرین می‌توانید تبدیل به یک فرد بااعتمادبه‌نفس شوید.

زندگی را سخت نگیر
رونق عمر، چند صباحی گذراست
قصه بودن ما
برگی از دفتر افسانه‌ای راز بقاست
و اگر باغ به خود رنگ خزان می‌گیرد
همه هشدار به توست
سخت نگیر
زندگی کوچ همین چلچله‌هاست
به همین زیبایی

مهم‌ترین تأثیر نداشتن اعتمادبه‌نفس در زندگی چیست؟

در زندگی همواره به دنبال تغییر و دیدن فرصت‌ها بودن و در کنار این موضوع همواره از مسئله‌ها و واقعیت‌های زندگی‌ام فراری بودم و اصلاً به این موضوع توجه نکردم که با حل کردن مسئله‌ها و چالش‌ها من می‌توانیم فرصت‌هایی را در زندگی‌ام ایجاد کنم و بتونم مسیرهای جدیدی را تجربه کنم.

نداشتن اعتمادبه‌نفس در زندگی گذشته من باعث شد که کارهای اشتباه زیادی را انجام بدم و بعضی‌اوقات ضربه‌های بدی را از آن

موضوع به زندگی‌ام وارد شود برای مثال من به این نتیجه رسیده بودم که این دوستی و ارتباط دوستی، ارتباط درستی نیست.

اما به دلیل نداشتن اعتمادبه‌نفس و ترس از دست دادن آن شخص در آن رابطه و دوستی می‌ماندم و هرچقدر از این موضوع می‌گذشت من فشارهای بیشتری را تحمل می‌کردم و ضربه‌های سنگینی از سمت آن شخص به من وارد می‌شد. روزی که تصمیم گرفتم روی خودم کار کنم و در حوزه خودشناسی به آگاهی‌های لازم درباره خودم و قوانین حاکم بر جهان اشراف پیدا کردم، در سریع‌ترین زمان ممکن آن دوستی و آن شخص را از زندگی‌ام حذف کردم و نتیجه این شد که به احساس آرامش و رضایت از درون رسیدم.

این موضوع را گفتم که به این نتیجه برسم در زندگی ما انسان‌ها نداشتن اعتمادبه‌نفس علاوه بر اینکه باعث می‌شود کارها و مسیر اشتباه را رها نکنیم هم‌زمان باعث می‌شود فرصت‌های زیادی را از خودمان بگیریم و تا زمانی که برای این موضوع یک تصمیم درست نگیریم، نمی‌توانیم تغییر درست و اساسی را در زندگی‌مان ایجاد کنیم. پس اگر در زندگی تأثیرهایی شبیه به این موضوعاتی را که گفتم دریافت کردید، بهتر است همین حالا برای بهبود اعتمادبه‌نفستان یک تصمیم جدی بگیرید و آموزش‌های لازم را در این حیطه بگذرانید.

اعتمادبه‌نفس جنبه‌های زیادی را در بر می‌گیرد. شاید در زندگی چالش‌ها و مسئله‌های مختلفی را تجربه کردیم یا همین‌الان هم داریم تجربه می‌کنیم. من به این موضوع اعتقاد دارم که خیلی از مسائل ما یک ریشه دارد و اگر بتوانیم ریشه آن را پیدا کنیم و آن را درمان کنیم می‌توانیم خیلی از مسائل زندگی‌مان را حل کنیم.

این موضوع در مورد اعتماد به نفس هم صدق می‌کند اگر ما بتوانیم اعتماد به نفس درستی را برای خودمان بسازیم آن‌وقت خیلی از مسئله‌های ما مثل روابط، حس و حال بد، روابط اشتباه، تفکرهای اشتباه و... حل می‌شود؛ چون اعتماد به نفس یک موضوع مهم و ریشه‌ای در زندگی ما آدم‌هاست و اگر اعتماد به نفستان را تغییر داده باشید این موضوع را بهتر درک می‌کنید.

وقتی برای دیگران، لقمه بزرگ‌تر از دهانشان باشی؛

آنها چاره‌ای ندارند، جز اینکه «خردت» کنند تا برایشان اندازه شوی؛

پس مراقب معاشرت‌هایت باش؛

ساعت زندگی‌ات را به افق آدم‌های ارزان قیمت کوک نکن؛

یا خواب می‌مانی... یا از زندگی عقب!

راهکار چهارم) پذیرش گذشته زندگی خود

یکی از مواردی که تأثیر زیادی روی احساس درونی ما در زندگی دارد، گذشته ما انسان‌هاست، در اولین مرحله از این قسمت که در قسمت‌های مختلفی، درباره پذیرش واقعیتهای زندگی خود در آموزش‌های قبلی صحبت کردیم اما درینجا توضیحات کابردی که از اهمیت زیادی برخورد دارند ارائه می‌دهیم.

پذیرفتن گذشته به این صورت که ما نمی‌توانیم گذشته زندگی خودمان را تغییر بدهیم ما نمی‌توانیم تأثیری را گذشته خودمان و انسان‌ها داشته باشیم؛ چون این مورد از اختیار ما خارج شده است اما ما می‌توانیم از گذشته استفاده کنیم.

خیلی از مواقع که به گذشته فکر می‌کنیم احساس ضعیف‌بودن و احساس گناه داشتن به ما دست می‌دهد و اینجا دقیقاً نقطه ایه که اعتمادبه‌نفس در مورد خود شخص نابود می‌شود من نمیگم گذشته را بی‌خیال فقط می‌گویم آن مواردی را به یک مورد خوب تبدیل کنیم.

برای مثال درس‌ها و تجربیاتی را که آن مورد در گذشته برای ما به وجود آورده بنویسیم و سعی کنیم در ادامه مسیر آن را استفاده کنیم و بدانیم و درک کنیم که فقط ما نیستیم که اشتباه کردیم تمام انسان‌ها در جاهایی از زندگی‌شان اشتباهاتی داشتند.

پس باید این احساس بد نسبت به گذشته خودت اعتمادبه‌نفس را در درونت نابود نکنی بلکه یاد بگیر با حس خوبی نسبت به گذشته و یادگیری درس‌های ارزشمند گذشته زندگی‌ات این احساس را تقویت کنی.

انیشتین

در مورد اشتباهات گذشته دیدگاه قشنگی دارد و دراینجا خیلی به ما کمک می‌کند انیشتین در مورد اشتباه‌کردن می‌گوید کسی که هیچ‌وقت اشتباه نمی‌کند، هیچ‌وقت هم چیز جدید یاد نمی‌گیرد انیشتین می‌گوید هرگز از اشتباه‌کردن نترسید، چون اشتباه، شکست نیست اشتباهات شما را بهتر، زیرک‌تر و سریع‌تر می‌نمایند.

اگر شما از آنها درست استفاده کنید، قدرتی را که منجر به اشتباه می‌شود، کشف کنید. اگر می‌خواهید به موفقیت برسید، از اشتباه‌کردن نهراسید.

عقاب داشت از گرسنگی می‌مرد و نفس‌های آخرش را می‌کشید. کلاغ و کرکس هم مشغول خوردن لاشه گندیده آهو بودند. جغد دانا و پیری هم بالای شاخه درختی به آنها خیره شده بود. کلاغ و کرکس رو به جغد کردند و گفتند این عقاب احمق را می‌بینی به‌خاطر غرور احمقانه‌اش دارد جان می‌دهد؟

اگر بیاید و با ما هم سفره شود نجات پیدا می‌کند حال و روزش را ببین آیا باز هم می‌گویی عقاب سلطان پرندگان است؟

جغد خطاب به آنان گفت: عقاب نه مثل کرکس لاشخور است و نه مثل کلاغ دزد، آنها عقاب هستند، از گرسنگی خواهند مرد اما اصالتشان را هیچ‌وقت از دست نخواهند داد.

از چشم عقاب چگونه زیستن مهم است نه چقدر زیستن.

زندگی ما انسان‌ها هم باید مثل عقاب باشد، مهم نیست چقدر زنده‌ایم مهم این است به بهترین شکل انسانی زندگی کنیم.

راهکار پنجم) چگونه آینده خود را بسازیم؟

آینده هر انسانی هنور آفریده نشده و آینده هر انسانی چیزی نیست جز باورها و اندیشه‌های شما و کوشش شما برای آفریدن آن، باید بدانیم که یک درون قدرتمند در انسان می‌تواند یک آینده قدرتمند را خلق کند.

در بالا گفتم گذشته را نمی‌شود از بین برد اما ما از الان با تمرکز کردن روی مواردی که توان انجام و ساختن آن را را داریم می‌توانیم به ساختن آینده‌ای جدید به خودمان کمک کنیم پس بدانیم آینده زندگی ما جز همین احساسی که داریم نیست،

پس با اعتمادبه‌نفس قوی‌تری حرکت کنیم همه ما وقتی به دنیا میایم و بچه هستیم از اعتمادبه‌نفس بالایی برخورداریم و خواسته‌هایمان راحت و صریح بیان می‌کنیم خیلی راحت به افراد نگاه می‌کنیم و خواسته‌هایمان بیان می‌کنیم.

کودکان خیلی راحت بغل افراد می‌روند، درخواست می‌کنند، این را می‌خواهند، آن را می‌خواهند، اما وقتی بزرگ می‌شوند با شرایطی که به وجود می‌آید و با اتفاقاتی که برایشان رخ می‌دهد، کم‌کم اعتمادبه‌نفس‌شان را از دست می‌دهند، محیط خیلی تأثیر دارد. از حرفای پدر و مادر گرفته تا در مدرسه از برخورد و تحقیرهای دوستان و معلم‌ها همه اینها مقدمه‌ای برای کاهش تدریجی اعتمادبه‌نفس ماست؛ چون مدام در حال نه شنیدن هستید، این کار را نکن، آن وسیله را برندار می‌شکند و... .

شاهکار زندگی چیست؟

اینکه در میان مردم زندگی کنی

ولی هیچ‌گاه به کسی زخم زبان نزنی،

دروغ نگویی،

کلک نزنی

و سوءاستفاده نکنی،

این شاهکار است.

زندگی پر از زیبایی است.

به آن توجه کنید.

به زنبور عسل، یک کودک کوچک و چهره های خندان توجه کنید.

باران را بو کنید و باد را حس کنید.

زندگی خود را با حداکثر پتانسیل تان زندگی کنید؛

و برای رویاهای خود بجنگید.

راهکار ششم) هدفمند باشید

گفت‌وگوی درونی که در طول روز در مورد خودتان و توانایی‌هاتان دارید تعیین‌کننده اعتمادبه‌نفس شماست برای مثال اگر در درون خود را سرزنش می‌کنید و خودتان را تحقیر می‌کنید، خب انتظار اعتمادبه‌نفس بالایی از خودتان نباید داشته باشید؛ چون با این واگویه‌ها و شکل‌دادن به احساسات نمی‌شود انتظار این را داشت که درون قدرتمندی را برای خودتان شکل دهید، می‌شود برای خودتان

یک‌سری از اهداف روزانه، هفتگی و ماهانه انتخاب کنید یا حتی مقصدی را برای خودتان برگزینید.

در راستای آنها شروع به حرکت کنید و با این کار هم درون را کنترل می‌کنید هم بیرون و با رسیدن به هرکدام از خواسته‌هایی که دارید خب احساس اعتمادبه‌نفس بیشتری درونتان شکل می‌گیرد پس همیشه مراقب گفت‌وگوهای درونی‌مان باشیم.

در راهکار ششم می‌خواهم به تو بگویم هدفمند باش تا اعتمادبه‌نفست بالا برود، اما چه ربطی دارد. ببین هرکدام از ما یعنی من تو بقیه در طول زندگی‌مان در طول روزمان یک‌سری واگویه داریم، حالا هر چقدر این واگویه‌ها منفی شود، ما آدم بی‌اعتمادبه‌نفس‌تری هستیم هر چقدر مثبت شود ما آدم با اعتمادبه‌نفس‌تری هستیم. حالا می‌خواهم به تو بگویم، ببین اگر من یک آدم بی‌هدف باشم، وقتی می‌آیم روزم را شروع می‌کنم، خب به چی فکر می‌کنم؟ تمرکزم کجاست؟ قطعاً به موارد مثبت فکر نمی‌کنم، دیگر تمرکزم روی نقاط قوت نیست، روی هدف نیست، روی برنامه نیست، نه یک‌سری افکار منفی، دنبال این هستم که مثلاً یه‌جوری امروزمو سر کنم حالم را خوب کنم دنبال این هستم که از آن موقعیتی که دارم از خودم فرار کنم خب حالا این واگویه‌های منفی باعث می‌شود که ما همش خودمان را سرکوب کنیم، همش خودمان را پایین بکشیم و این دقیقاً باعث تخریب یک اعتمادبه‌نفس می‌شود حالا این هدفمند بودن چه تأثیری بر این موضوع دارد.

خطرناک‌ترین جمله منفی دنیا چیست؟

گفتـه می‌شـود خطرناک‌ترین جملـه ایـن اسـت: «مـن همینـم کـه هسـتم».

در این جمله کوتاه می‌توانیم؛

غرور

لجاجت

خودرأیی

خودخواهی

درجازدن و به تدریج راندن آدم‌ها از اطرافِ خود را حس کنیم؛

پس مراقب باشیم؛ هر روز فرصتی هست برای یک قدم بهترشدن.

با تغییرات کوچک، روز به روز حالمان بهتر می‌شود.

تأثیر هدفمندبودن در زندگی

من یک آدم باهدفم یک آدمی هسـتم کـه بـا برنامه‌ام؛ وقتی روزم شروع می‌شـود، بـه چـه فکر می‌کنم؟ امروز باید چـه کاری را انجـام بدهم؟ این هـدف می‌توانـد روزانـه باشـد، هفتگـی باشـد، ماهانـه باشـد، سـالانه باشـد. مـن نمی‌خواهـم در مـورد هدف‌گـذاری صحبـت کنـم، می‌خواهـم بـه تـو بگویـم اگـر می‌خواهـی اعتمادبه‌نفس داشـته باشـی، هدفمند باش.

حالا مـن در یـک روز یک‌سـری هـدف را بـرای خـودم مشـخص می‌کنم، یـک دونـه، دو دونـه و... می‌آیـم در راسـتای آن هـدف حرکـت می‌کنـم،

ببین این هدفمند بودن است، در طول روز باعث می‌شود من به این فکر کنم من تمرکزم اینجا باشد و تویی که تمرکزت اینجا باشد، تویی که هدفمند باشی، جایی برای آن واگویه‌های منفی نداری.

اعتمادبه‌نفس را چه نابود می‌کند؟ آن تفکرت آن، واگویت، آن نگاهی که به خودت و به زندگی‌ات داری، وقتی هدفمند باشی و بیایی به اهدافت برسی نه‌فقط به اهدافت فکر کنی‌ها یک برنامه بریزی هدف داشته باشی انجامش بدهی.

وقتی انجامش می‌دهی، به محض اینکه آن تیک جلویش بخورد، تو می‌گویی آفرین من توانستم این کار را انجامش بدهم. حست خوب است و این حس خوبی که به واسطه رسیدن به یک چیز به وجود می‌آید، یعنی تو توانمندی. آن حس خوب به خاطر توانمندبودن تو در انجام آن کار است. به خاطر پیاده‌سازی کارها، انجام کارها و رسیدن به آن هدفی بوده که حتی تو یک روز داشتی. آن حس خوب به آن دلیل به وجود می‌آید و وقتی به آن دلیل آن حس خوب به وجود می‌آید، چه اتفاقی می‌افتد؟ تو اعتمادبه‌نفست بالا می‌رود. می‌گیری منظورم را؟ وقتی هدفمند باشی، هدف کوچک کوچک هم داشته باشی و انجامش بدهی، حست خوب می‌شود و آن حس خوب باعث تقویت اعتمادبه‌نفست می‌شود.

مثلا یک برنامه بریز؛ اگر راه دارد برای امشبت، اگر ندارد برای فردا. به تو پیشنهاد می‌کنم اصلاً ۱۰ صفحه، ۲۰ صفحه کتاب را انتخاب کن و بخوان. وقتی تمامش کردی، وقتی آن ۲۰ صفحه را خواندی، آن هدف کوچک را گذاشتی، آن برنامه کوچک را ریختی و انجامش دادی، به این حرف من فکر کن ببین چه حسی داری در آن موقعیت؟

نسبت به خودت حس مفیدبودن داری، حس با اعتمادبه‌نفس بودن داری، حس کنترل داری، حس توانمندبودن داری، حس می‌کنی می‌توانی زندگی‌ات را مدیریت کنی و می‌توانی در یک مسیر درست پیش بروی و همه اینها می‌شود اعتمادبه‌نفس. پس اگر می‌خواهی اعتمادبه‌نفس داشته باشی هدف‌های کوچک و هدف‌های بزرگ داشته باش، بستگی به خودت دارد.

یک نکته در مورد هدف می‌گویم. ببین عزیزم وقتی می‌خواهی یک هدف بگذاری برای خودت، بیا هدفی را بگذار که رسیدن به آن تلاش می‌خواهد، انگیزه می‌خواهد، اما خیلی گنده‌تر از خودت نیست. هدف‌های بزرگ داشته باش، اما بیا اول از آن کوچک کوچک‌ها شروع کن و مجموع آن کوچک‌ها را وصل کن به آن هدف بزرگ؛ یعنی آن هدف بزرگ را خرد کن در هدف‌های کوچک و بیا آن کوچک‌ها را دانه دانه تیک بزن؛ چون راحت‌تر می‌توانی به آنها برسی؛ مثلاً تو می‌خواهی هدفت این است که یک مثلاً یک بلاگر بشی. بگذار این مثال را بزنم؛ می‌خواهی یک بلاگر بشوی، می‌خواهی فردی بشوی که مثلاً تولید محتوا می‌کند و خیلی به صورت وسیع دیده شود همه چیز و خیلی طرفدار پیدا کند.

اولین قدم و کوچک‌ترین قدم چیست؟ چطوری ویدئو بسازم که جذاب شود؟ اصلاً یک دوربین بگذارم، یک دقیقه صحبت کنم، آن ایده را پیاده‌سازی کنم ببینم چطور است. این کوچک کوچک قدم برداشتن است. باعث می‌شود که کم‌کم اعتمادبه‌نفست رشد کند. هم اعتمادبه‌نفست بالا می‌رود و هم به آن هدفی که داری می‌رسی و می‌توانی از زندگی‌ات لذت ببری.

من رفاه خواستم و خداوند به من عقل و بازو داد تا کار کنم.

من لطف و مرحمت خواستم و خداوند به من فرصت زندگی داد.

من عشق خواستم و خداوند مردمی را سر راهم قرار داد تا بتوانم مشکلاتشان را حل کنم.

من شجاعت خواستم و خداوند قدرت غلبه بر خطرات را به من داد.

من خرد خواستم و خداوند مشکلاتی به من داد تا حل کنم.

من قدرت خواستم و خداوند سختی‌هایی سر راهم قرار داد تا من را قوی‌تر کند.

راهکار هفتم) تصمیم‌گیری کنید

طی تحقیقاتی که انجام شده، فرزندانی که در بچگی تشویق به تصمیم‌گیری شده‌اند از اعتمادبه‌نفس بیشتری برخوردار بوده‌اند تا فرزندانی که این کار را انجام نمی‌دادند. تصمیم‌گیری باعث می‌شود شما نسبت به قدرت خودتان قضاوت کنید که چه کاری را انجام بدهید و با انجام هر کار این قدرت‌ها شروع به تقویت و رشد می‌کنند. پس یادمان باشد قضاوت درست خودش نتیجه تجربه است و تجربه هم نتیجه چندین قضاوت نادرست است. پس در هر لحظه‌ای که

می‌توانید تصمیم‌گیری را انجام بدهید؛ حتی در موارد کوچک که با انجام همین کارهای ساده و ریز ما می‌توانیم این قدرت را رشد بدهیم و یاد بگیریم در کوتاه‌ترین زمان ممکن تصمیم‌های درستی بگیریم و همین کار باعث می‌شود که شخص احساس کند دارای اعتمادبه‌نفس بالایی نسبت به خودش است.

تصمیم‌گیری نیازمند مسئولیت‌پذیری است و اگر کسی از تصمیم‌گیری فرار می‌کند. پس مسئولیت‌پذیری را نمی‌تواند قبول کند و برای زندگی‌اش دنبال یک مقصر در بیرون از خودش می‌گردد. پس با قدرت تصمیم بگیرید.

خوب است که آرزوهای بزرگ داشته باشید. تا زمانی که جرئت به دست آوردن رؤیای بزرگتان را نداشته باشید پیشرفت نمی‌کنید و به هیچ جایی نمی‌رسید. وقتی هدفتان مشخص شد، دنبال موقعیت‌هایی خوب باشید. گاهی فرصتی پیش می‌آید اما به دلیل ترسی که در خودتان دارید، نمی‌دانید که زمان عمل رسیده. این ترس را فراموش کنید و فرصت‌ها را به تأخیر نیندازید وگرنه اهداف شما هیچ‌وقت به نتیجه نمی‌رسد. عادت کنید کاری را که در فکرش هستید شروع کنید و به پایان برسانید.

راهکار هشتم) تجسم‌کردن نتایج

اگر ما در مسیری که می‌خواهیم برویم یک تصویر واضحی از هدفی که می‌خواهیم داشته باشیم، باعث می‌شود که با قدرت و اعتمادبه‌نفس بیشتری به سمت آن هدف و خواسته حرکت کنیم؛ چون این کار باعث می‌شود که ما درک کنیم همچین موقعیتی

هست و ما هم می‌توانیم به آن برسیم و همین کار باعث می‌شود که زمینه‌های رسیدن به آن هدف برایتان مهیا شود.

پس همین تجسم‌کردن باعث می‌شود که در درونمان یک حس قدرتی شکل بگیرد که با آن احساس قدرت به سمت اهدافمان حرکت کنیم هر چقدر ما بتوانیم حس درونمان را قدرتمندتر کنیم می‌توانیم اعتمادبه‌نفس بیشتری نسبت به خودمان داشته باشیم.

اگر شما دنبال طلا هستید استراحتی وجود ندارد. حتی زمانی که همه چیز به خوبی پیش می‌رود. یادتان باشد اگر کارها خوب پیش می‌رود به خاطر زراعتی که در گذشته انجام دادید، اما باید یادآوری کنم اگر مزرعه را آب ندهید به سرعت خشک می‌شود. درست که بعضی‌ها در خانواده‌های موفق به دنیا آمدن و نیاز به تلاش زیادی ندارند، اما بیشتر ما برای کسب نتیاج درخشان باید به سختی تلاش کنیم. طلای کمیاب جایزه آدم‌های سختکوش و پیگیر است.

راهکار نهم) تخصصی کارکردن

اطلاعات عمومی داشتن در زندگی در مورد دنیای اطراف ما خوب است اما زمانی که ما در یک حیطه‌ای شروع می‌کنیم به تخصصی کارکردن و یادگیریکردن، همین که یک‌سری داشتن‌ها را به دست بیاوریم و بدانیم نکاتی هست که ما می‌دانیم و اشخاص دیگرای نمیدونن یک اعتمادبه‌نفس را در درون شخص به وجود می‌آورد.

اگر بخواهم به طور واضح‌تر صحبت کنم، دنیای امروز دنیای حرفه‌ای‌هاست و حرفه‌ای نیازمند تخصص است. باور کنید کارهای

ساده و روزانه‌ای که در راستای اهداف‌تان انجام می‌دهید، باعث می‌شود در بلندمدت تخصص‌هایی پیدا کنید که فکرش را نمی‌کردید.

یک تخصص یک‌شبه نیست؛ تمام ما انسان‌هایی هستیم با توانایی‌های یکسان، اما با تخصصی کارکردن یک‌سری از در درون ما رشـد می‌کنـد و ما دارای خودباوری می‌شـویم. توانایـی اعتمادبه‌نفس یک مهارت مهم و ضروری برای این است که ما بتوانیم خوب زندگی کنیم. پس اگر خواسته ما خوب زندگی‌کردن هسـت، نبایـد از این موضوع غافل شویم. موضوعات خیلی زیادی در مورد اعتمادبه‌نفس تا به امروز بیان شـده که هرکدام می‌توانـد به رشـد و تقویت اعتمادبه‌نفس کمک کند؛ اما نکتـه مهم این است کـه صرفاً یادگیـری و دانسـتن آن موضوعـات کافی نیسـت ما بایـد بیاییـم یک برنامه‌ای داشـته باشیم و آن نکته‌هـا را در زندگی‌مـان پیاده‌سازی کنیم.

بـرای همیـن اولیـن قـدم را همیـن حـالا بردارید و این ۹ راهکار را در زندگی پیاده‌سـازی کنیـد و در مرحله بعـدی به دنبـال پیاده‌سازی موضوعـات بیشـتر بروید و مهم نیسـت الان کجای زندگی‌ات هسـتی و داری چطـور زندگی می‌کنـی، مهم ایـن اسـت کـه همیشـه بالاتر و پایین‌تر از تو وجود دارد و اگر تو بتوانی به خودت و زندگی‌ات درست نگاه کنی، مطمئناً می‌توانی یک اتفـاق تازه را در زندگی‌ات رقم بزنی.

می‌خواهـم شـما را با گروهی قدرتمنـد آشـنا کنم. افرادی که در ایـن گروه قرار دارند بسیار تعداد پایینـی هستند. افرادی هستند کـه هرگـز تسـلیم نمی‌شـوند. این گروه شـاید دو یا سـه درصد از کل افراد جامعـه را تشکیل می‌دهنـد. اعتقادی به تسلیم‌شـدن در برابر نیروهای

سرکوب‌کننده ندارند. اعتقادی به سینه‌خیز جلورفتن ندارند. این گروه با موفقیت زنده‌اند و از آن تنفس می‌کنند. افراد این گروه از همه خوشحال‌تر و پرانرژی‌تر هستند. از همه بیشتر کار انجام می‌دهند. فردی که در این گروه است، هر سال بیش از خیلی‌ها پول درمی‌آورد. این مردم فروشنده‌های عالی، مدیران ارشد و رهبرانی طراز اول در حوزه‌های فعالیتی خود هستند. از نظر این گروه زندگی هیجان‌انگیز باارزش‌تر از فرصت‌های طلایی است. این مردم چشم به راه هر روز جدید و هر برخورد تازه با دیگران هستند. همه ما دوست داریم جزء این گروه باشیم که هر سال به موفقیت‌های بزرگ‌تر می‌رسند. گروهی که دست به عمل می‌زنند و نتیجه می‌گیرند. برای اینکه در این گروه قرار بگیریم دقیقاً کارهای که آنها انجام می‌دهند شما انجام بدهید.

رابطه خداوند اعتمادبه‌نفس را بالا می‌برد

وقتی ما دیدگاهمان را نسبت به خدا تغییر بدهیم، به اعتمادبه‌نفس بالاتری دست پیدا می‌کنیم و با درک بیشتر خداوند، ما زندگی پر از لذت و ارامش و خدا شناسی و خودشناسی خواهیم داشت و اینکه

زخم‌های دلت را فقط به خدا بسپار، خودش بهترین مرهم‌ها رادارد. باور کن آرام‌آرام همه چیز خوب می‌شود و پشت تمام آرزوهایت خدا ایستاده؛ کافی است به حکمتش ایمان داشته باشی تا قسمتت سر راهت قرار گیرد. او را بخوانید تا شما را اجابت کند و خوشبختی یعنی واقف‌بودن به اینکه هرچه داریم از رحمت خداست و هرچه نداریم از حکمت خدا، احساس خوشبختی یعنی همین! خوشبختی رسیدن به خواسته‌ها نیست، بلکه لذت‌بردن از داشته‌هاست.

چگونه از کارهایتان نتیجه بگیرید؟

از آنجایی که درک شد، اعتماد‌به‌نفس یک مهارت است و می‌شود آن را کسب کرد. شاید به جرئت شود این را گفت که اگر ما در زندگی نتیجه‌گرا باشیم و نتایج زندگی‌مان را ببینم، آن‌وقت اعتماد‌به‌نفسمان آرام‌آرام افزایش پیدا خواهد کرد.

پس سعی کنید عمل کنید و برای هر عملی که انجام می‌دهید، نتایج آن را ببینید و به خودتان یادآوری کنید که این شما هستید که دارید این نتایج را به وجود می‌آورید. داشتن همین طرز فکر و همین نگاه باعث می‌شود خودمان را فرد کارآمد و با اعتماد‌به‌نفسی بدانیم.

البته اینجا جا دارد یک نکته خیلی مهم را یادآوری کنم که وقتی ما در شرایط جدید و عمل‌های جدید خودمان را کارآمد بدانیم و به این باور برسیم که ما شخصیتی را داریم که می‌تواند نتایج را به وجود بیاورد؛ چون در گذشته توانستیم این کار را بکنیم، این یک اعتماد‌به‌نفس درست و کاربردی می‌تواند باشد و برای رسیدن به این مرحله به اعتماد‌به‌نفس اصلاً عجله نکنید یا نگران وضعیت الانتان نباشید که شاید اعتماد‌به‌نفس پایینی دارید. این موضوع بر اثر تمرین و تکرار افزایش پیدا خواهد کرد. خیلی موارد در زندگی انسان‌ها هستند که با یک بار پرداختن درست به آنها می‌توانیم در ادامه زندگی از آنها استفاده کنیم و لذت ببریم، شاید مهم‌ترین آنها همین عزت نفس و اعتماد‌به‌نفس می‌تواند باشد. پس پیشنهادی که برای شما داریم این است که حتماً برای بهبود آنها وقت بگذارید و شروع رشد آنها می‌تواند از همین آموزش باشد.

یک شخص با اعتمادبه‌نفس اگر به دستاوردهای بزرگی در زندگی‌اش نرسد، مطمئنا در زندگی‌اش می‌تواند مفید باشد و از زندگی‌اش لذت ببرد. اما فردی که روی این موضوع وقت نگذارد، به هیچ‌کدام از اینها نخواهد رسید. این موضوعات پیشنهادهایی بود برای راحت‌ترشدن مسیر زندگی شما و تصمیم‌گیرنده نهایی شما هستید. امیدوارم بهترین تصمیم‌ها را بگیرید.

چند توصیه زیبا از پیکاسو:

* با دوستان شاد معاشرت کن

* همیشه مشغول یادگیری باش

* تا می‌توانی بخند

* احساساتت را بیان کن

* از سلامتی‌ات بهره ببر

* خاطرات بد را فراموش کن.

جمع‌بندی آموزش

باور کنید شما انسان‌های لایقی هستید و لیاقت بهترین‌ها را دارید و درک همین موضوع باعث می‌شود به اعتمادبه‌نفس بیشتری نسبت به زندگی‌تان حرکت کنید. اعتمادبه‌نفس را با غرور در زندگی اشتباه

نگیریم حرف ما غرور نیست حرف ما داشتن یک احساس خوب نسبت به خودتان و درونتونه که شما می‌توانن به خواسته و اهدافی که در زندگی دارید برساند.

شخصیت دلخواهتان را بسازید و دنبال موفقیت‌های باکیفیت‌تری بگردید و سعی کنید احساس عالی نسبت به خودتان ایجاد کنید. امیدوارم در هر جایی از زندگی‌تان که هستید، بتوانید به بهترین‌ها در زندگی‌تان برسید هر کجا هستید.

فصل اول زندگی خودت را با فصل پانزدهم زندگی کسی دیگر مقایسه نکن. مسیر خودت را برو، داستان زندگی خودت را بنویس و هرگز جا نزن.

فصل بیست و سوم

تعهد اولین گام برای ایجاد تغییرات

معنای تعهد چیست؟

وقتــی مــا در درون خودمــان و حسمان را موظف می‌کنیم کــه کارهــای لازم را بـرای رسـیدن به آن جایگاهــی که مدنظرم هسـت انجـام بدهیـم، یعنـی تعهـد داده‌ایـم، در واقع وقتی مـا بیاییـم خودمـان را ملزم کنیم و وظیفه خودمان بدانیم که باید تغییر بدهیم در واقع تعهد را در خودمان ایجاد کردیم و مسئولیت کامل آن کار را پذیرفتیم.

یکی از مـواردی که لازمه موفقیته همیـن داشتن تعهد اسـت که باعث می‌شـود حس مسئولیت‌پذیری را داشته باشیم و وقتی در مسیر مسئله چالشـی به وجود می‌آید، مـا از تعهدمان و هدفمان دسـت نکشیم اگر بخواهیـم یک معـادل هـم برای تعهد داشـته باشـیم، می‌شـود آن را عهد بدانیــم و تعهد بیـن انسـان و خـدا یک رابطه دوجانبـه می‌شـود درک بهتـر همیـن جنبـه از تعهد اسـت که آن تعهد درونـی اسـت.

تعهدداشتن یعنی چه؟

همان‌طـور کـه از نـگاه اول می‌شـود فهمیـد، تعهـدی کـه از درون فـرد بیایـد، تعهـد درونـی می‌گوینـد و بر اسـاس انگیزه‌هـای درونـی شـکل می‌گیـرد. وقتی مـا در درونمان یک هـدف داشـته باشـیم که تمام وجود

ما برای رسیدن به آن هدف در تکاپو باشد، همین موضوع یک انگیزه درونی قوی را در ما ایجاد می‌کند و باعث می‌شود که تعهد به هدف داشته باشیم، برای رسیدن به آن هدف و هر روز تلاش کنیم و وقتی این نوع تعهد در درون هر کسی شکل بگیرد، آن‌وقته که فعالیت‌هایی که انجام می‌دهیم بر اساس تعهدی است که داریم. یک هدف بدون تعهد یک رؤیا باقی می‌ماند.

چه زیبا گفت فروغ فرخزاد

دلت را بتکان...

اشتباهاتت وقتی افتاد روی زمین ...

بگذار همان‌جا بماند ...

فقط از لابه‌لای اشتباه‌هایت،

یک تجربه را بیرون بکش

قاب کن و بزن به دیوار دلت

اشتباه‌کردن اشتباه نیست؛

در اشتباه ماندن اشتباه است!

راز تعهد در موفقیت

در این قسمت می‌خواهیم راز تعهد در زندگی را از نگاه موفقیت با

هم بررسی کنیم و ببینیم چه تأثیری می‌تواند در موفقیت داشته باشد که معنای تعهد شغلی چیست را بیشتر درک می‌کنیم تعهد در رابطه و تعهد ازدواج از مهم‌ترین کارهای ما در زندگی است که باید به آن متعهد باشیم.

بهتر است با چند سؤال شروع کنیم. جواب‌دادن به این سؤال‌ها کمک می‌کند که وقتی تعهدی می‌دهیم از انجام‌دادن آن و متعهدشدن لذت ببریم و تعهد مؤثرتری را داشته باشیم و به درک بهتری نسبت به این مباحث داشته باشیم.

- چطور می‌توانم عملکرد بهتری از خودم داشته باشم؟
- چطور مؤثرتر باشیم؟
- چطور لذت و عشق بیشتری را در کار تجربه کنم؟
- چطور می‌توانم کارم را با نبوغ بیشتری عالی انجام بدم؟
- چطور می‌توانم به شخصیت دوست داشتنی تبدیل شوم؟

اما اگر ما بخواهیم موفق شویم باید در گام اول، تعهد عمیقی را در خودمان ایجاد کنیم پس همین لحظه بهتر است با هم یک تعهدی را بدهیم و آن را بنویسیم و بعد سراغ ادامه آموزش بریم تعهد نامه را با کمال میل امضا کنیم و بهش پایبند بمانیم و برای آن تلاش کنیم.

من .... در تاریخ .... به خودم و مسیری که می‌خواهم در آن رشد و پیشرفت کنم تعهد می‌دهم که هر کاری لازم باشد برای رسیدن به اهداف و خواسته‌هام انجام بدهیم و از این لحظه به بعد تعهداتم را در اولویت‌های زندگی‌ام قرار بدم.

امضا و اثر انگشت

همین نوشتن تعهدنامه ساده مکتوب‌کردنش باعث می‌شود ما یک حس را در درون و یک برنامه به ذهنمان بدهیم که از این لحظه به بعد وظیفه خودمان بدانیم که رشد کنیم و مسیر را با قدرت ادامه بدهیم و تا به هدف و خواستمان نرسیدیم دست از تلاش و کوشش برنداریم و سبک زندگی خودمان را داشته باشیم.

به این فکر نکنید

که چه روزایی را از دست دادید!

به این فکر کنید که

چه روزهایی را نباید از دست داد!

امروز را

با افکار گذشته خراب نکنیم

مثبت بیندیشیم!

تعهد چقدر در زندگی تأثیر داره؟

متعهدبودن خیلی تأثیرگذار است. در زندگی‌مان اگر متعهد نباشیم، نه می‌توانیم کارهایمان را پیش ببریم و نه می‌توانیم تغییر ایجاد کنیم و نه می‌توانیم رابطمان را درست پیش ببریم و این دقیقاً

اهمیت تعهد را نشان می‌دهد؛ چون اگر تعهد نداشته باشی ناتوان می‌مانی در مسیر زندگی.

سؤالاتی که از ما پرسیده می‌شود: انواع تعهد؟ تعهد در عشق و تعهد اخلاقی چیست؟ تعهد ازدواج؟ تعهددادن تعهد شغلی چیست؟ تعریف تعهد اخلاقی و... است که وقتی شما بفهمید تعهد چیست آن‌وقت متوجه خواهید شد در هر شرایطی مسئولیت تعهدپذیری را چگونه اجرائی کنید.

یکی از نکاتی که باید یادش بگیریم و درکش کنیم و براش وقت بگذاریم تعهد اما تعهد یعنی چه؟ تعهد یعنی من خودم را می‌آیم ملزم به انجام یک‌سری کارها می‌کنم در آن روندی که می‌خواهم طی کنم یا می‌خواهم شروعش کنم، پس اگر من بیایم در مسیری که می‌خواهم شروعش کنم، حالا می‌خواهد کار باشد، می‌خواهد ارتباط باشد، خودم را ملزم به انجام یک‌سری کارها بکنم، خودم را ملزم کنم برای اینکه یک‌سری چارچوب‌ها را حفظ کنم کن تعهد دارم و اینکه:

زمین بهشت می شود، روزی که

مردم بفهمند هیچ چیز عیب نیست جز،

قضاوت و مسخره کردن دیگران،

هیچ چیز گناه نیست جز حق مردم خوردن،

هیچ چیز ثواب نیست جز خدمت به دیگران،

هیچ کس اسطوره نیست الا در مهربانی و انسانیت،

هیچ دینی با ارزش تر از انسانیت نیست،

هیچ چیز جاودانه نمی ماند جز عشق

هیچ چیز ماندگار نیست جز خوبی.

چرا انسان‌ها از تعهد فراری هستند؟

مسئله دقیقاً اینجاست آدم‌ها از تعهد فراری هستند یا میان تعهدی را می‌دهند که اصلاً از عهدش برنمی‌آید، در زندگی باید یاد بگیریم اگر متعهد نیستیم متعهد شویم و تعهد را درک کنیم اما چطور؟ ببین از تعهدهای کوچک در زندگی‌ات شروع کن.

از تعهدهای بزرگ شروع نکن و اگر ما بیایم آرام‌آرام تعهدهای کوچک را بپذیریم و انجامشان بدهیم، می‌توانیم برویم سراغ تعهدهای بزرگ و یادت باشد تو اگر می‌خواهی در مسیر زندگی، در مسیر کاری، در مسیر ارتباطی به یک نتیجه مطلوب برسی و ازش لذت ببری و پیشرفت کنی داخلش باید تعهد داشته باشی.

مشکل کسب‌وکارهای امروز، مشکل ارتباطات امروز و مسئله‌ای که باعث می‌شود آدم‌ها تغییر نکنند، تعهد نداشتنه و آدم‌ها به خودشانم تعهد ندارند و نمی‌توانند مسیر را طی کنند، بعد وارد آن مسیر می‌شوند؛ چون آن چارچوب را نمی‌توانند حفظ کنند، آن کارها را نمی‌توانند انجام بدهند به یک خروجی بد می‌رسند، به یک خروجی

نامناسب می‌رسند.

بعد از این طرف می‌آیند دلیل می‌آورند که خب من شروع کردم، نشد و رابطه‌ها بد شده و کسب‌وکارها ناموفق شده، ببین تو اگر بخواهی در زندگی‌ات به نتیجه برسی باید بدانی تعهد یعنی انجام یک‌سری کارها در یک چارچوب مشخص؛ چه دلت بخواهد چه دلت نخواهد، چه خوشت بیاید چه خوشت نیاد و هر روز بیایم آن مسیر را طی کنیم اگر قرار است برای کسب‌وکارت وقت بگذاری هر روز به آن فکر کن، هر روز بهش پروبال بدهی، برای آن ایده‌پردازی کن، کار انجام بده.

سرخپوست پیری برای کودکش از حقایق زندگی چنین گفت: در وجود هر انسان، همیشه مبارزه‌ای وجود دارد، مانند مبارزه دو گرگ! که یکی از گرگ‌ها سمبل بدی‌ها مثل حسد، غرور، شهوت، تکبر و خودخواهی و دیگری سمبل مهربانی، عشق، امید و حقیقت است.

کودک پرسید: پدر، کدام گرگ پیروز می‌شود؟

پدر لبخندی زد و گفت: گرگی که تو به آن غذا می‌دهی.

تعهد در رابطه چگونه است؟

تعریف تعهد زناشویی - تعهد به ازدواج - تعهد در زندگی مشترک -تعهد در رابطه - تعهد در رابطه دوستی اگر در رابطه‌ای هر روز سعی

344 شجاعت تغییر باورها

کن رابطه‌ات را بهتر کنی. هر روز سعی کن برای آن وقت بگذاری. آن رابطه را بیشتر بفهمی، تفاوت‌ها را درک کنی، مسئله اینجاست ما در اول کار به قول معروف جوگیر وارد یک رابطه می‌شویم، وارد یک کار می‌شویم، اولـم خوب کار می‌کنیم و متعهدیم اما آن تعهد واقعی را نداریم. بر اثر گذشت زمان سرد می‌شیم آن آدم عاشـق اول روز دیگر آن آدم نیست؛ چون تعهد ندارد، آن با آدم با انگیزه که می‌رفت در دل هـر کاری تا عصـر آن را انجام می‌داد،، دیگر آن آدم نیسـت، بی‌انگیزه می‌شود؛ چون تعهد ندارد. تو قرار نیست یکدفعه انقلابی را در زندگی‌ات ایجاد کنی، یهویی یک رابطه عاشقانه داشته باشی.

هنر زندگی‌کردن هنر کسب‌وکارهای موفق در تداوم آنهاست؛ یعنی هـر روز برای کسب‌وکارت قدم برداری. هر روز آن رابطه‌ات را قشنگ کنی، برای آن شریک عاطفی‌ات وقت بگذاری و این لازمه‌اش داشتن تعهد است. به خودت متعهد باش تا بتوانی به کارت و به رابطه‌ات متعهد باشی.

حس قشنگی است ...

بودن انسان‌هایی که به یک چشم برهم‌زدن

دلت را پر از حس زیبای به پرواز درآمدن می‌کنند.

خوشبخت‌ترین مخلوق خواهی بود، اگر امروزت را آنچنان زندگی کنی که گویی نه فردایی وجود دارد برای دلهـره و نه گذشته‌ای برای حسرت.

لازمه اصلی تعهد چیست؟

یادگرفتن تعهد اصلی‌ترین کار تعهد هست، چون اول باید یاد بگیرید تعهد چیست بعد بتوانی انجامش بدهی و آن را اجرا کنی. پس بشین تعهد را یاد بگیر و متعهدانه به هر قضیه‌ای نگاه کن. اگر نمی‌توانی تعهد داشته باشی واردش نشو، چون در نهایت رهاش می‌کنی امیدوارم در زندگی قبل از شروع هر کاری قبل از شروع هر رابطه‌ای به این موضوع فکر کنیم که آیا می‌توانم در این رابطه متعهد باشم در این کار متعهد باشم می‌توانم داخلش تداوم داشته باشم یا نه؟

اگه توانستی این‌طوری زندگی کنی، تو تا ته آن مسیر را می‌روی و هر نتیجه‌ای که در آن مسیر باشد، می‌گیری. اگر لذتی در یک رابطه باشد، اگر موفقیت مالی یا موفقیت کاری باشد تو بهش به واسطه آن تعهد می‌رسی؛ پس قبل از شروع هر کاری ببین تعهد داری یا نداری. اگر نداری تعهد بده، اگر نمی‌دانی تعهد چیست برو این آموزش را بارها مطالعه کن و دنبال کن تا دقیقاً بفهمی که کجای کاری و از تعهدهای کوچک شروع کن و بعد بیا سراغ تعهدهای بزرگ اگر بخواهم یک مثال بزنم.

مثلاً یک روز بیا بگو من امروز متعهد می‌شوم این کارها را انجام بدهم و آن روز آن کارها را انجام بده. اگر بتوانیم این‌طوری تعهد را یاد بگیریم، در بلندمدت می‌توانیم متعهدانه زندگی کنیم. فقط خواستم به شما بگویم تعهد تعیین می‌کند که شما تا ته یک مسیر می‌روید، تمام دستاوردهایش را به دست می‌آورید یا نه.

اگه متعهد باشی هر جا هم بفهمی مسیرت اشتباه است، مسیرت

درست را پیدا می‌کنی و تا زمانی که آن مسیر را نروی نمی‌فهمی چه درست است و چه اشتباه و این باز هم برمی‌گردد به این موضوع که تو متعهدی یا متعهد نیستی.

تعهد خیلی مهم است. برای آن وقت بگذار، درکش کن. اگر سؤالی، مشاوره‌ای داری بپرس در کنارت هستم. برای ساختن یک زندگی عالی بهترین‌ها را برایت می‌خواهم. متعهدم به اینکه آموزش تولید کنم. متعهدم به اینکه آگاه‌سازی را توسعه بدهم و تلاش کنم آدم‌های بیشتری آگاهانه زندگی کنند و زندگی با تحقیق علم و دانش و مطالعه تاریخ و تمدن خود داشته باشید تا درک‌تان به زندگی کامل‌تر شود و تا می‌توانید خرافات و شبه‌علم را که نگرش‌های قدیمی که جنبه علمی ندارند از زندگی خودتان دور کنید.

سه شاخه گل تقدیم به شما؛ یکی از طرف خدا که نگهدارتان باشد، دومی از طرف خودم که دوست‌تان دارم و سومی از طرف معرفت که شما دارید. تقدیم به قلب مهربونتان.

تاثیر تعهد در زندگی چیست؟

تأثیر تعهد در زندگی مثل آب برای ادامه زندگی یک انسان است. پس بدانیم آن‌قدری تأثیر دارد که معنادارشدن مسیرمان و اهدافمان بسته به تعهدی است که ما داریم. وقتی فردی به معنای واقعی متعهد می‌شود همیشه در حال رشددادن خودش و دنیای اطرافش

است و مسیری را که دارد بررسی می‌کنند و کارهایی که لازم است انجام می‌دهد، منظور از کار هم تلاش‌های ذهنی و هم تلاش‌های بیرونی است و با مسئله‌های بزرگ و کوچک درست نگاه می‌کنند و می‌داند که هر موردی تأثیر دارد در زندگی و آینده‌ای که پیش راه دارد. وقتی ما تعهد می‌دهیم آن تعهد ما به یک دلیل است و آن هم این است که وقتی وارد مسیر می‌شویم همواره چالش‌ها و مسئله‌های به وجود خواهد آمد و تنها چیزی که ما را در مسیر نگه می‌دارد، همان تعهدی است که روز اول به خودمان و مسیرمان دادیم.

در مسیری که من در حال طی‌کردنش چه در گذشته بودم و چه در آینده خواهم بود بزرگ‌ترین موردی که من را در مسیر نگه داشت، تعهدی بود که به خودم و مسیرم داشتم و تأثیر و قدرت همان تعهد ساده‌ای را که روز اول به خودم و اهدافم دادم در زندگی‌ام دیدم.

به همگی پیشنهاد می‌دهم که قبل از واردشدن در مسیر حتماً به خودتان تعهد دهید، اما در مورد تعهددادن هم یک‌سری نکته‌های را باید بدانیم که آن نکته‌ها را می‌گوییم که بتوانیم یک تعهد واقعی را به خودمان بدهیم و اینکه:

موفقیت به معنای این نیست که مدام اتفاقات عالی برایت رخ دهد، بلکه یعنی هر روز صبح از خواب بلند شوی و بهترین استفاده را از هر روزت بکنی.

یک روز جدید برایت خلق شده که در آن می‌توانی آنچه دیروز انجام ندادی، انجام دهی و فرصت خلق فرداهای بهتر را داری.

رعایت نکات ارزشمند زیر در تعهد الزامی است

برای اینکه تعهد در موفقیت را کامل درک کنیم نکات ذیل را باید در نظر داشته باشیم و همواره در خاطرمان باشد تعهد امنیت اخلاقی را برای ما به وجود می‌آورد؛ چون فردی که متعهدماندن به قلبش را تجربه می‌کند هیچ‌وقت از مسیرش خارج نمی‌شود.

نکته ۱) صادق‌بودن با خود درونی‌ات

در تعهد به خود دروغ نگوییم. بیاییم یک نگاهی به خودمان و توانایی که داریم بیندازیم و بسته به این موارد به خودمان تعهد بدهیم، هیچ‌وقت نیاییم تعهدی را که می‌خواهیم تحت تأثیر یک عامل بیرونی یا یک هیجان بگیریم.

صادق‌بودن با خود یکی از نیازهای اساسی باید با خودت صادق باشی شاید هرکدوم از ما رازهایی داشته باشیم یا حرفایی داشته باشیم که نتونیم به نزدیک‌ترین افراد خانواده، دوستان و آشناهایمان بزنیم ولی با خود درونی می‌توانیم بزنیم و زمانی که با خودت صادقی در مسیر درست قرار می‌گیری، وقتی با خودت ناصادق و روراست نیستی، دچار لغزش می‌شوی و سوار موج منفی افکار منفی می‌شوی. کسی که نمی‌تواند بر مسائلش پیروز شود دلیل شکستش دور از واقعیت زندگی‌کردن هست.

چون انسان‌ها وقتی آگاه می‌شوند با تو همراه می‌شوند و درکت می‌کنند، وقتی شما از دلیل رفتار کسی آگاه می‌شوی با او راحت‌تر کنار می‌آیی ولی وقتی دلیلش برات گنگ و ناشناخته است شاید هزارن فکر و خیال باطل در ذهنت تداعی می‌شود.

وقتی تحت تأثیر عوامل بیرونی و در کل تحت تأثیر احساسات باشیم، تعهد بدهیم خیلی زود آن تعهد از بین می‌رود. پس هر تعهدی که می‌خواهیم بدهیم به خودمان و با نگاه به درونمان تعهد به خود بدهیم. به قول معروف همیشه حرفی را بزن که بتوانی بنویسی‌اش و چیزی را بنویس که بتوانی پایش را امضا کنی و چیزی را امضا کن که از پسش برمیای، چون اگر چیزی را امضا کنی و از پسش برنیایی حسابی گرفتارت می‌کنند وقتی شما می‌آیی ازدواج می‌کنی و مسئولیت خانواده جدید را قبول می‌کنی و امضا می‌کنی تعهد و مسئولیت‌پذیری‌ات شروع می‌شود، دیگر علاوه بر کارهای گذشته باید مسائل عضو جدید خانواده‌ات را برآورده کنی و نیازهای اولیه همسرت را تأمین کنی و این اولین تعهد به رابطه و تعهد ازدواج نامیده می‌شود.

دنیایی درونی در کار است؛
دنیایی از نور و زندگی و زیبایی...
و لحظه‌ای که این دنیا را کشف کنید
رها و آزاد خواهید گشت،
فارغ از ترس در آغوش عشق.

نکته ۲) مکتوب کردن تعهد

هر تعهدی که می‌خواهید بدهید، مکتوب کنید. وقتی موردی را می‌نویسیم آن مورد در ذهن ما ثبت می‌شود. کسی که بخواهد تعهد

واقعی را به خودش بدهد، به راحتی آن را مکتوب می‌کند تا همیشه آن را همراه خودش داشته باشد.

هر چیزی که نوشته شود مقرر می‌شود و سندیت پیدا می‌کند. وقتی شما یک حرفی را می‌زنی خیلی راحت می‌توانی بزنی زیر حرفت؛ اما وقتی همان حرف را بنویسی و امضا کنی، می‌شود یک سند و یک مدرک و اینکه:

> «می‌توانم» و «نمی‌توانم»، تنها در یک حرف «ن» تفاوت دارند؛
> اما همین یک حرف، مسیر زندگی تو را عوض خواهد کرد..

نکته ۳) اولویت پیداکردن تعهدات

تعهدتان را جزء اولویت‌های زندگی‌تان قرار دهید و وقتی شرایطی پیش می‌آید که باید بگین نه، به راحتی بگویید نه و به تعهدی که دارید عمل کنید، همیشه این را از خودمان بپرسیم که انجام این کار من را از تعهدی که دارم دور می‌کند یا نمی‌کند؟

آن‌وقت به راحتی می‌توانیند به مواردی که درست نیست نه بگویید. وقتی توانایی انجام کاری را ندارید به خودتان استرس و فشار وارد نکنید و به جای اینکه خودخوری کنید با اینکه کار آسونی هم نیست ولی با تمرین راحت می‌شود هر چیزی، در خلوت خودتان بارها به خواسته‌ها و افکارتان نه بگویید، کم‌کم می‌توانید در زندگیتان به انسان‌های مختلف در شرایط مختلف نه با صلابت بگویید. بعضی

وقت‌ها در آن زمان خـاص و شـرایط خـاص شـما موقعیت انجام‌دادن کاری را ندارید. پس سـاده‌ترین کار این است کـه نه بگویید.

> زیبا باش زیبا زندگی کن
>
> زیبا بیندیش؛ زیبا بخند
>
> تنها راهزنی که دار و ندار آدمی
>
> را به تاراج می‌برد
>
> شاد نبودن و افکار منفی خود اوست

نکته۴) یادداشت‌برداری از نتایج تعهد

وقتی به تعهداتتـان عمـل کردیـد و به نتیجـه‌ای رسیدید، آن مـوارد را بنویسید و بسته به نتیجـه‌ای کـه به دست می‌آورید به خودتان هدیه بدهیـد، ایـن هدیه می‌توانـد از یک آب‌میوه تا هدیه‌هـای بزرگ‌تر باشـد و خودتـان را بـا ارزش بدانیـد؛ امـا گفتم هدیه‌ای کـه حالتـان را خـوب می‌کنـد مثلاً نوشیدن یک قهوه در یک کافه پرانرژی و دنج یا رفتـن به سینما و تئاتـر یا خریدن یک عروسک یا خریدن یک دسته‌کلید خوشگل یا... می‌توانـد احسـاس ارزشـمندی را در شـما تقویت کنـد.

> اگـر به جـای محبتـی کـه به کسـی کـردی از او بی‌مهری دیـدی، مأیـوس نشـو، چـون برگشـت آن محبـت را از شـخص دیگـری در رابطه با موضـوع دیگری خواهی گرفت. شک نکن. این یک قانون است کـه هر انـرژی مثبت و کار نیک پاسـخ داده می‌شـود تو فقط خوب بـاش و خوب بمان!

نکته۵) نوشتن عواقب عمل‌نکردن به تعهدات

بنویسید اگر به تعهدی که داده‌اید عمل نکنید در زندگی‌تان چه اتفاقی می‌افتد؟ وقتی به این سؤال به درستی جواب بدهیم، بهتر درک می‌کنیم که باید چه تصمیمی را در زندگی بگیریم و آن را در زندگی‌مان اجرا کنیم.

پس این نکاتی که گفته شد، در تعهداتمان رعایت کنیم؛ مخصوصاً مورد اول را حتی شده با یک تعهد ساده و کوچک شروع کنیم مهم این است که تعهد را بدهیم و شروع کنیم تا تأثیر آن را در زندگی ببینیم آن‌وقت می‌توانیم بهتر انتخاب کنیم.

برای به دست آوردن تعهدات سنگین از تعهدات سبک شروع کنید، وقتی شما متعهد می‌شوید که به خواسته‌ها و اهدافتان برسید، قدم به قدم به هدف‌تان نزدیک‌تر می‌شوید پس با قدرت جلو بروید.

> قدر لحظه‌ها را بدان؛ زمانی می‌رسد که تو دیگر قادر نیستی بگویی «جبران می‌کنم».

معنای دیگر تعهد

وقتی ما می‌آییم تعهدی را در خودمان نسبت به یک شخص یا یک موضوع ایجاد می‌کنیم، در واقع ما داریم این قول را می‌دهیم که من می‌خواهم تمرکز کنم و تمام مواردی را که شاید برایم ناخواسته باشد، کنار می‌زنم و نادیده می‌گیرم. پس معنای دیگر تعهد یا هم معنای تعهد را ما می‌توانیم بدانیم وقتی تعهد می‌دهم، یعنی می‌خواهم

تمرکزمان به آن جنبه از زندگی بدهم. پس می‌شود این را هم اینجا درک کرد که وقتی ما تعهدی را دادیم و بعد از آن تعهد اگر تمرکزمان را به آن موضوع دادیم، تعهد کاملاً درستی را داده این اما ما می‌توانیم این را هم اینجا درک کنیم که تعهد و مسئولیت‌پذیری در کنار هم قرار دارند و یک رابطه کاملاً تنگاتنگ را با هم ایجاد می‌کنند و اینکه:

> در اشتباهات دیروز خود نمان؛ زیرا آنها متعلق به گذشته‌اند حالا که هدیه‌ای از یک روز جدید به تو داده شده از آن یک روز خوب بساز.

رابطه تعهد و مسئولیت‌پذیری چگونه است؟

متعهدبودن و مسئولیت‌پذیری بسیار به هم نزدیک هستند؛ چون تا زمانی که ما مسئولیت‌پذیر نباشیم، نمی‌توانیم به تعهداتمان عمل کنیم. پس صرفاً تعهد خالی کافی نیست برای اجرایی‌کردن آن تعهدات ما باید ببینیم که فرد مسئولیت‌پذیری هستیم یا خیر؟ و ما با نگاه‌کردن درست به خودمان و رفتارهای که داریم.

می‌توانیم به این نتیجه برسیم که کجای کارمان در زندگی ایراد دارد و باید آن را بهبود بدهیم. این یکی از مسیرهای درستی است که باعث می‌شود ما خودسازی درستی را انجام بدهیم. پس بهتر است روی موضوع مسئولیت‌پذیری در زندگی‌مان حتماً و حتماً کار کنیم.

ما خیلی وقت‌ها با بستن یک قرارداد متعهد می‌شویم و پای آن تعهد

می‌مانیم و این برای همان اتفاق افتاده پس اگر ما در زندگی با نوشتن یک قرارداد می‌توانیم فرد متعهدی باشیم و فردی مسئولیت‌پذیر و قوی به حساب بیاییم.

در جنبه‌های دیگر هم می‌توانیم بدون نوشتن قرارداد فقط با ایجاد حس مسئولیت‌پذیری خودمان را متعهد کنیم نسبت به هر چیزی که در زندگی می‌خواهیم داشته باشیم یا می‌خواهیم آنها را در زندگی‌مان با انرژی مثبت بهبود بدهیم.

وقتی به خود تعهد نگاه می‌کنیم، شاید این موضوع داخل ذهنمان بیاید که ما قرار است یک‌سری کارها را انجام بدهیم، اما وقتی از یک زاویه دیگر به آن نگاه کنیم می‌توانیم به این نتیجه برسیم که تعهد یعنی هر کاری را که باعث می‌شود ما از هدفمان دور شویم، بی‌خیال شویم.

در واقع هر موردی که تمرکز را از ما بگیرد و باعث شود بی‌خیال آن موضوعی که می‌خواهیم انجامش بدهیم، باید کنار بزنیم و ما تعهد می‌دهیم که این موضوعات تمرکز و اراده ما را برای انجام آن کار از ما نگیرد ما این را می‌توانیم یک درک تازه از تعهد بدانیم.

پس بیاییم با هم به این موضوع نگاه کنیم که چه مواردی در زندگی ماست که باعث می‌شود تمرکزمان را از دست بدهیم و نتوانیم پای تعهدمان بمانیم برای اینکه بتوانیم پایبند باشیم. در این موضوع باید آن موارد اضافه را کنار بزنیم تا تمرکزمان از ما گرفته نشود و متعهدانه ادامه بدهیم.

آیا بدون تعهد شکست خواهید خورد؟

وقتی زندگی هر روز یک جریان روتین و ثابت داشته باشد همه چیز قابل پیش‌بینی است

و این دقیقا چیزی است که بخشی از مغز آن را می‌خواهد.

اما تو می‌خواهی که خوشحال و خوشبخت باشی،

می‌خواهی هر روزت با روز دیگر فرق داشته باشد

و هر روز به چیزهای جدید برسی.

اما سختی‌های مسیر رسیدن به موفقیت را هم می‌خواهی؟

مانند قله‌ها و دره‌ها...

اوج‌ها و قله‌ها را می‌خواهی اما دره‌ها را پس می‌زنی؟

بدون دره هیچ قله‌ای وجود ندارد.

اگر عاشق قله‌ها هستی باید دره‌ها را هم دوست داشته باشی...

قله‌های موفقیت با وجود دره‌ها دیدنی هستند!

هر چقدر ما تعهد نداشته باشیم و خودمان را از تعهد دور کنیم آن‌وقت ما شکست می‌خوریم؛ چون تعهدداشتن باعث می‌شود در زندگی ما موفق باشیم. وقتی تعهد نداشته باشیم، جسته‌وگریخته یک مسیر از زندگی‌مان را ادامه می‌دهیم و همین جسته‌وگریخته‌بودن

باعث می‌شود تلاش‌هایی که داریم بیهوده باشند و نتیجه‌ای که می‌خواهیم بگیریم به دست نیاید. در نتیجه ما شکست خواهیم خورد. وقتی تعهد نداشته باشیم ما یک فرد بی‌اعتماد می‌شویم، یک فرد بی‌اعتماد برای خودمان و اطرافیان؛ چون ما کاری را دنبال نمی‌کنیم پس قابل اعتماد هم نخواهیم بود.

این را گفتم که فقط یکی از تأثیرهای نداشتن تعهد را درک کنید و یک فرد بی‌اعتماد در زندگی نمی‌تواند به آن چیزی که می‌خواهد برسد. حالا تصمیم با شماست؛ می‌خواهید در زندگی تعهد داشته باشید یا نداشته باشید؟ اگر تصمیم گرفتید تعهد داشته باشید، پس این آموزش را در زندگی‌تان پیاده‌سازی کنید.

جمع‌بندی آموزش

اگر شما این آموزش را تا این لحظه خواندید، بهتر است این را بدانید که همین آموزش هم نتیجه تعهد درستی بود که ما به خودمان و اهدافمان دادیم. در کل هر نتیجه‌ای که در اطرافتان می‌بینید به دلیل وجود تعهد نسبت به آن نتیجه بوده است.

دوست داشتم امروز تعهد را حتی شده کمی بیشتر از قبل درک کنیم و بتوانیم قشنگ‌تر آن را برای خودمان تعریف کنیم، شما لایق بهترین‌ها هستید و همین باعث شده ما همیشه سعی کنیم بهترین خودمان باشیم و تشکر از وجود مهربان ارزشمندتان که دنبال علم و دانش هستید و برای ساختن جامعه‌ای به دور از خرافات و شبه‌علم تلاش می‌کنید. چقدر ارزشمند است دوست عزیزم در جشن‌ها و میهمانی‌ها و جلسات سفیر علم و آگاهی باشید و می‌توانید با

معرفی این کتاب به دوستان و عزیزانتان و دانش پذیران ، دانش آموزان ، دانشجویان و خانواده خود هدیه و پاداش دهید تا حال دل دوستان و عزیزان بیشتری خوب باشد. خیلی برایم ارزشمند هستید و قلبی دوستت‌تان دارم. مواظب خودتان مهربانی‌هایتان باشید.

اگر سؤالی، مشاوره‌ای داری بپرس در کنارت هستم. برای ساختن یک زندگی عالی بهترین‌ها را برایت می خواهم. متعهدم به اینکه آموزش تولید کنم. متعهدم به اینکه آگاهسازی را توسعه بدهم و تلاش کنم آدم‌های بیشتری آگاهانه زندگی کنند.

تا جایی که نفس می‌کشی

بخند

و تا جایی که زندگی می‌کنی

عشق بورز

یه دنیای زیبا رو فقط با چشمای یه قلب شاد می شه نظاره کرد

امیدوارم هیچ وقت دلت از دیدن و لذت بردن از زیبایی هایی که خدا سر راهت میزاره خسته نشه

دوستت دارم عزیزم!

چند کتاب پیشنهاد انتشارات برای شما

برای تهیه کتاب ها از آمازون یا وبسایت انتشارات می توانید بارکدهای زیر را اسکن کنید

kphclub.com

Amazon.com

Kidsocado Publishing House
خانه انتشارات کیدزوکادو
ونکوور، کانادا

تلفن : ۸۶۵۴ ۶۳۳ (۸۳۳) ۱+
واتس آپ: ۷۲۴۸ ۳۳۳ (۲۳۶) ۱ +
ایمیل:info@kidsocado.com
وبسایت انتشارات: https://kidsocadopublishinghouse.com
وبسایت فروشگاه: https://kphclub.com